하나님께 굶주린 삶

John Piper

A Hunger for God

하나님께 굶주린 삶

존 파이퍼 지음 | 윤종석 옮김

복 있는 사람

하나님께 굶주린 삶

2013년 2월 14일 초판 1쇄 발행
2025년 3월 7일 초판 9쇄 발행

지은이 존 파이퍼
옮긴이 윤종석
펴낸이 박종현

(주) 복 있는 사람
주소 서울특별시 마포구 연남동 246-21 (성미산로23길 26-6)
전화 02-723-7183(편집), 7734(영업·마케팅)
팩스 02-723-7184
이메일 hismessage@naver.com
등록 1998년 1월 19일 제1-2280호

ISBN 979-11-7083-247-8 03230

A Hunger for God
by John Piper

Copyright © 1997, 2013 by John Piper
Originally published in English under the title
A Hunger for God: Desiring God through Fasting and Prayer
Published by Crossway Books
a Publishing ministry of Good News Publishers
Wheaton, Illionis 60187, U.S.A.
All rights reserved.

Translated and used by the permission of Crossway Books
through the arrangment of rMaeng2, Seoul, Korea.
This Korean edition Copyright© 2013 by The Blessed People Publishing Co., Seoul, Korea.

이 책의 한국어판 저작권은 알맹2 Agency를 통해 Crossway Books와 독점 계약한 (주) 복 있는 사람이 소유합니다. 신 저작권법에 의하여 한국 내에서 보호를 받는 저작물이므로 무단전재와 복제를 금합니다.

나와 함께 하나님의 충만함에 굶주려 있고
나와 함께 은혜의 식탁에서 배불리 먹는
베들레헴 침례교회의 동료 장로들에게

차례

서문　　9

저자 서문　　15

들어가는 말_ 하나님을 그리워하는 향수　　21

1장　금식은 기독교적인가　　39
　　_새 포도주에 맞는 새로운 금식

2장　사람이 떡으로만 살 것이 아니요　　75
　　_광야에 벌어진 금식의 향연

3장　아버지께서 갚아 주시는 금식　　97
　　_예수께서 가르치신 금식은 철저히 하나님을 지향한다

4장　왕이 오시기를 사모하는 금식　　117
　　_그분을 얼마나 그리워하는가

5장　금식과 역사의 노선　　137
　　_분별과 열망이 요구된다

6장 고통의 현장에서 만나는 하나님   169
　　_가난한 자들을 위한 다른 금식

7장 어린 생명들을 위한 금식   213
　　_낙태: 잘못된 세계관과 하나님의 주권

맺는 말_ 하나님은 왜 금식에 갚아 주시는가   239

부록_ 금식에 관한 인용문과 체험들   251

추천 도서   279

주   283

찾아보기   295

서문

오늘날의 교회를 보면 고무적인 현상이 무척 많아 마음에 감사가 넘친다. 하나님의 영광을 온 땅에 선포하려는 열정이 하나님의 사람들 사이에서 새롭게 살아나고 있다. 현대 기독교의 다양한 진영과 부류에 속한 사람들이 전에 없이 복음과 선교와, 도시를 변화시키고 미전도 종족을 찾아가는 일에 대해 열정적으로 대화하는 소리가 들려온다. 이러한 대화는 꼭 필요한 것이며, 앞으로도 더 계획적이고 강도 높게 지속되기를 바란다.

그러나 때로는 들려오지 **않는** 소리도 들려오는 소리 못지않게 중요한 단서가 될 수 있다. 셜록 홈즈의 한 추리소설 가운데 이런 내용이 있다. 강도 사건을 수사 중이던 홈즈가 "개가 밤중에 이상한 행동을 보였다"고 언급하자, 동료 경관은 홈즈의 말에 어리둥절해 하며 "개는 밤중에 아무것도 하지 않았소"라고 되받는다. 그러자 홈즈는 "**바로 그게** 이상한 행동이오"라고 대답한다. 기독 서적과 기독교 집회가 급증하고 있지만, 우리의 이상한 행동에 대한 J. I. 패커의 말은 지금도 여전히 유효하다.

그리스도인들이 모여서 나누는 대화는 기독교 사역, 그리스도인의 관심사, 믿는 지인들, 교회의 상태, 신학의 문제점 등에 관한 것들이다. 자신들이 날마다 경험하는 하나님에 대해서는 거의 말하지 않는다.

현대 기독 서적과 잡지에도 기독교의 교리와 기준, 그리스도인의 행실의 문제점, 기독교적 봉사 방법에 대한 내용은 많지만 하나님과 나누는 영적 교제에 대한 내용은 거의 찾아보기가 어렵다.

설교도 건전한 교리는 많이 다루지만 주님과의 교제에 관한 주제는 거의 다루지 않는다.

하나님과 죄인이 교제를 나눈다는 사실은 그 자체로 경이로운 일이다. 그런데 우리는 혼자서든 함께든 그 경이를 깊이 묵상할 때가 별로 없다. 그저 그것을 당연시하며 다른 일들에 생각을 쏟는다.

하나님과의 교제가 사소한 일이라고 선전하는 셈이다.[1]

금식과 기도로 하나님과 교제하는 것에 대한 열띤 대화는 오늘날 어디로 갔는가? 복음을 선포하고 교회를 개척하기 위한 계획과 원칙에 대해서는 쉽게 말을 많이 하면서도, 복음을 선포하고 교회를 개척하는 데 필요한 하나님의 능력에 대해서는 별로 말이 없는 것 같다.

북미 전역과 땅끝까지 이르러 제자를 삼고 교회를 세우는 일에 참으로 동참하려면, 먼저 무릎부터 꿇는 것이 지혜로운 일일 것이다.

그러한 이유에서 우리는 존 파이퍼의 「하나님께 굶주린 삶」을 즐거이 추천한다. 지금까지 책이나 설교를 통해 파이퍼를 접해 보았으면 알겠지만, 하나님의 영광을 선포하려는 그의 열정은 지당하고 성경적이다. 하지만 우리에게 하나님의 은혜가 필요하다는 그의 인식 또한 정확하고 성경적이다. 하나님을 간절히 의지하지 않고서는 우리 사명의 궁극적 취지를 놓칠 뿐 아니라 우리 영혼의 궁극적 필요마저 소홀히 하게 됨을 그는 잘 알고 있다.

우리는 하나님을 "배불리 먹도록" 지음 받았으며, 시편 기자처럼 이렇게 부르짖도록 지음 받았다.

하나님이여, 주는 나의 하나님이시라.
내가 **간절히** 주를 찾되
물이 없어 마르고 황폐한 땅에서
내 영혼이 주를 갈망하며
내 육체가 주를 앙모하나이다.
내가 주의 권능과 영광을 보기 위하여
이와 같이 성소에서 주를 바라보았나이다.
주의 인자하심이 생명보다 나으므로
내 입술이 주를 찬양할 것이라.
이러므로 나의 평생에 주를 송축하며

주의 이름으로 말미암아 나의 손을 들리이다.
골수와 기름진 것을 먹음과 같이
나의 영혼이 만족할 것이라(시 63:1-5).

우리는 수많은 젊은이들이 부모로부터 독립하는 순간 교회를 떠난다는 안타까운 통계를 접하곤 한다. 또한 젊어서 "하나님을 추구해 보았지만" 본인에게는 통하지 않았다는 사연도 듣는다. 하지만 우리는 다음과 같은 의문을 가질 필요가 있다. 그들이 정말 마음을 다하여 "간절히" 그분을 찾았는가? 금식과 기도로 그분께 부르짖었는가? 때로 우리는 하나님 자신이 아니라 하나님에게서 오는 것들을 "간절히" 찾는다. 하지만 살아 계신 하나님-천지를 지으시고 지탱하고 계신 분-의 임재를 두고 그보다 더 좋은 것을 구한다는 것은 가히 상상할 수 없는 일이다!

하나님 안에는 이 세상의 물리적 음식물을 훨씬 능가하는 영적 기쁨이 있다. 금식은 하나님께 "제 배가 음식을 원하는 것보다 더 제 영혼이 하나님을 원합니다"라고 고백하는 수단이다. 일단 "여호와의 선하심을 맛보아 알"면(시 34:8) 세상 것들은 이전의 매력을 잃는다.

저자 서문 첫 줄에 나오는 말처럼, "금식에 관한 책들을 조심하라." 이 책은 율법주의나 방법론에 관한 책이 아니며, 금식을 위한 12단계도 나오지 않는다. 결국 이 책은 배보다 마음에 관한 책이다.

얼마간의 시간 동안 음식(이나 다른 것)을 끊는 것은 그 자체로서 목표가 아니라 그리스도를 배우고 그분을 더욱 사랑하기 위한 수단이다. 파이퍼가 이 책에서 분명히 밝히는 바와 같이, 성경의 많은 곳에서 우리가 금식해야 할 이유를 제시한다.

- 우리가 금식하는 이유는 삶 속에서 하나님의 말씀과 하나님의 영에 굶주려 있기 때문이다.
- 우리가 금식하는 이유는 하나님의 영광이 교회에, 하나님을 향한 찬송이 열방에 울려 퍼지기를 갈망하기 때문이다.
- 우리가 금식하는 이유는 하나님의 아들이 재림하시고 하나님 나라가 임하기를 사모하기 때문이다.
- 궁극적으로 우리가 금식하는 이유는 이 세상 무엇보다 하나님을 더욱 원하기 때문이다.

사랑하는 이들에게 하나님의 위대하심과 장엄하심을 납득시키려는 시도만큼 좌절을 안겨 주는 일도 드물다. 우리는 이웃과 신앙 공동체와 나라들이 오직 하나님으로부터만 만족을 얻기를 간절히 사모한다. 이 책을 최근에 다시 읽으면서 우리는 상상해 보았다. 교회마다 성경적으로 꾸준히 금식하는 신자들이 가득하다면 어떻게 될까? 교회가 일어나 "오 하나님, 우리가 이만큼 하나님을 원합니다!"라고 고백할 때, 그분이 즐거이 행하실 일이 무엇일까? 여러분도 이 책을 읽으면서 하나님이 행하실 위대한 일을 구하기 바란다. 그분은 "우리가 구하거나 생각하는 모든 것에 더 넘치도록 능히 하실 이"시다(엡 3:20).

프랜시스 챈(Francis Chan), 데이비드 플랫(David Platt)

제자 배가 운동(The Multiply Movement)

저자 서문

금식에 관한 책들을 조심하라. "음식물은 하나님이 지으신 바니 믿는 자들과 진리를 아는 자들이 감사함으로 받을 것"인데도 "어떤 음식물은 먹지 말라고 할" 사람들이 있다. 성경은 그런 사람들에 대해 엄히 경고한다(딤전 4:1-3). 사도 바울은 어이가 없어서 "너희가……어찌하여……규례에 순종하느냐. (곧 붙잡지도 말고 맛보지도 말고 만지지도 말라 하는 것이니)" 하고 묻는다(골 2:20-21). 그리스도인의 자유를 빼앗기지 말고 온전히 누려야 한다는 것이다. 금식에 관한 모든 책 위에는 위대한 해방선언처럼 이런 현수막이 걸려 있다. "음식은 우리를 하나님 앞에 내세우지 못하나니 우리가 먹지 않는다고 해서 더 못사는 것도 아니고 먹는다고 해서 더 잘사는 것도 아니니라"(고전 8:8). 옛날에 두 사람이 있었는데, 하나는 "나는 이레에 두 번씩 금식[하나이다]"라고 말했고 또 하나는 "하나님이여, 불쌍히 여기소서. 나는 죄인이로소이다"라고 말했다. 둘 중 하나만 의롭다 하심을 받고 집으로 돌아갔다(눅 18:12-14).

이처럼 자기부인의 훈련에는 위험이 내포되어 있다. 그보다 더한 위험은 방종의 위험밖에 없을 것이다. 성경은 후자에 대해서도 경고한다. "모든 것이 내게 가하나 내가 무엇에든지 얽매이지〔지배당하지〕 아니하리라"(고전 6:12). 우리를 지배하는 것은 이미 우리의 신이다. 바울은 "그들의 신은 배"라고 경고한다(빌 3:19). 욕구는 우리 삶의 방향을 좌우한다. 최고 권한이 배에 있다. 이것은 종교적으로 표현되기도 하고 종교와 관계없이 표현되기도 한다. 종교적인 경우, 사람들은 "우리 하나님의 은혜를 도리어 방탕한 것으로 바꾸고"(유 1:4), 또 "음식은 배를 위하여 있고 배는 음식을 위하여 있"다(고전 6:13)는 구호를 내세운다. 종교와 관계없는 경우, 사람들은 그냥 "기타 욕심"에 굴한다. 그 "기타 욕심이 들어와 말씀을 막아"(막 4:19), 은혜로 용서받을 소지가 없어진다.

"기타 욕심", 그것이 적이다. 반대로 승리를 얻을 유일한 무기는 하나님께 더 간절히 굶주린 마음이다. 하나님을 향한 굶주림이 밋밋한 것은, 그분이 "맛이 없어서"가 아니라 우리가 계속 "기타 욕심"으로 배를 채우기 때문이다. 그렇다면 배의 식욕을 부인함으로써 하나님을 향한 영혼의 욕구를 표현하거나 심화시킬 수 있을지도 모른다.

이것은 우리 영혼의 유익만이 아니라 하나님의 영광이 걸려 있는 문제다. 우리가 하나님 안에서 가장 만족할 때 그분은 우리 안에서 가장 영광을 얻으신다. 믿음의 싸움이란, 그리스도 안에서 주신 하나님의 전부를 향유하기 위한 싸움이다. 인간은 자신이 가장 굶주려 있는 대상을 예배하게 되어 있다.

우리가 그분의 모든 길을 기뻐할 때
그분의 선하심은 가장 밝게 빛나고,
우리가 그분 안에서 만족할 때
그분의 영광은 가득 넘쳐흐른다.
사람들이 그분의 진가를 만끽할 때
그분의 광채는 온 땅에 가득하고,
하나님의 아름답고 거룩한 불은
심령의 갈망 속에 찬란히 타오른다.

자기부인과 방종의 위험 사이에 즐거운 고통의 길이 있다. 이것은 마조히스트의 병적인 쾌락이 아니라 사랑에 빠진 사람의 뜨거운 추구다. "내가 그를 위하여 모든 것을 잃어버리고 배설물로 여김은 그리스도를 얻고"(빌 3:8). 바로 이것이 우리가 이 책에서 따르고자 하는 길이다.

내가 이 여정을 시도라도 할 수 있었던 것은 하나님의 은혜다. 나는 날마다 은혜로 살아간다. 은혜는 나를 사랑하사 나를 위하여 자기 자신을 버리신 예수님을 통해 왔다. 은혜는 또 아내 노엘(Noël)을 통해 왔다. 아내의 내조 덕분에 나는 설교하고 책을 쓰고 양떼를 돌볼 수 있다. 위대한 일에 동역자가 되어 주는 아내에게 사랑과 감사를 전한다. 하나님은 우리 부부에게 늘 선하신 분이다. 은혜는 또 캐럴 스타인바크(Carol Steinbach)의 성실한 작업을 통해 왔다. 그녀는 원고를 꼼꼼히 읽고 교정해 주었고, 부지런히 "찾아보기" 부분을 작성해 주었다. 은혜는 또 베들레헴 침례교회의 동료 장로들을 통해 왔다. 그들이 만든 우리 교회의 사명선언문을 나는 내 인생의 사명으로 품었다. "하나님은 모든 일에 최고이시며, 우리는 모든 민족의 기쁨을 위해 그 하나님을 향한 열정을 퍼뜨리기 위해 존재한다." 그들은 내게 이 책을 쓰라고 권하며 시간을 허락해 주었고, 이 일을 그 사명의 일부로 삼아 주었다. 이 책을 위한 내 기도도 그와 같다. 우리 마음이 하나님께 최고로 굶주려 있으면 그분이 모든 일에 최고가 되신다.

1997년 5월 1일
존 파이퍼

하늘에서는 주 외에 누가 내게 있으리요. 땅에서는 주밖에 내가 사모할 이 없나이다. 내 육체와 마음은 쇠약하나 하나님은 내 마음의 반석이시요 영원한 분깃이시라(시 73:25-26).

어느 시대 어디서나 금식은 매우 중요한 역할을 했다. 친밀한 신앙과 밀접한 관계가 있기 때문이다. 우리 시대에 금식이 자취를 감춘 것도 어쩌면 그래서인지 모른다. 하나님에 대한 의식이 약해지면 금식은 사라지고 만다. _에드워드 파렐(Edward Farrell)[1]

들어가는 말
하나님을 그리워하는 향수

그리스도인의 금식은 하나님을 그리워하는 향수에서 비롯된다. 1967년 여름, 나는 노엘과 사랑에 빠진 지 만 1년이 되었다. 그때 누가 내게 1년 반을 더 기다려야 결혼할 수 있다고 했다면 나는 단호히 저항했을 것이다. 결혼은 이를수록 좋아 보였다. 그 여름만 지나면 나는 대학 졸업반이었다. 나는 사우스캐롤라이나 주의 어느 기독교 스포츠 캠프에서 수상 안전 강사로 일하고 있었고, 노엘은 거기서 수백 킬로미터나 떨어진 곳에서 웨이트리스로 일하고 있었다.

그토록 사무친 그리움은 예전에 미처 몰랐었다. 향수야 전에도 느껴 보았지만 그 정도는 아니었다. 날마다 그녀에게 편지를 쓰며 그리움을 고백했다. 으레 점심시간 직전에 캠프로 우편물이 배달되었는데, 내 이름이 불리고 연한 자주색 편지봉투가 보이면 나는 식욕조차 깨끗이 잊었다. 더 정확히 말하면 내 마음의 굶주림이 음식에 대한 굶주림을 삼켜 버렸다. 나는 캠프 참석자들과 함께 먹는 점심을 포기하고 편지를 들고 한적한 숲속에 가 나뭇잎 더미에 앉아 다른 종류의 식사를 즐겼다. 그녀의 실체는 아니었지만 색깔과 냄새와 필체와 내용과 서명은 분명히 맛보기였다. 편지 덕분에 희망이 더욱 굳건해졌고 머나먼 실체가 늘 마음속에 생생해졌다.

금식의 매력과 저항

그리스도인 금식의 뿌리는 하나님께 굶주린 향수다. 하지만 내 마음이 노엘에게 굶주렸던 이야기는 자칫 오해의 소지가 있다. 그것은 그리스도인의 금식을 절반밖에 말해 주지 못한다. 물론 금식의 절반은 하나님을 그리워하는 향수가 너무 강해 물리적 식욕을 잃는다는 것이다. 하지만 나머지 절반은 물리적 식욕이 너무 강해 하나님을 그리워하는 향수가 위협받는다는 것이다. 전자의 경우는 그냥 식욕을 잃지만, 후자의 경우는 식욕과 싸워야 한다. 전자의 경우는 더 높은 굶주림이 존재하여 우리가 거기에 굴하는 것이지만, 후자의 경우는 더 높은 굶주림이 부재하여 그것을 얻고자 싸우는 것이다. 그리스도인의 금식은 하나님으로부터 최고의 만족을 누리는 데 따르는 자연스러운 결과다. 동시에 그것은 그 만족을 앗아 가려는 세상 모든 세력과 싸우는 무기이기도 하다.

하나님의 가장 큰 적은 그분의 선물이다

하나님을 향한 굶주림의 가장 큰 적은 독이 아니라 애플파이다. 천국을 향한 우리의 욕구를 무디어지게 하는 것은 악인들의 잔치가 아니라 세상의 식탁에서 끝없이 주워 먹는 부스러기다. 성인용 비디오가 아니라 밤마다 황금시간대에 애청하는 시시한 볼거리들이다. 사탄이 저지를 수 있는 악이 많지만 예수님은 자신의 사랑의 잔칫상에 오지 못하게 우리를 막는 것이 밭과 소와 아내라고 말씀하셨다(눅 14:18-20). 하나님을 사랑하는 마음의 가장 큰 적은 그분의 원수가 아니라 그분의 선물이다. 가장 위험한 욕구 대상은 끔찍한 악이 아니라 이 땅의 평범한 낙이다. 그것이 하나님의 자리에 들어서면 우상숭배가 잘 눈에 띄지도 않거니와 거의 구제불능이 된다.

예수께서 말씀하셨듯이 어떤 사람들은 하나님의 말씀을 들으면 마음속에 그분을 향한 갈망이 깨어난다. 하지만 "지내는 중 **이생의 염려와 재물과 향락**에 기운이 막혀 온전히 결실하지 못" 한다(눅 8:14). 다른 본문에는 "**기타 욕심**이 들어와 말씀을 막아 결실하지 못하게 되는 자"라고 하셨다(막 4:19). "이생의 향락"과 "기타 욕심"은 그 자체로는 악한 것이 아니다. 악이 아니라 오히려 하나님의 선물이다. 육류, 감자, 커피, 화초, 독서, 실내장식, 여행, 투자, TV 시청, 인터넷 검색, 쇼핑, 운동, 수집, 대화 등이 거기에 해당된다. 그런데 이 모두가 해로운 대용품이 되어 하나님을 몰아낼 수 있다.

악의 없는 낙이 영혼을 둔하게 한다

그러므로 금식의 뿌리가 하나님께 굶주린 향수에 있다는 말은 이런 뜻이다. 악의 없는 낙이 영혼을 둔하게 하므로, 거기서 자신을 지키고 하나님을 향한 애틋한 향수를 고수할 수만 있다면 우리는 무엇이든 할 것이고 무엇이든 끊을 것이다. 음식만 아니라 다른 무엇도 마찬가지다. 몇 년 전에 나는 우리 교인들에게 1월 한 달 동안 매주 24시간씩 (가능하면 수요일 아침식사와 점심식사를) 금식할 것을 선포했다. 우리는 중대한 문제로 자신을 살피며 하나님의 인도를 받아야 할 상황이었고, 따라서 하나님의 충만한 임재와 지혜와 정결하게 하시는 능력이 필요했다. 며칠 후에 나는 이런 편지를 받았다.

저도 이번 금식을 지지합니다. 하나님이 함께하시는 일이라 생각됩니다. 다만 저는 날마다 사람들과 함께 점심을 먹기 때문에 수요일 금식은 어렵습니다. 대신 제게 음식보다 더 금식이 될 만한 것이 있다고 성령께서 일러 주시는 것 같습니다. 일주일이나 한 달 동안 또는 평소 TV를 보던 요일에 TV를 보지 않는 것입니다. 제일 즐겨 보던 프로그램을 시청하지 않고 그 시간에 하나님께 기도하며 그분의 음성을 듣는 것입니다. 저 말고도 이것이 금식이 되고 집중적인 기도 시간이 될 만한 사람들이 또 있지 않을까 생각됩니다.

다음 주 일요일에 나는 교인들에게 이렇게 말했다. "아멘입니다. 수요일 금식이 곤란하다면 그것도 괜찮습니다. 여러분이 바른 마음, 주님께 열린 마음으로 '주님, 금식을 통해 제 영혼을 깨워 주소서'라고 기도한다면 그분이 반드시 알려 주실 것입니다. 언제 어떻게 해야 할지 알려 주실 것입니다. 건강상 금식이 허락되지 않고 의사가 금식을 말린다면 그것도 괜찮습니다. 위대한 의사이신 주님께서 다 아십니다. 음식 외에 각자에게 해당되는 부분이 있을 것입니다."

문제는 음식 **자체**가 아니라, 하나님의 자리를 대신하고 있거나 대신할 수 있는 모든 것이다. 런던 웨스트민스터 교회의 목사였던 마틴 로이드 존스(Martyn Lloyd-Jones, 1899-1981)는 1959년부터 1960년까지 산상수훈을 설교하면서 금식에 대한 탁월한 설교를 했다. 설교에 이런 말이 나온다.

잘 생각해 보면…… 금식을 음식과 음료의 문제로 국한해서는 안 된다. 무엇이든 그 자체로 정당한 것을 특별한 영적 목적을 위해 끊는다면 이 또한 금식에 해당된다. 몸의 많은 기능들이 선하고 건전하며 지극히 정당하지만, 특정한 상황에서 특정한 목적을 위해 그것을 절제할 필요가 있다. 그것이 금식이다.[2]

요컨대 좋은 것들이 우리에게 큰 피해를 입힐 수 있다. 소와 밭과 결혼이 우리를 천국에 들어가지 못하게 막을 수 있다. 그래서 예수님은 "이와 같이 너희 중의 누구든지 자기의 모든 소유와 작별하지 아니하면 능히 내 제자가 되지 못하리라"고 말씀하신다(눅 14:33, 저자 번역³). 꼭 악이나 음식만이 아니라 무엇이든 참된 제자도를 가로막을 수 있다. 하나님께 우리의 헌신과 애정을 드리지 못하게 막는 최대의 적수는 그분이 주신 가장 값진 선물이다. 어쩌면 당연한 일이다.

아들의 목숨보다 하나님을 더 중시한 아브라함

선물을 신으로 둔갑시키지 않는 데 금식이 어떻게 도움이 되는가? 아브라함이 이삭을 제물로 바칠 뻔했던 일을 생각해 보라. 아브라함이 손을 내밀어 하나님의 언약의 상속자인 자기 아들을 죽이려 하자 "여호와의 사자가 하늘에서부터 그를 불러 이르시되 아브라함아, 아브라함아 하시는지라. 아브라함이 이르되 내가 여기 있나이다 하매 사자가 이르시되 그 아이에게 네 손을 대지 말라. 그에게 아무 일도 하지 말라. 네가 네 아들 네 독자까지도 내게 아끼지 아니하였으니 내가 이제야 네가 하나님을 경외하는 줄을 아노라"(창 22:11-12). 아들을 제물로 드린 일이야말로 철저한 금식이었다. 하나님이 이 "금식"을 요구하신 것은 이삭이 악해서가 아니라 반대로 아브라함에게 이삭이 너무 좋아 보였기 때문이다. 사실 이삭은 하나님의 약속이 성취되는 데 없어서는 안 될 존재로 보였다. 금식이란 악을 잃는 것이 아니라 선을 잃는 것이다.

하지만 하나님은 왜 그런 일을 요구하실까? 바로 시험하시기 위해서다. 아브라함은 자기 아들을 즐거워하기보다 여호와를 경외함으로 더 즐거움을 삼을 것인가?(사 11:3) "네가 네 아들 네 독자까지도 내게 아끼지 아니하였으니 내가 이제야 네가 하나님을 경외하는 줄을 아노라." 여기서 "내가 이제야……아노라"는 말씀은 무슨 뜻인가? 아브라함이 하나님을 경외하고 아들보다 그분을 더 중시한다는 것을 그분은 모르셨단 말인가? 성경은 하나님이 "각 사람의 마음을 아시"는 분이라고 가르친다(왕상 8:39, 행 1:24). 사실 그분은 "그들 모두의 마음을 지으"신 분이다(시 33:15). 그렇다면 왜 시험하시는가? C. S. 루이스(Lewis)는 이 물음에 이렇게 답한다.

(나의 관심은 이 질문에 있다.) "하나님은 전지하시므로 굳이 시험하지 않고도 아브라함이 어떻게 할지 분명히 아셨을 것이다. 그런데 이런 불필요한 고문은 왜 하시는가?" 하지만 성 어거스틴이 지적했듯이 하나님이 무엇을 아셨든 간에 적어도 아브라함은 직접 겪어 보기 전에는 자신이 그런 명령까지 감수하고 순종하리라는 것을 몰랐다. 자신이 순종을 선택할 것을 아직 모르는 한, 순종을 선택했다고 말할 수 없다. 실제 순종은 바로 아브라함의 행위였다. 하나님은 아브라함이 "순종할" 것을 아셨는데, 이는 아브라함이 그 순간 산꼭대기에서 보일 순종의 행위를 아셨다는 의미다. 하나님이 "시험해 보실 필요가 없었

다"는 말은 하나님이 아시니까 그분이 아시는 것은 존재할 필요가 없다는 말이나 같다.[4]

하나님은 우리가 모든 것보다 그분을 더 중시하되 그것을 삶으로 실천하는지 알고자 하신다. 하나님은 우리가 선물보다 그분 자신을 더 중시하되 그 진정성을 실제 행위를 통해 간증하기 원하신다. 루이스의 말대로 "그럴" 줄 아시는 것이 실제 행위를 아시는 것과 다름없다면, 하나님은 세상을 창조하지 않으시고 그냥 상상만 하셔도 되었을 것이다. 하지만 하나님은 체험적인 앎, 실제로 보시는 앎, 목격하시는 앎을 원하신다. 인간이 하나님의 선물보다 그분 자신을 더 중시함을 삶과 행위로 보일 때 하나님은 실제 삶으로 영광을 얻으신다. 그분은 그런 영광을 얻으시기 위해 세상을 탁월하게 지으신 분이다. 금식은 우리가 선물보다 하나님을 더 중시하여 그분께 영광을 돌리는 방법이다. 물론 유일하거나 주된 방법은 아니지만, 금식도 하나의 방법이며 다른 모든 방법에 도움이 된다.

슬픔의 마취제가 된 음식

루이스는 어거스틴을 언급했는데 어거스틴이 한 말은 이렇다. "인간이 자아를 인식하려면 자신의 지력을 시험하고 말뿐이 아닌 실험으로 검증해야 한다."[5] 다시 말해서 사랑이 자주 시험되지 않으면 우리는 자신이 하나님을 사랑한다고 착각하기 쉽다. 그렇기 때문에 우리는 자신이 무엇을 더 중시하는지 말로만 아니라 희생으로 보여야 한다. 물론 아들을 희생하는 것이 밥 한 끼를 희생하는 것보다 훨씬 큰일이다. 하지만 원리는 똑같다. 하나님과의 교제를 음식보다 중시하는 작은 행위들이 모여 하나님과의 교제와 자족이 체질화되면, 이로써 우리는 궁극적 희생까지도 할 수 있는 사람으로 준비된다. 이런 면에서 금식은 하나님을 사랑하는 모든 행위에 도움이 된다. 하나님을 가장 중시하는 마음이 금식을 통해 늘 민감하게 깨어 있는 것이다. 금식은 이 문제를 그냥 두지 않고 자꾸 자문하게 한다. "나는 정말 하나님께 굶주려 있는가? 그분을 그리워하고 사모하는가? 아니면 어느새 그분의 선물로 만족하고 있는가?"

그리스도인의 금식은 나를 지배하고 있는 갈망이 무엇인지 보기 위한 시험이다. 내 궁극적인 열정의 대상은 무엇인가? 리처드 포스터(Richard Foster)는 「영적 훈련과 성장」(*Celebration of Discipline*)의 금식에 관한 장에 이렇게 썼다. "어떤 훈련보다도 금식은 나를 지배하고 있는 것들을 들추어낸다. 예수 그리스도의 형상대로 변화되기를 갈망하는 참된 제자에게 이것은 놀라운 유익이 된다. 우리는 음식과 그 밖의 것들로 내면의 실상을 가린다."6

요즘 심리학에서 그런 말이 많이 들린다. 특히 삶에 아픔이 많은 사람들과 관련해서 그렇다. 음식이 "진통제"가 되고 있는 셈이다. 그들은 내면의 상처를 잊으려고 음식으로 자신을 마취한다. 이는 보기 드문 증상이 아니다. 우리도 모두 그렇게 하고 있다. 예외 없이 모든 사람이 그렇다. 우리도 다 음식으로 불안을 달래고, 저녁식사 시간을 기다리며 불행을 감춘다. 그래서 금식은 우리의 전부—고통, 교만, 분노—를 들추어낸다. 포스터의 말은 이렇게 이어진다.

교만이 우리를 지배하고 있다면 거의 즉각 드러날 것이다. 다윗은 "금식하여 내 영혼을 괴롭게〔겸비하게〕하였더니"라고 고백했다(시 35:13). 분노, 원한, 시기, 불화, 두려움—그런 것들이 우리 안에 있다면 금식중에 표면에 떠오를 것이다. 처음에는 자신의 분노가 배고픔 때문이라고 합리화할 것이다. 하지만 결국은 자신이 화가 나 있는 이유가 내면의 고질적 분노 때문임을 알게 된다. 이것을 알고 우리는 기뻐할 수 있다. 그리스도의 능력으로 치유될 수 있음을 알기 때문이다.[7]

금식하는 이유 중 하나는 우리 안에 무엇이 있는지 알기 위해서다. 아브라함이 자신의 내면을 내보인 것과 같다. 금식하면 속이 다 드러나게 되어 있다. 당신의 내면이 보일 것이다. 그러면 그것을 처리하든지 아니면 재빨리 도로 감추든지 해야 한다. 한낮이 다 되어 음식 생각이 간절해지고 점심식사가 여름휴가만큼이나 달콤하게 느껴지면 그제야 문득 생각이 난다. "참, 금식하기로 작정한 것을 깜빡 잊었군. 오늘은 누릴 수 없는 즐거움이지. 점심을 금식중이니까." 이제 당신은 내면의 모든 불행을 어찌할 것인가? 전에는 맛있는 점심을 기대하며 그것을 막아 냈다. 음식에 대한 기대감이 좋은 기분을 일으켜 나쁜 기분과 균형을 이루었다. 하지만 이제 균형이 깨졌다. 이것을 처리할 다른 방도를 찾아내야 한다.

금식은 믿음의 굶주린 시녀다

비로소 우리는 내 영혼의 자원이 무엇인지 알게 된다. 내 영혼을 알게 되면 믿음의 싸움에 큰 도움이 된다. 나는 이 책의 제목을 「금식: 믿음의 굶주린 시녀」라고 붙일 뻔했다. 금식은 얼마나 귀한 종인가! 금식은 내 영혼의 어두운 곳들로부터 관계의 불만, 사역의 좌절, 실패의 두려움, 아깝게 허비한 시간 등을 겸손하고 조용하게 길어 올린다. 조금도 부산스럽지 않게 그 일을 해낸다. 친구들과 함께 저녁을 먹을 달콤한 기대감에 젖으려 할 때 금식이 오늘밤은 아니라고 조용히 일깨운다. 처음에는 그것이 아찔하게 느껴질 수 있다. 나는 하나님과의 교제를 달콤하게 여기고 그분의 약속을 간절히 사모할 것인가? 겨우 견디는 정도가 아니라 그분 안에서 활짝 피어나 기뻐할 정도로 그리할 것인가? 아니면 내게 금식이 필요 없다고 합리화하며 다시 음식을 진통제로 삼을 것인가? 사도 바울은 "내가 무엇에든지 얽매이지[지배당하지] 아니하리라"고 말했다(고전 6:12). 금식은 음식이 우리를 지배하고 있는 정도를 들추어낸다. 텔레비전이나 컴퓨터 등 다른 것도 마찬가지다. 하나님을 향한 굶주림이 밋밋

할 때 우리는 그것을 감추려고 자꾸 다른 것에 빠질 수 있다.

하나님은 왜 음식과 배고픔을 지으셨는가

음식에 이런 놀라운 위력이 있는 한 가지 이유는 음식이 그만큼 우리의 생존에 기본이 되기 때문이다. 왜 그럴까? 다시 말해서 하나님은 왜 음식을 지으셨고 음식이 있어야만 인간의 목숨이 부지되게 하셨을까? 그분은 음식이 필요 없는 생명체를 지으실 수도 있었다. 그분은 하나님이시니 마음대로 하실 수 있었다. 그런데 왜 하필 음식인가? 왜 배고픔과 목마름인가? 내 답은 아주 간단하다. 그분이 떡을 지으신 것은 "나는 생명의 떡"(요 6:35)이라 말씀하신 하나님의 아들이 어떤 분이신지 우리가 조금이라도 알게 하시기 위해서다. 그분이 갈증과 해갈의 리듬을 지으신 것은 "나를 믿는 자는 영원히 목마르지 아니하리라"(요 6:35) 하신 예수 그리스도를 믿는다는 것이 무엇인지 우리가 조금이라도 알게 하시기 위해서다. 하나님은 굳이 음식과 물이 필요한 존재, 미각의 즐거움을 아는 존재를 지으실 필요가 없었다.

하지만 우주의 중심은 인간이 아니라 하나님이다. 바울의 말대로 만물이 "주에게서 나오고 주로 말미암고 주에게로 돌아"간다(롬 11:36). "주에게로 돌아감"이란 만물이 존재하는 목적이 그분을 주목하게 하고 칭송하게 하기 위해서라는 뜻이다. 골로새서 1:16에 바울은 "만물이……다 그(그리스도)로 말미암고 그를 위하여 창조 되었"다고 더 구체적으로 말한다. 그러므로 음식도 그리스도의 영 광을 위해 창조되었다. 배고픔과 목마름도 그리스도의 영광을 위해 창조되었다. 금식도 그리스도의 영광을 위해 창조되었다.

그래서 음식은 두 가지 방식으로 그리스도를 영화롭게 한다. 하 나는 선하신 그분께 감사하며 음식을 먹는 것이고, 또 하나는 하나 님 자신께 굶주려 음식을 끊는 것이다. 먹을 때 우리는 "생명의 떡" 이신 하늘 양식의 그림자를 맛본다. 금식할 때 우리는 "나는 그림자 보다 실체이신 그분을 더 사랑한다"라고 고백한다. 먹을 때나 금식 할 때나 성도의 마음에는 예배가 있다. 둘 다 그리스도를 높이는 일 이며, 둘 다 감사하고 사모하는 마음으로 선물을 주신 분을 바라보 게 한다. 둘 다 제 역할이 있지만 둘 다 위험도 있다. 먹는 일의 위험 은 선물 자체에 취하는 것이고, 금식의 위험은 선물을 우습게 여기 고 자신의 의지력을 내세우는 것이다.

이 책의 구성

천국 집으로 가는 안전하고 쉬운 길이란 없다. 그것은 장애물이 널 려 있는 좁고 험한 길이다. 악의 없는 낙이라는 해로운 곁길이 도처 에 가지를 치고 있다. 안팎의 싸움을 피할 수 없는 길이다. 이 길에서 쓸 무기 가운데 하나가 바로 금식이다. 그래서 이 책에도 안팎의 싸움을 함께 다루었다. 내적 전투의 대상은 하나님을 향한 굶주림과 경쟁하는 우리 자신의 욕구들이다. 외적 전투는 부흥, 개혁, 세계 복음화, 사회 정의, 문화 참여 등이다. 둘은 서로 깊이 맞물려 있지만 1-3장은 내면에 가깝고 5-7장은 외면에 가깝다. 가운데 4장은 교차점이다. 그리스도의 재림을 사모하는 금식은 지극히 개인적이면서도 그분이 오실 때까지 전 세계의 동참을 요구하기 때문이다.

이 책의 목적

하나님이 모든 일에 최고이시기에 모든 민족의 기쁨을 위해 그 하나님을 향한 굶주림을 흔들어 깨우는 것, 그것이 이 책의 목적이자 나의 기도다. 금식은 그 굶주림의 존재를 입증하고 더 부채질한다. 금식은 영적 갈망을 증폭시킨다. 금식은 악의 없는 낙의 위험한 속박에 맞서는 충실한 군사다. 금식은 다음 문장의 끝에 붙는 느낌표다. "오 하나님, 제가 하나님을 이만큼 사모하며 하나님의 영광이 온 세상에 나타나기를 이만큼 갈망합니다!"

하나님과 자주 교제하며 잔치를 즐기는 사람일수록 배고픔이 덜할 법도 하다. 종종 그는 세상의 악의 없는 낙을 떠나 말씀의 계시를 통해 하나님의 임재 안에 깊이 머문다. 거기서 묵상과 기도로 하늘의 떡이요 생수이신 그분을 먹고 마신다. 하지만 역설적이게도 그는 배고픔이 가장 덜한 성도가 아니다. 오히려 정반대다. 여태껏 내가 본 바로는 가장 견고하고 성숙한 그리스도인일수록 하나님께 가장 굶주려 있다. 가장 많이 먹는 사람이 가장 배가 덜 고플 것 같지만 다함없는 샘, 무한한 잔치, 영광의 주님 앞에서는 그렇지 않다.

하나님은 그리스도를 통해 이미 일을 다 이루셨다. 이를 바탕으로 당신도 생수의 강이요 하늘의 떡이신 그분을 먹고 마시기 시작하면 하나님께 더 굶주려질 수밖에 없다. 당신의 모든 갈망을 채워 주실 분을 만났으니 당연한 일이다. 하나님이 주시는 만족을 현세에서 더 경험할수록 내세를 더 간절히 사모하게 된다. 그래서 C. S. 루이스는 "우리의 최상의 소유는 곧 결핍이다"라고 말했다.[8]

그리스도와 깊이 동행할수록 당신은 그분께 더 굶주려진다. 천국을 향한 향수가 더 깊어진다. "하나님의 모든 충만하신 것"을 더 원하게 된다. 죄를 더 끊고 싶어진다. 신랑 되신 예수님의 재림을 더 사모하게 된다. 교회가 부흥하고 예수님처럼 아름답게 정화되기를 더 바라게 된다. 도시마다 대각성이 일어나 하나님의 실체에 눈뜨기를 더 바라게 된다. 그리스도의 영광스러운 복음의 빛이 세상 모든 미전도 종족의 어둠 속에 침투하는 모습을 더 보고 싶어진다. 잘못된 세계관들이 진리의 위력 앞에 무릎 꿇는 모습을 더 보고 싶어진다. 고통이 걷히고 눈물이 닦이고 죽음이 망하는 모습을 더 보고 싶어진다. 모든 잘못이 바로잡히고 물이 바다를 덮음 같이 하나님의 정의와 은혜가 온 땅에 가득하기를 더 간절히 사모하게 된다.

만일 당신에게 하나님의 영광이 나타나기를 갈구하는 마음이 없다면, 그것은 당신이 실컷 마시고 배불러서가 아니라 세상의 식탁에서 부스러기를 주워 먹은 지 너무 오래되었기 때문이다. 당신의 영혼은 시시한 것들로 가득 차 있어 위대한 것이 들어설 자리가 없다.[9] 하나님은 당신을 그렇게 살라고 짓지 않으셨다. 당신에게는 하나님을 향한 욕구라는 것이 존재한다. 그 욕구를 흔들어 깨울 수 있다. 음식은 사람을 둔하게 하고 우상숭배는 위험하다. 거기서 벗어나 담백한 금식으로 이렇게 고백해 보라. "오 하나님, 제가 이만큼 하나님을 원합니다."

그러나 신랑을 빼앗길 날이 이르리니 그때에는 금식할 것이니라.

(마 9:15)

너희가 세상의 초등학문에서 그리스도와 함께 죽었거든 어찌하여 세상에 사는 것과 같이 규례에 순종하느냐. (곧 붙잡지도 말고 맛보지도 말고 만지지도 말라 하는 것이니 이 모든 것은 한때 쓰이고는 없어지리라.) 사람의 명령과 가르침을 따르느냐. 이런 것들은 자의적 숭배와 겸손과 몸을 괴롭게 하는 데는 지혜 있는 모양이나 오직 육체 따르는 것을 금하는 데는 조금도 유익이 없느니라(골 2:20-23).

1장 금식은 기독교적인가

_새 포도주에 맞는 새로운 금식

1세기 말경에 쓰여진 「디다케 : 열두 사도들의 가르침」(*Didache*)이라는 작은 책자가 있다. 그 책의 금식에 관한 부분에 이런 말이 나온다. "너희는 위선자들과 함께 금식하지 말라. 그들이 월요일과 목요일에 금식하지만 너희는 수요일과 금요일에 금식하라."[1] 얼핏 보면 이상한 말처럼 들린다. 금식하는 요일을 바꾸는 것이 그리 대단한 일인가? 내 생각에 초대교회의 논지는 이것이다. 유대교는 안식일을 토요일에 지켰다. 그것이 옛 언약의 명령이다. 그러나 우리 그리스도인들은 유대교와의 연속성과 불연속성을 동시에 보이고자 안식일을 다른 날에 지킨다. 주님께서 죽음에서 부활하여 새로운 백성을 이루신 날인 일요일에 지킨다. 마찬가지로 유대교인들은 금식을 월요일과 목요일에 했지만 우리는 다른 요일에 한다. 왜 그런가? 이유는 똑같다. 연속성과 불연속성을 동시에 보이기 위해서다. 물론 우리도 금식을 받아들인다. 하지만 예전의 금식 그대로는 아니다. 기독교의 금식에는 새로운 면이 있다. 우리는 금식을 이어받되 변화시킨다. 물론 요일을 바꾼다 해서 기독교의 금식이 되는 것은 아니다. 그것은 상징일 뿐이다. 하지만 기독교의 금식은 **새롭다**. 그것만은 확실하다. 기독교의 금식이 어떻게 새로운지가 이번 장의 주제다.

이런 맥락에서 금식에 관한 가장 중요한 성경말씀은 마태복음 9: 14-17이다.[2] 물론 이것은 아주 포괄적인 주장이다. 그럼에도 내가 중요하다고 말하는 이유는 예수님의 이 말씀이 금식의 핵심 문제를 가장 직접적이고 깊이 있게 다루고 있기 때문이다. 금식의 핵심 문제란 "금식은 확실히 기독교적인가? 만일 그렇다면 어떻게 기독교적인가?"이다.

금식이 기독교적임은 명백하지 않다

이는 적어도 네 가지 이유에서 중요한 질문이다. 우선 첫째로, 금식이란 종교적·문화적·정치적·건강상의 이유로 일부러 음식을 끊는 행위로 "모든 사회와 문화와 시대에서 볼 수 있는 관습"이다.[3] 사실상 세상의 모든 종교가 금식을 실천하고 있다. 종교가 없는 사람들도 정치적 이유나 건강상의 이유로 금식한다. 그렇다면 왜 그리스도인들이 이교의 금욕주의 행렬에 동참해야 하는가? 둘째로, 구약의 하나님 백성이 금식을 널리 실천했다 해도 이제 예수님의 사역을 통해 하나님 나라가 도래했으니 금식은 폐기되는 것이 아닌가? 하나님 나라의 새 포도주를 외형과 의식(儀式)이라는 낡은 가죽 부대에 담을 수 있는가? 셋째로, 그리스도께서 이미 십자가에서 승리를 이루셔서 이제 성령께서 교회에 지속적으로 임재하신다. 승리하신 그리스도께서 강하게 우리 가운데 계시니 삶의 지배적 분위기가 금욕이 아니라 축제여야 하지 않겠는가? 이 세 가지 반론 외에 끝으로, 금욕으로 몸의 욕구를 이기면 식탐보다 더 나쁜 교만에 빠져 자기를 의지하게 되지 않는가?

　이렇듯 금식이 확실히 기독교적임은 결코 명백하지 않다. 금식이 기독교적이라면 금식이 기독교의 핵심과 어떤 관계인지 살펴볼 필요가 있다. 여기서 핵심이란, 백성의 구원과 아버지의 영광을 위해 죽으시고 부활하여 역사를 다스리시는 그리스도의 승리를 말한다.

금식은 보편적 종교 행위다

금식이 어디서 어떻게 시작되었는지는 아무도 모른다.[4] 금식의 관습과 전통은 어디를 가나 있다. 속죄일(Yom Kippur, 레 16:29-31)을 비롯한 유대교의 금식,[5] 이슬람교의 라마단 금식, 힌두교 카스트제도의 최상위 계급인 브라만의 엄격한 금식[6] 등은 일반에 널리 알려져 있다. 하지만 금식은 전 세계적으로 시행되고 있다. 예를 들어 보자.

　안다만 제도(諸島)의 주민들은 풀루가 신(神)의 요구로 특정한 절기에 특정한 과일과 식용 뿌리 등을 먹지 않는다. 이를 어기면 신이 홍수를 보낸다고 믿고 있다.…… 뉴기니의 코이타 족의 임신부는 주머니쥐, 바늘두더지, 특정한 물고기, 이구아나를 먹어서는 안 된다. 남편도 음식의 금기사항을 똑같이 지켜야 한다.…… 나이지리아의 요루바 족은 남편이 죽으면 과부와 딸들이 방 안에 갇혀 최소한 24시간 동안 음식을 일체 삼가야 한다.…… 캐나다 브리티시컬럼비아의 스틀라틀룸(릴루엣) 족은 장례 음식을 먹은 뒤에 나흘 동안 금식하고 곡하며 몸을 씻었다.…… 체로키 족의 독수리 전문 사냥꾼은 신성한 새인 독수리를 죽이기 전에 밤을 새며 금식 기도를 해야 했다.…… 기타 아메리카 원주민 청소년들은 평생 자신을 지켜 줄 수호신의 환상을 보려고 대개 장기간의 금욕을 거친다.…… 호주 뉴사우스웨일스의 부족의 경우, 성인식을 맞은 소년들이 이틀 동안 음식을 먹지 않고 물만 조금씩 마신다.[7]

금식은 정치적 무기다

전 세계에 걸친 종교적 금식 외에 정치적 금식 내지 시위용 금식도 있다. 가장 유명한 예로 마하트마 간디를 빼놓을 수 없다. 그는 인도의 독립을 위해 30년이 넘도록 평화 운동을 벌였다. 금식을 정치적 무기로 활용하려는 열정은 그의 집안과 힌두교 문화에서 왔다. 독실한 힌두교도였던 그의 어머니는 해마다 의무로 규정된 금식 외에도 우기 동안 몇 번이나 엄격한 금식을 했다. 간디는 이렇게 회상했다.

> 어머니는 언제나 가장 어려운 맹세를 해놓고는 틀림없이 그것을 지켰다. 차투르마스(우기와 맞물려 넉 달 동안 계속되는 힌두교의 절기-옮긴이) 기간에는 하루 한 끼로 사는 것이 예사였다. 그것으로도 만족하지 못하고 어느 차투르마스에는 하루 걸러 단식을 했다. 또 다음 차투르마스에는 해를 보기 전에는 음식을 들지 않겠다는 맹세를 했다. 그런 때는 우리 아이들은 서서 하늘을 쳐다보며 어머니께 해가 나타났음을 알려 드리려고 기다리곤 했다. 누구나 잘 아는 대로 장마철이 한창일 때는 해가 좀처럼 얼굴을 내놓지 않는다. 그러다가 해가 갑자기 나타나면 우리는 달려가서 그것을 어머니께 알리곤 했던 일이 기억난다. 그러면 어머니는 자기 눈으로 그것을 보려고 달려 나왔다. 그러나 숨바꼭질을 좋아하는 해는 그 사이 벌써 숨어 버린다. 그렇게 해서 어머니는 그만 끼니를 놓쳐 버리는 것이었다. 그러면 어머니는 천연스럽게 말씀하셨다. "괜찮아, 하나님께서 오늘은 내가 밥 먹는 것을 원치 않으신다." 그러고는 다시 단식을 계속하셨다.[8]

간디가 금식을 정치 역정의 필수 요소로 삼은 것은 놀랄 일이 아니다. 마누(인도 신화에 나오는 최초의 인간-옮긴이)의 고대법에 따르면 채권자는 채무자를 부끄럽게 해서만 빚을 받아 낼 수 있었다. 예컨대 채권자는 채무자가 부끄러워 빚을 갚을 때까지 날마다 먹지도 않고 채무자의 집 앞에 앉아 있었다. 에릭 로저스(Eric Rogers)는 이렇게 말했다. "인도의 그 방법이 간디에게 통했다.…… 그의 어떤 행위보다도 금식이 분명히 더 많은 사람들의 마음을 움직였다. 인도뿐 아니라 세계 어디서나 사람들은 소신을 위해 즐거이 금욕을 견딘 이 허약하고 왜소한 사람의 이미지를 떨쳐 낼 수 없었다."9

금식은 건강을 위한 식이요법이다

종교적 금식과 정치적 금식 외에 건강을 위한 금식도 있다. 이것은 종교와 연계될 수도 있고 그렇지 않을 수도 있다. 인터넷에서 "금식"이라는 주제를 잠깐만 검색해 보면 건강을 위한 금식을 전문으로 하는 단체와 간행물들이 수없이 나온다. 예컨대 국제금식센터(Fasting Center International)도 그런 유명한 곳 중 하나인데 이곳의 홈페이지에 이런 선전문이 나온다.

> 체형이 망가졌거나 남의 이목에 신경이 쓰이거나 기력이 달리거나 완전히 건강을 잃었는가? 몸의 건강을 되찾으면서 명료한 의식과 영성까지 높이고 싶은가? 과학적인 주스 금식을 통해 이 모든 목표를 단시일 내에 달성할 수 있다. 당신의 직장, 일상, 운동, 학업에도 전혀 지장을 주지 않는다. 오히려 금식중과 금식후에 현재보다 훨씬 기력이 좋아질 것이다!

이렇듯 전 세계의 종교적·정치적·건강상의 금식을 조금만 살펴보아도 우리는 금식 자체가 유독 기독교적이라는 생각에서 벗어나게 된다. 사실 금식은 철저히 반(反)기독교적이 될 수도 있다. 신약성경에 이미 그런 예가 나온다. 사도 바울을 죽이기 전에는 "먹지도 않고 마시지도 않기로 맹세한 자" 40명이 그런 경우다(행 23:21). 아울러 그리스도인들 사이에서도 금식은 율법주의적 방식으로 변질되거나(뒤에서 살펴볼 것이다) 거식증 같은 해로운 중독으로 변질될 수 있다.[10] 이 모두가 불러일으키는 의문이 있다. 기독교 바깥의 종교적·정치적·건강상의 목적에 이토록 두루 쓰이는 의식을 그리스도인이 애써 붙잡을 이유가 무엇인가?

금식은 하나님 나라에 속한 것인가

그뿐 아니라 구약성경에 자주 나오는 금식은 또 하나의 의문을 불러일으킨다. 이미 메시아가 오시고 하나님 나라가 도래한 이후에 사는 우리에게도 금식이 계속 유효한가 하는 문제다. 예수님은 "내가 만일 하나님의 손을 힘입어 귀신을 쫓아낸다면 **하나님의 나라가 이미 너희에게 임하였느니라**"고 말씀하셨다(눅 11:20). 또 바리새인들이 하나님 나라의 도래에 대해 묻자 그분은 "**하나님의 나라는 너희 안에 있느니라**"고 대답하셨다(눅 17:21). 이렇듯 대망의 하나님 나라는 깊은 의미에서 예수님의 삶과 사역을 통해 **이미** 임했다.

바로 이것이 예수께서 제자들에게 "하나님 나라의 비밀을 너희에게는 주었으나 외인에게는 모든 것을 비유로 하나니"(막 4:11)라고 말씀하실 때 생각하신 "하나님 나라의 비밀"이다. 그것은 세상에 임한 경이롭고 새로운 실재였다. "예수님의 인격과 사명을 통해 인간에게 계시로 주어진 새로운 진리는 이것이다. 다니엘의 예견대로 장차 묵시록적 권능으로 임할 하나님 나라가 사실은 세상 속에 미리 숨어 들어와 인간 내면과 인간 사회에서 은밀히 활동하고 있다."[11]

그러므로 이 질문은 절실하다. 금식은 교회─하나님이 세상 모든 민족 가운데 모으고 계신 새로운 하나님 나라의 백성─에 속한 것인가? 그렇지 않다고 생각하는 사람들도 있다. 예컨대 키스 메인(Keith Main)은 「기도와 금식: 초대교회 신앙생활 연구」(*Prayer and Fasting: A Study in the Devotional Life of the Early Church*)라는 책에, 예수님의 사역을 통해 하나님 나라가 침투해 들어왔으므로 금식의 중요성도 근본적으로 달라진다고 역설했다. "신약성경의 기도생활의 특징은 기쁨과 감사이며, 이는 하나님 나라가 침투해 들어왔다는 표시다. 교제의 특징인 기뻐하고 감사하는 태도에 금식은 더 이상 어울리지 않는다."[12]

바울은 금식을 폐기하는가

복음서 이외의 나머지 신약성경을 보면 키스 메인의 관점이 더 신빙성을 얻는다. 복음서 외에서는 금식을 거의 찾아볼 수 없다.[13] 메인은 이렇게 힘주어 말한다.

> **금식은 더 이상 교회의 중요한 문제가 아니다.**…… 바울도 예수님의 뒤를 이어 제자들의 관심을 금식과 모든 형태의 절식으로부터 하나님 나라를 위한 기도와 섬김과 수고로 일부러 돌렸다. 선교 사역은 묵시록적 환상에 대해서만 아니라 과용되어 진부해진 금식의 관습에 대해서도 교정책과 균형추의 역할을 했다.…… 영생의 의식이 늘 우리에게 침투해 들어오고 있다. 신자는 다른 세계의 음악 소리에 맞추어 행진한다! 부활하신 그리스도와 외형적 금식을 조화시키기란 극히 어렵다.[14]

이처럼 신약의 서신서에는 금식이 거의 등장하지 않는다. 오히려 하나님 나라가 기쁨으로 실존하고 성령께서 영광스럽게 사역하신다. 그렇다면 기독교 교회에서 금식의 타당성이 폐기되는 것인가? 이 질문의 긴박성 때문에 마태복음 9:14-17에 나오는 금식에 대한 예수님의 말씀이 그토록 중요해진다. 내 생각에는 가장 중요한 말씀이다.

다음 세 가지 사실을 생각하면 그 긴박성이 더해진다. 바울 서신에서 음식은 선한 것으로 예찬되고, 금욕은 육신의 방종을 막기에는 나약한 무기로 취급되며, 먹고 마시는 일은 그리스도 안에서 사랑과 자족을 표현할 때 외에는 비본질적인 일로 간주된다.

음식은 선한 것이다

디모데전서 4:1-5에 바울이 경고한 대로 말세에 "어떤 사람들이 믿음에서 떠나……어떤 음식물은 먹지 말라고 할" 것이다. 음식에 대한 이런 태도에 바울은 이렇게 반응한다. "음식물은 하나님이 지으신 바니 믿는 자들과 진리를 아는 자들이 감사함으로 받을 것이니라. 하나님께서 지으신 모든 것이 선하매 감사함으로 받으면 버릴 것이 없나니 하나님의 말씀과 기도로 거룩하여짐이라." 금식을 떠받드는 금욕주의는 음식을 선물로 주신 하나님의 선하심을 간과하거나 왜곡한다. 바울은 그런 금욕주의를 극구 경계했다. 성찬을 나누는 거룩한 시간에도 바울은 먹기를 말리지 않았고, 다만 고린도 교인들에게 "집에서 먹을지니 이는 너희의 모임이 판단받는 모임이 되지 않게 하려 함이라"고 말했다(고전 11:34).

금욕은 나약한 것이다

고행의 가치를 따져 보던 바울은 골로새 교인들에게 금식 훈련은 별 실속이 없으며 육욕을 억제하는 것 못지않게 육신적 교만을 부추길 수 있다고 경고했다. 골로새 교인들은 그리스도를 믿는 깊고 단순한 믿음에서 떠나 외형적 의식을 성화의 수단으로 삼고 있었다. 바울은 그것을 우려했다. "너희가 세상의 초등학문에서 그리스도와 함께 죽었거든 어찌하여 세상에 사는 것과 같이 규례에 순종하느냐. (곧 붙잡지도 말고 맛보지도 말고 만지지도 말라 하는 것이니 이 모든 것은 한때 쓰이고는 없어지리라.) 사람의 명령과 가르침을 따르느냐"(골 2:20-22).

"맛보지도" 말라 하는 "사람의 가르침"이 왜 잘못인가? 바울은 이렇게 답한다. "이런 것들은 자의적 숭배와 **겸손**[자기비하]과 **몸을 괴롭게 하는** 데는 지혜 있는 모양이나 오직 육체 따르는 것을 금하는 데는 조금도 유익이 없느니라"(골 2:23). 이는 금식이 무조건 영적으로 유익하다고 생각하는 단순논리식 금식관을 배격하는 강력한 경고다. "몸을 괴롭게 하는" 일은 오히려 사람의 육신을 부추겨 자기를 믿게 만들 수 있다. C. S. 루이스도 이 점을 정확히 보고 이렇게 경고했다.

금식은 욕구에 맞서 의지를 행사한다. 보상은 극기이고 위험은 교만이다. 인위적 배고픔은 욕구와 의지를 함께 하나님의 뜻에 굴복시켜 우리에게 복종의 기회를 준다. 하지만 동시에 반항의 위험도 초래한다. 반대로 고난의 구속(救贖)적 효과는 주로 반항의 의지를 줄이는 데 있다. 금욕 행위는 오히려 의지를 강화한다. 따라서 금욕은 자아 전체를 하나님께 드리도록 의지의 정욕을 가라앉혀 주는 한에서만 유익하다. 금욕 행위는 수단으로 필요할 뿐 목표로는 가증하다. 욕구를 의지로 바꾸고 거기서 멈춤으로써 짐승 같던 자아를 마귀 같은 자아로 대체할 뿐이다. 그러므로 "오직 하나님만이 육신적 본성을 억제하실 수 있다"는 말은 진리다.[15]

육신적 본성을 억제하는 일은 단순히 자기부인과 훈련의 문제가 아니다. 그것은 음식이 아닌 그리스도로부터 만족을 얻는 내면의 영적 문제다.

먹거나 먹지 않는 일은 본질이 아니다

바울에 따르면 먹거나 먹지 않는 일 자체는 비본질적인 것이며, 다만 하나님 안에서 사랑과 최고의 만족을 표현할 때만 가치를 얻는다. 그래서 그는 로마 교회에 이렇게 말한다. "먹는 자는 먹지 않는 자를 업신여기지 말고 먹지 않는 자는 먹는 자를 비판하지 말라. 이는 하나님이 그를 받으셨음이라. 남의 하인을 비판하는 너는 누구냐. 그가 서 있는 것이나 넘어지는 것이 자기 주인에게 있으매 그가 세움을 받으리니 이는 그를 세우시는 권능이 주께 있음이라.……각각 자기 마음으로 확정할지니라.……먹는 자도 주를 위하여 먹으니 이는 하나님께 감사함이요 먹지 않는 자도 주를 위하여 먹지 아니하며 하나님께 감사하느니라"(롬 14:3-6).

이 말씀이 금식의 정황에서 나온 것은 아니다. 일부 교인에게 금기시되던 특정한 음식을 먹어도 되느냐 하는 문제였다. 그래도 원리는 다르지 않다. 먹든 먹지 않든—금식하든 금식하지 않든—둘 다 "하나님께 감사함"으로 "주를 위하여" 할 수 있다. 따라서 "각각 자기 마음으로 확정"하면 된다. 또한 바울이 골로새서 2:16에 말했듯이 "먹고 마시는 것[을]……이유로 누구든지 너희를 비판하지 못하게 하라." 그 이유는 "음식은 우리를 하나님 앞에 내세우지 못하나니 우리가 먹지 않는다고 해서 더 못사는 것도 아니고 먹는다고 해서 더 잘사는 것도 아니"기 때문이다(고전 8:8). 또 "모든 것이 내게 가하나 다 유익한 것이 아니요 모든 것이 내게 가하나 내가 무엇에든지 얽매이지 아니"할 것이기 때문이다(고전 6:12).

금식에 관한 가장 중요한 성경 말씀

그래서 우리는 이 질문에 주목하지 않을 수 없다. 금식은 기독교적인가? 만일 그렇다면 어떻게 기독교적인가? 바로 그것이 마태복음 9:14-17에 나오는 예수님의 말씀이 궁극적으로 다루고 있는 문제다. 그래서 이것은 금식에 관한 가장 중요한 성경말씀이다. 이제 그 말씀을 살펴볼 때가 되었다.

그때에 요한의 제자들이 예수께 나아와 이르되 우리와 바리새인들은 금식하는데 어찌하여 당신의 제자들은 금식하지 아니하나이까. 예수께서 그들에게 이르시되 혼인집 손님들이 신랑과 함께 있을 동안에 슬퍼할 수 있느냐. 그러나 신랑을 빼앗길 날이 이르리니 그때에는 금식할 것이니라. 생베 조각을 낡은 옷에 붙이는 자가 없나니 이는 기운 것이 그 옷을 당기어 해어짐이 더하게 됨이요 새 포도주를 낡은 가죽 부대에 넣지 아니하나니 그렇게 하면 부대가 터져 포도주도 쏟아지고 부대도 버리게 됨이라. 새 포도주는 새 부대에 넣어야 둘이 다 보전되느니라.

세례자 요한의 제자들이 예수께 와서 왜 그분의 제자들은 금식하지 않느냐고 묻는다. 이로 보건대 예수님의 제자들은 그분이 함께 계시는 동안 금식하지 않았던 것이 분명하다. 사실 예수님이 보이신 본과 얻으신 평판은 금욕주의자와는 거리가 멀었다. 무리에게 요한의 사역을 칭찬하실 때 그분은 이렇게 말씀하셨다. "세례 요한이 와서 떡도 먹지 아니하며 포도주도 마시지 아니하매 너희 말이 귀신이 들렸다 하더니 인자는 와서 먹고 마시매 너희 말이 보라 먹기를 탐하고 포도주를 즐기는 사람이요 세리와 죄인의 친구로다 하니"(눅7:33-34). 다시 말해서 요한은 금식을 많이 했지만 예수님은 (처음의 40일 금식 외에는) 금식을 거의 하지 않으셨다.

예수님의 제자들은 왜 금식하지 않았는가

요한의 제자들이 예수께 와서 그 이유를 물었다. "우리와 바리새인들은 금식하는데 어찌하여 당신의 제자들은 금식하지 아니하나이까." 예수님은 그림 언어로 답하신다. "혼인집 손님들이 신랑과 함께 있을 동안에 슬퍼할 수 있느냐." 이 말씀으로 예수님은 우리에게 두 가지를 가르치신다. 하나는 당시에 금식은 대체로 슬픔과 연관되었다는 것이다. 금식은 상심과 절망의 표현이었고, 그 배경에는 대개 죄나 어떤 위험이나 간절히 고대하던 복이 있었다. 일이 뜻대로 풀리지 않을 때 하는 것이 금식이었다.

그런데 예수님의 제자들의 상황은 그렇지 않았다. 이것이 그분이 두 번째로 가르치시는 바다. 메시아가 오셨다. 그분이 오심은 마치 혼인 잔치에 신랑이 오는 것과 같다. 그분에 따르면 이것은 한없이 기쁜 일이라 금식과는 어울리지 않는다. 예수님은 여기서 자신에 대해 엄청난 주장을 하신다. 구약에서 하나님은 자신을 자기 백성 이스라엘의 남편으로 표현하셨다. "마치 청년이 처녀와 결혼함 같이 네 아들들이 너를 취하겠고 신랑이 신부를 기뻐함 같이 네 하나님이 너를 기뻐하시리라"(사 62:5). "내가 네 곁으로 지나며 보니 네 때가 사랑을 할 만한 때라. 내 옷으로 너를 덮어 벌거벗은 것을 가리고 네게 맹세하고 언약하여 너를 내게 속하게 하였느니라. 나 주 여호와의 말이니라"(겔 16:8). "내가 네게 장가들어 영원히 살되 공의와 정의와 은총과 긍휼히 여김으로 네게 장가들며 진실함으로 네게 장가들리니 네가 여호와를 알리라"(호 2:19-20).

그런데 이제 하나님의 아들, 메시아, 학수고대하던 이스라엘의

금식은 기독교적인가

왕이요 통치자께서 오셨다. 그분은 자신이 자기 백성—참 이스라엘—의 신랑이요 남편이라 주장하신다. 세례자 요한은 이것을 진작부터 알아보았다. 그의 제자들이 예수가 누구냐고 물었을 때 그는 "내가 말한 바 나는 그리스도가 아니요 그의 앞에 보내심을 받은 자라고 한 것을 증언할 자는 너희니라. 신부를 취하는 자는 신랑이나 서서 신랑의 음성을 듣는 친구가 크게 기뻐하나니 나는 이러한 기쁨으로 충만하였노라"고 말했다(요 3:28-29).

아직은 베일에 가려진 요한의 이 주장은 예수께서 스스로 하나님과 동등하다고 하신 주장과 같다. 들을 귀가 있으면 들을 수 있다. 언약의 사랑으로 이스라엘에게 장가드신 하나님이 드디어 오셨다.

예수님은 이 일이 한없이 놀랍고 영광스러운 뜻밖의 사건이라서 이 상황에서는 도저히 금식이 불가능하다고 하셨다. 그러기에는 너무 행복하고 기쁨이 넘친다는 것이다. 금식은 동경하고 아파하고 갈망할 때 하는 것이다. 그런데 이스라엘의 신랑이 여기 계신다. 천년을 꿈꾸고 동경하고 갈구하고 기다린 끝에 드디어 그분이 오셨다! 제자들에게 금식이 부재한 것은 그들 가운데 하나님이 존재하신다는 증거였다.

제자들은 언제 금식할 것인가

그런데 이어서 예수님은 "신랑을 빼앗길 날이 이르리니 그때에는 금식할 것이니라"고 말씀하셨다. 핵심 문장은 이것이다. "그때에는 금식할 것이니라." 그분은 언제를 말씀하신 것일까?

예수께서 말씀하신 날이 그분의 죽음과 부활 사이의 며칠에만 해당된다고 보는 사람들이 있다. 다시 말해서 신랑을 빼앗길 날은 성 금요일부터 부활절 아침까지이며 그 사흘 동안 제자들이 금식한다는 것이다. 그 뒤로는 그분이 다시 그들과 함께 계실 것이므로 그들이 더 이상 금식하지 않는다는 것이다. 이 관점을 뒷받침하는 말씀이 요한복음 16:22-23이다. 예수님은 자신의 죽음과 부활을 이런 말씀으로 예고하신다. "지금은 너희가 근심하나 내가 다시 너희를 보리니 너희 마음이 기쁠 것이요 너희 기쁨을 빼앗을 자가 없으리라. 그날에는 너희가 아무것도 내게 묻지 아니하리라. 내가 진실로 진실로 너희에게 이르노니 너희가 무엇이든지 아버지께 구하는 것을 내 이름으로 주시리라." 다시 말해서 부활 이후의 교회 시대에는 그리스도의 제자들 사이에 불멸의 기쁨이 있을 것이다. 그렇다면 금식은 배제되는 것인가? 예수님은 제자들이 성 금요일과 부활절 사이에만 금식하리라고 예언하신 것인가?

그럴 가능성은 몇 가지 이유에서 매우 희박하다. 우선 초대교회는 그 모든 기쁨 중에도 특정한 일이 있을 때면 금식했다(행 13:1-3; 14:23, 고후 6:5; 11:27). 이는 초대 그리스도인들이 예수님의 말씀을 부활 후에는 금식이 배제된다는 의미로 받아들이지 않았다는 뜻이 된다.

그렇다면 예수님은 "신랑을 빼앗길 날이 이르리니 그때에는 금식할 것이니라"는 말씀을 어떤 의미로 하신 것일까? 그분이 죽음에서 부활하여 하늘 아버지께로 돌아가시면 그 후의 기간에 제자들이 금식할 것이라는 의미다. 로버트 건드리(Robert Gundry)의 말대로 "여기 '신랑을 빼앗길 날'이란 바로 교회 시대 전체를 가리킨다."[16] 내 생각에 이 관점을 뒷받침하는 가장 강력한 근거는 마태복음에 예수께서 "신랑"이라는 단어를 쓰신 곳이 여기 외에는 교회 시대 끝의 재림을 언급하실 때뿐이라는 점이다. 마태복음 25:1-13에 예수님은 자신의 재림을 신랑의 도착으로 묘사하신다. "밤중에 소리가 나되 보라, 신랑이로다. 맞으러 나오라 하매"(6절). 분명히 예수님은 성금요일에서 부활절까지 사흘 동안만 아니라 재림 때까지 내내 자신을 떠나 계신 신랑으로 보셨다. "그때에는 금식할 것이니라"고 하실 때 그분이 생각하신 그때란 바로 재림 때까지다.

아더 월리스(Arthur Wallis)가 「하나님이 기뻐하시는 금식 기도」(God's chosen Fast)의 6장 제목을 "때는 바로 지금이다"라고 붙인 것은 당연한 일이다.[17] 예수께서 말씀하신 바 제자들이 금식할 그때란 바로 지금이다. 그분의 말씀은 이런 것이다. "내가 신랑으로 너희 중에 있을 때는 너희는 금식할 수 없다. 하지만 나는 너희 곁에 남아 있지 않고 때가 되면 하늘 아버지께로 돌아갈 것이다. 그 후의 기간에 너희는 금식할 것이다." 그때가 바로 지금이다.

물론 예수님은 자신의 부재중에 성령을 보내셨고 성령은 "예수의 영"이시다(행 16:7, 고후 3:17). 따라서 깊고 신비로운 의미에서 예수님은 지금도 우리와 함께 계신다. 그분은 "보혜사" 성령에 대해 말씀하시면서 "내가 너희를 고아와 같이 버려두지 아니하고 너희에 게로 오리라"고 말씀하셨다(요 14:18). 하지만 이 시대가 끝나면 우리는 천국에서 그리스도와 더 깊은 친밀함을 누릴 것이다. 그러니까 다른 의미에서 그리스도는 우리와 함께 계시지 않고 우리를 떠나 계신다. 그래서 바울은 고린도후서 5:8에 "우리가 담대하여 원하는 바는 차라리 몸을 떠나 주와 함께 있는 그것이라"고 했고, 빌립보서 1:23에도 "차라리 세상을 떠나서 그리스도와 함께 있는 것이 훨씬 더 좋은 일이라"고 말했다. 다시 말해서 이 시대에는 예수님이 우리가 원하는 만큼 충만하고 친밀하고 강력하고 영화롭게 여기 계시지 않는다. 그래서 모든 그리스도인의 마음속에 사모함이 있다. 훨씬 깊은 세계에 대한 굶주림이 있는 것이다. 그것이 우리가 금식하는 이유다.

금식은 사라져야 할 낡은 가죽 부대인가

이어서 예수님은 마태복음 9:16-17에 아주 중요한 말씀을 하신다. 그분은 두 가지 은유를 제시하시는데, 하나는 조각을 덧댄 옷이고 또 하나는 닳아빠진 가죽 부대다. "생베 조각을 낡은 옷에 붙이는 자가 없나니 이는 기운 것이 그 옷을 당기어 해어짐이 더하게 됨이요 새 포도주를 낡은 가죽 부대에 넣지 아니하나니 그렇게 하면 부대가 터져 포도주도 쏟아지고 부대도 버리게 됨이라. 새 포도주는 새 부대에 넣어야 둘이 다 보전되느니라."

생베 조각과 새 포도주는 예수님과 함께 도래한 새로운 실재를 대변한다. 하나님 나라가 임했고 신랑이 오셨다. 메시아가 우리 가운데 계신다. 한시적으로만 계시는 것이 아니다. 그분은 오셨다 가신 것이 아니다. 하나님 나라는 그분을 통해 세상에 왔다가 사라진 것이 아니다. 예수님은 우리 죄를 위해 단번에 죽으셨고 죽은 자 가운데서 단번에 살아나셨다. 세상에 보냄 받으신 성령이 예수님의 참 임재로 우리 가운데 계신다. 하나님 나라는 현재 그리스도의 권능으로 세상을 통치하면서 사람들의 심령을 왕에게 복종시키고 있고, 그분을 믿고 섬기는 거룩한 백성을 이루어 가고 있다. 신랑의 영이 그리스도를 위해 신부를 모아 정화시키고 계신다. 이것이 그리스도의 복음이며 앞서 말했던 "하나님 나라의 비밀"이다.[18] 이것이 새 포도주다.

그런데 예수님은 낡은 가죽 부대에는 그것을 담을 수 없다고 말씀하신다. 무엇인가가 달라져야 한다. 낡은 가죽 부대란 무엇인가? 문맥상 금식과의 연관성을 피할 수 없다. 본문을 보면 생각의 흐름이 끊기지 않고 있다. 15절에서 16절로 예수님의 생각을 따라가 보라. "신랑을 빼앗길 날이 이르리니 그때에는 금식할 것이니라. 생베 조각을 낡은 옷에 붙이는 자가 없나니……." 끊기는 데가 없다. 이 기사가 기록된 다른 세 복음서에도 마찬가지다. 낡은 천 조각과 낡아서 터지게 된 가죽 부대는 유대교의 낡은 관습인 금식과 직결된다.

금식은 구약의 유산이며 유대교에서 하나님을 대하는 방식의 일부로 쓰였다. 누가복음 18:11-12에 나오는 바리새인의 기도에서 옛 관행을 엿볼 수 있다. "하나님이여, 나는 다른 사람들 곧 토색, 불의, 간음을 하는 자들과 같지 아니하고 이 세리와도 같지 아니함을 감사하나이다. 나는 이레에 두 번씩 금식하고 또 소득의 십일조를 드리나이다." 이 전통적 금식이 곧 낡은 가죽 부대다. 예수님은 자신이 가져오시는 하나님 나라라는 새 포도주를 거기에 담을 수 없다고 하신다.

여기서 한 가지 문제가 생긴다. 예수님은 마태복음 9:15에 신랑이 떠나시면 우리가 금식할 것이라고 하신다. 그런데 두 구절 뒤에서 옛 금식에는 하나님 나라라는 새 포도주를 담을 수 없다고 하신다. 다시 말해서 예수님의 제자들이 금식할 것은 맞지만, 그들이 알고 있던 금식은 그분의 임재라는 새로운 실재와 지금 침투해 들어오는 하나님 나라에는 적합하지 않다.

새 포도주는 새로운 금식을 요구한다

그렇다면 결론은 무엇인가? 우리 그리스도인들은 금식을 해야 하는가 하지 말아야 하는가? 금식은 기독교적인가 아닌가? 내가 믿는 답은 이것이다. 그리스도의 임재라는 새 포도주가 요구하는 것은 금식의 폐기가 아니라 새로운 금식이다. 몇 년 전에 나는 내 그리스어 성경의 마태복음 9:17 말씀 옆 여백에 이렇게 썼다. "새로운 금식의 기초는 신랑이 이미 오셨다는 신비에 있다. 그분은 **장차** 오실 분만이 아니다. 그분의 임재라는 새 포도주는 새로운 금식을 요구한다."

다시 말해서 옛 금식의 동경과 갈망과 아픔은 메시아가 오셨다는 영광스러운 진리에 기초한 것이 아니었다. 옛 금식을 유발한 것은 죄를 통회하는 마음, 위험에서 건짐 받기를 갈구하는 마음, 하나님을 대망하는 마음이었다. 옛 금식의 기초는 구속자 예수님이 다 이루신 위대한 일도 아니었고, 역사 속에 나타난 은혜와 진리의 위대한 계시도 아니었다. 그런 것들은 아직 미래의 일이었다. 하지만 지금은 신랑이 오셨다. 그분이 오셔서 죄와 사망과 사탄에게 치명타를 날리셨다.

기독교가 유대교와 다른 점은 대망의 하나님 나라가 미래만 아니라 현재가 되었다는 사실이다. 왕이 오셨다. "하나님의 나라가 이미 너희에게 임하였느니라"(눅 11:20). "하나님의 나라는 너희 안에 있느니라"(눅 17:21). 물론 하나님 나라는 아직 다 완성되지 않았다. 장차 충만한 영광과 권능으로 임할 것이다. 최후의 만찬 때 예수님은 "내가 이제부터 **하나님의 나라가 임할 때까지** 포도나무에서 난 것을 다시 마시지 아니하리라"고 말씀하셨다(눅 22:18). 따라서 예수께서 "하나님의 나라가 이미 너희에게 임하였느니라", "하나님의 나라는 너희 안에 있느니라"고 말씀하셨음에도 불구하고 분명히 하나님 나라는 아직 임하지 않은 미래의 실재다. (그래서 조지 래드〔George Ladd〕의 책 제목이 「미래의 현존」〔*The Presence of the Future*〕이다.[19])

이것이 앞서 말했던 기독교의 핵심이다. 금식이 기독교적이 되려면 이 핵심과 관계가 있어야 한다. 여기서 핵심이란, 자기 백성의 구원과 아버지의 영광을 위해 역사 속에 들어와 죽으시고 부활하여 역사를 다스리시는 하나님의 아들 메시아의 결정적 승리를 말한다. 그리스도인들은 위대한 희망에 사로잡힌 백성이다. 훗날 우리가 그리스도 안에서 하나님의 충만한 영광을 보고 거기에 흠뻑 취하리라는 희망이다. 여기서 결정적으로 기독교적인 요소는 그 희망의 뿌리다. 그 뿌리는 곧 하나님이 예수님의 죽음과 부활을 통해 죄와 사망과 지옥을 이기신 과거의 역사적 승리다.[20] 하나님의 영광이 그리스도 안에서 온 우주에 나타날 때 역사는 완성될 것이다. 기독교는 그 완성을 향한 생생한 희망이며, 이 희망은 그리스도의 성육신에 부동의 뿌리를 박고 있다. 그분은 자신을 죄의 제물로 단번에 드리시고 하나님 우편에 앉으셨다(히 10:12). 이것이 새 포도주다.

오늘 우리를 위한 위대하고 핵심적이고 결정적인 구원의 행위는 미래가 아니라 과거의 일이다. 신랑이 이루신 과거의 일 때문에 이제 그 무엇도 이전과 똑같을 수 없다. 어린양이 죽임을 당하시고 피를 흘리셨다. 우리 죄의 형벌은 집행되었고 죽음은 패배했다. 성령께서 보냄 받으셨고 포도주는 새것이 되었다. 그래서 옛 금식의 사고방식은 전혀 적합하지 못하다.

새로운 금식, 무엇이 새로운가

그렇다면 **기독교**의 새로운 금식은 무엇이 새로운가? 기독교의 금식이 새롭다 함은 그 기초가 신랑이 이루신 모든 일에 있기 때문이다. 기독교의 금식은 그것을 전제하고 믿고 누린다. 우리의 금식을 부추기는 것은 그리스도와 그분의 권능을 향한 갈망과 동경과 아픔이다. 이는 허전한 마음의 표출이 아니다. 필요나 고통이나 하나님을 향한 굶주림이라면 옳다. 하지만 허전함은 아니다. 우리가 동경하는 세계의 첫 열매는 이미 왔다. 우리가 갈망하는 세계의 보증금은 이미 치러졌다. 우리는 충만함을 사모하여 금식하거니와 그 충만함은 이미 역사 속에 나타났다. 우리는 그분의 영광을 보았다. 이것은 미래의 일만이 아니다. 우리는 허전해서 금식하는 것이 아니다. 그리스도는 이미 우리 안에 계신 영광의 소망이시다(골 1:27). 우리는 "약속의 성령으로 인치심을 [지금!] 받았으니 이는 우리 기업의 보증이 되"려 하심이다(엡 1:13-14, 고후 1:22; 5:5).

우리는 장차 올 시대의 권능을 맛보았다. 우리가 금식하는 이유는 아직 경험해 보지 못한 무엇인가에 굶주려서가 아니라 그리스도의 임재라는 새 포도주가 아주 진하고 흡족하기 때문이다. 우리는 누릴 수 있는 만큼은 다 누려야 한다. 우리의 금식이 간절한 이유는, 그리스도의 임재라는 포도주를 맛본 적이 없어서가 아니라 이미 성령을 통해 아주 놀랍게 맛보았기 때문이다. 그래서 이제는 기쁨이 완성될 때까지 만족할 수 없기 때문이다. 우리의 금식은 그래서 새롭다. 새로운 금식, 기독교의 금식은 "하나님의 모든 충만하신 것"에 대한 굶주림이다 (엡 3:19). 이 굶주림을 깨우는 것은 예수님 사랑의 향기이고, 그리스도의 복음 안에서 맛보는 하나님의 선하심이다(벧전 2:2-3).

금식은 잔치가 된다

그것을 이렇게 표현할 수도 있다. 새로운 금식은 믿음의 금식이다. 믿음의 기초는 그리스도께서 이루신 일이며, 이 기초 위에서 믿음은 "바라는 것들의 실상"이 된다(히 11:1). 믿음이란 다른 모든 유혹이 위력을 잃을 정도로 그리스도를 배불리 섭취하는 영적 잔치다.[21] 이 잔치는 그리스도의 죽음과 부활이라는 과거의 은혜를 받아들임으로 시작되며, 동시에 그분 안에서 우리에게 주신 하나님의 모든 약속을 품는다. 우리가 유한하고 타락한 존재인 한 기독교 신앙은 (과거의) 성육신을 즐거워함과 동시에 (장래의) 완성을 갈망할 수밖에 없다. 만족과 불만족이 공존하는 것이다. 그리스도 안에서 만족을 맛볼수록 그만큼 또 불만족이 생겨난다.

금식은 하나님 나라에 속한 것이다

기독교의 금식을 이렇게 이해하면 앞서 키스 메인이 제기한 모든 문제의 답이 나온다. 그는 "신약성경의 기도생활은 하나님 나라가 침투해 들어왔다는 표시다. 교제의 특징인 기뻐하고 감사하는 태도에 금식은 더 이상 어울리지 않는다"라고 말했다.[22] 이제 우리는 그것이 과장된 말임을 안다. 물론 하나님 나라는 침투해 들어왔다. 종말의 영광을 지금 깊이 들이마실 수 있는 것도 사실이다. 그 영광은 그리스도 안에서 나타났고 성령으로 체험된다. 하지만 갈망과 동경과 아픔이 완전히 끝날 정도로 그것이 충만하고 부단한 것은 아니다. 메인 자신도 한 걸음 물러나 그것을 이렇게 인정하고 있다.

위기와 비극이 엄연한 현실로 존재한다. 하나님 나라는 아직 **완전히** 실현되지 않았다. 물론 신랑이 계시므로 지금은 슬퍼할 때가 아니다. 하지만 완전히 그런 것은 아니다. 우리는 아직 육신 안에 있으며 믿음이 약하다.······ 신앙생활의 "처절한 씨름" 속에서 신자는 때에 따라 금식할 수도 있다. 이것은 그리스도인의 삶을 구성하는 많은 요소 중 하나일 뿐이다.[23]

맞는 말이다. 승리하신 신랑이 성령을 통해 임재하시며 용서와 교제를 베푸시지만 그렇다고 금식이 무시되는 것은 아니다. 금식이 새로워질 뿐이다.

금식은 불만족한 자족의 표출이다

믿음의 행위인 그리스도인의 금식은 충분하신 그리스도로 자족하되 그 자족에 아직 불만족이 있다는 표출이다. 충만하게 채워 주실 그리스도를 향한 안전하고 행복한 동경의 표출이다. 그리스도인의 금식은 벌벌 떨면서 그분으로부터 무엇인가 얻어 내려는 것이 아니다. 시선을 나에게서 돌려 갈보리에서 최종 대가를 치르신 그리스도를 바라보는 것이다. 우리가 받을 모든 복은 거기서 나온다. 기독교의 금식은 내 행위로 자격을 갖추어 하나님께 더 받으려는 훈련이 아니다. 우리의 금식은 하나님께 굶주린 마음이며, 그 마음을 깨우는 것은 복음 안에서 거저 맛본 하나님 자신이다.

기독교의 금식은 음식이 선한 것임을 인정한다

그래서 앞서 지적한 바울 서신의 경고들은 기독교의 금식을 반대하는 말이 아니다. "음식물은 하나님이 지으신 바니 믿는 자들과 진리를 아는 자들이 감사함으로 받을 것이니라. 하나님께서 지으신 모든 것이 선하매 감사함으로 받으면 버릴 것이 없나니 하나님의 말씀과 기도로 거룩하여짐이라"(딤전 4:3-5). 바울이 예찬한 대로 음식은 선한 것이며 그리스도인은 음식을 누릴 자유가 있다. 하지만 그렇다고 그의 말이 기독교의 금식을 반박하는 것은 아니다. 그리스도인은 빛들의 아버지께로부터 내려오는 모든 선하고 온전한 선물을 긍정한다(약 1:17).

금식은 음식의 선함이나 그것을 주시는 하나님의 후하심을 부정하는 것이 아니다. 오히려 금식은 선물을 주시는 분을 더 많이 누리는 것이 선물 자체보다 낫다는 고백이다. 남편과 아내가 자신들을 불화하게 하는 어떤 문제를 진지하게 다루기 위해 당분간 성관계를 금하기로 한다면, 이는 섹스를 단죄하는 게 아니라 사랑을 떠받드는 일이다. 음식도 좋지만 하나님은 더 좋은 분이시다. 평소에 우리는 하나님이 주신 좋은 선물들을 통해 그분을 만난다. 그 모든 것을 누리며 예배와 감사를 드린다. 하지만 때로는 자신이 어느새 하나님 대신 선물들을 사랑하고 있지 않은지 스스로 시험해 볼 필요가 있다.

기독교의 금식은 "의지력의 신앙"이 아니다

바울은 스스로 높아지는 자의적 금식에서 큰 위험을 보았다. 하지만 그렇다고 기독교의 새로운 금식이 폐기되는 것은 아니다. 바울은 어떤 금식은 "자의적 숭배와 겸손[자기비하]과 몸을 괴롭게 하는 데는 지혜 있는 모양이나 오직 육체 따르는 것을 금하는 데는 조금도 유익이 없"다고 경고한다(골 2:23). 다시 말해서 이런 금식은 육적 욕구를 억제하면서 오히려 영적 교만을 조장하는 "의지력의 신앙"이다.[24] 이것은 기독교의 금식과는 정반대다. 기독교의 금식은 상하고 통회하는 가난한 심령이 그리스도의 값없는 자비에서 달콤한 만족을 얻는 것이다. 하나님의 다함없는 은혜를 날로 더 갈망하며 누리는 것이다. 그리스도인의 금식은 사람을 교만하게 하지 않는다. 이 금식은 이생에서 누릴 수 있는 하나님의 모든 충만하신 것을 사모하면서도 또한 하나님이 그리스도 안에서 확고히 이루신 칭의를 바탕으로 어린아이처럼 자족하는 것이다. 그리스도인의 금식은 그리스도께서 이미 우리를 위해 이루시고 우리 안에 행하신 일의 결과다. 우리의 위업이 아니라 성령의 열매다. 성령의 열매 중 맨 나중에 언급된 것이 "절제"임을 잊지 말라(갈 5:23).[25]

모든 먹는 것이 가하나 다 유익한 것이 아니다

이것이 바울에게 준 실천적 의미는 곧 그가 먹을 자유도 있고 금식할 자유도 있다는 것이었다. "모든 것이 내게 가하나 다 유익한 것이 아니요 모든 것이 내게 가하나 내가 무엇에든지 얽매이지 아니하리라"(고전 6:12). 그 이유는 금식 행위가 본질이 아니기 때문이다. 본질은 금식을 하든 하지 않든 모두 하나님의 영광을 위하여 하는 태도다. "먹는 자도 주를 위하여 먹으니 이는 하나님께 감사함이요 먹지 않는 자도 주를 위하여 먹지 아니하며 하나님께 감사하느니라"(롬

14:6). 금식을 하나님의 선물로 받고 목표를 하나님을 더 알고 누리는 데 두면 그 금식은 하나님을 영화롭게 한다. 우리의 행동 목표가 하나님 안에서 최고의 만족을 얻는 것일 때 하나님은 우리 안에서 최고의 영광을 얻으신다. 행동 자체는 감사함으로 먹는 것일 수도 있고 감사함으로 금식하는 것일 수도 있다. 그분의 선물은 선물 자체보다 그분을 향한 굶주림을 남긴다. 그리고 그 굶주림은 선물을 끊는 금식으로 시험된다.

그리스도인은 "몸을 쳐야" 하는가

키스 메인은 "바울도⋯⋯ 제자들의 관심을 금식과 모든 형태의 절식으로부터 하나님 나라를 위한 기도와 섬김과 수고로 일부러 돌렸다"라고 말했다.[26] 하지만 무조건 그렇게 말하면 오해를 낳는다. 나는 이 말의 긍정적인 뒷부분에는 동의하지만 부정적인 앞부분에는 동의하지 않는다. 나라면 바울이 우리의 관심을 금식과 기타 많은 종류의 자기부인으로 돌렸다고 말하겠다. 다만 그것들은 공로를 쌓기 위한 종교적 의식이나 목표 자체가 아니라 믿음의 싸움에 쓸 하나의 무기였다. 바울은 자신이 겪은 시련을 열거할 때 두 번이나 금식을 언급했다. "또 수고하며 애쓰고 여러 번 자지 못하고 주리며 목마르고 여러 번 굶고[27] 춥고 헐벗었노라"(고후 11:27, 6:5).

이는 그가 자기 몸의 욕구를 엄하게 다룬다고 한 말과 잘 맞아 든다. "내가 내 몸을 쳐 복종하게 함은 내가 남에게 전파한 후에 자신이 도리어 버림을 당할까 두려워함이로다"(고전 9:27). 내가 보기에 이 것은 바울이 일부 금욕 훈련을 믿음의 싸움에 유용한 무기로 보았다는 뜻이다. 믿음으로 그리스도를 붙드는 것이 "버림을 당"하지 않는 비결이다. 예를 들어 골로새서 1:23에 그것이 분명히 나와 있다. "만일 너희가 믿음에 거하고 터 위에 굳게 서서 너희 들은 바 복음의 소망에서 흔들리지 아니하면 그리하리라〔그리스도께서 너희를 거룩하고 책망할 것이 없는 자로 하나님 앞에 세우시리라〕." 믿음을 지키는 것이 마지막 날 하나님 앞에 부끄러움 없이 서는 비결이다.

바울에 따르면 지속적인 믿음의 싸움에 쓸 무기 중 하나가 곧 "몸을 치는" 습관이다. 몸의 욕구는 즐거움도 주지만 또한 기만적임을 그는 잘 알았다. 그래서 "옛 사람"이 "기만의 욕심을 따라 썩어져" 간다고 말했다(엡 4:22, 저자 번역). 이 기만의 속성은 우리를 교묘히 꾀어, 하나님을 알고 섬기는 영적 즐거움을 위해 살지 않고 심신의 "잠시 누리는 낙"을 위해 살게 한다(히 11:25 참고—옮긴이). 이런 낙은 음식, 독서, 휴식, 놀이 같은 악이 없는 즐거움으로 시작되지만 나중에는 그 자체가 목표가 되어 하나님을 향한 영적 굶주림을 짓누른다. 바울이 몸을 친 것은 자신을 시험하기 위해서였다. "나는 하나님께 굶주려 있는가? 나의 믿음은 진짜인가? 아니면 나는 안락과 육체적 낙의 노예가 되고 있는가?" 고린도전서 6:12에서 그의 뜨거운 마음을 볼 수 있다. "내가 무엇에든지 얽매이지〔지배당하지〕 아니하리라." 이는 금욕으로 스스로 높아지는 교만이 아니다. 무엇이든 마음을 꾀어 하나님 안에서 절대적 만족을 얻지 못하게 하는 것이라면 그것과 맞서 싸우겠다는 결연한 각오다.

몇 년 전에 내가 금식과 기도에 대해 설교할 때 한 젊은이가 나중에 찾아와 들려준 이야기가 있다. 하늘의 사람에게 꼭 맞는 "몸을 치는" 기도를 잘 보여주는 사례다. 설교중에 나는 한국 교회가 이 부분에서 선도자 역할을 한다고 말했는데, 그것이 발단이 되어 젊은이는 예배 후에 나에게 이렇게 말했다.

> 저는 선교지인 한국에서 자랐습니다. 제 마음속에 각인된 경험이 하나 있는데, 이는 기도와 금식에 대한 한국의 희생적인 헌신을 잘 보여주는 예입니다. 제 아버지는 나환자촌에서 일했는데 매일 4시에 새벽 기도회가 있었습니다. 저는 그때 어렸지만 아버지는 저도 데려갔습니다. 늦지 않게 도착하려고 3시 반쯤 저를 깨우셨지요. 저를 예배당 뒤쪽에 앉히셨기 때문에 문밖을 내다볼 수 있었습니다. 지금도 그 사람을 잊지 못합니다. 두 다리가 없는데 목발도 없이 손으로 게처럼 기어 오던 사람이었지요. 몸을 질질 끌고 새벽 4시마다 기도하러 오던 그 사람을 영영 잊지 못할 겁니다.

일찍 일어나는 일도 일종의 금식이다. 오기 힘든데도 기도하러 나오는 일도 일종의 금식이다. 그런 일을 선택할 때 우리는 기만적인 욕구와 싸우는 것이고, 모든 것에 뛰어난 하나님의 가치와 기도의 소중함을 선포하는 것이다.

금식은 기독교적인가

금식은 기독교적인가? 그리스도를 믿는 믿음에서 비롯되어 그리스도의 능력으로 지속되고 그리스도의 영광을 목표로 한다면 그 금식은 기독교적이다. 그리스도인은 금식할 때마다 이렇게 고백해야 한다. "모든 것을 해로 여김은 내 주 그리스도 예수를 아는 지식이 가장 고상하기 때문이라. 내가 그를 위하여 모든 것을 잃어버리고 배설물로 여김은 그리스도를 얻〔으려〕…… 함이니"(빌 3:8). 다른 모든 박탈과 마찬가지로 금식으로 인한 모든 상실도 "그리스도를 얻"기 위해서다. 아직 우리에게 있지도 않은 그리스도를 얻으려 한다는 뜻이 아니다. 신앙의 진보가 우리에게 달려 있다는 말도 아니다. 넉절 뒤에 바울은 금식을 포함하여 그리스도인의 삶 전체의 원리를 이렇게 분명히 밝혔다. "오직 내가 그리스도 예수께 잡힌 바 된 그것을 잡으려고 달려가노라."

기독교 금식의 본질은 이것이다. 우리는 예수님 안에서 주신 하나님의 전부를 날로 더욱 알기를 열망하고 사모해서 금식한다. 이것은 그분이 이미 우리를 잡으셨고 "하나님의 모든 충만하신 것"을 향해 늘 위로, 앞으로 이끌고 계시기 때문에만 가능하다.

기독교 교회를 위한 나의 기도는 하나님이 우리 안에 그분 자신을 향한 새로운 굶주림, 새로운 금식을 깨워 주시는 것이다. 우리가 그리스도의 임재라는 새 포도주를 맛보지 않아서가 아니라 **이미** 맛보았기 때문이다. 그래서 우리는 우리 가운데 계신 그분의 임재와 능력을 더욱 알기를 열망한다. 영혼 깊이 아프고도 즐겁게 열망한다.

네 하나님 여호와께서 이 사십 년 동안에 네게 광야 길을 걷게 하신 것을 기억하라. 이는 너를 낮추시며 너를 시험하사 네 마음이 어떠한지 그 명령을 지키는지 지키지 않는지 알려 하심이라. 너를 낮추시며 너를 주리게 하시며 또 너도 알지 못하며 네 조상들도 알지 못하던 만나를 네게 먹이신 것은 사람이 떡으로만 사는 것이 아니요 여호와의 입에서 나오는 모든 말씀으로 사는 줄을 네가 알게 하려 하심이니라(신 8:2-3).

죽음을 부르는 연약한 굶주림이 생명을 주시는 하나님의 선하심과 능력을 불러낸다. 이것은 억지도 아니고 하나님의 뜻을 조종하려는 이상한 시도도 아니다. 우리는 단지 하늘아버지를 담대히 바라보며 금식을 통해 마음으로 이렇게 속삭이는 것이다. "아버지, 아버지가 없이는 저는 죽습니다. 오셔서 저를 도우소서. 속히 도우소서." _조셉 위머, 「신약의 금식」[1]

2장 사람이 떡으로만 살 것이 아니요

_광야에 벌어진 금식의 향연

하나님의 아들은 이 땅의 사역을 40일 금식으로 시작하셨다. 이것을 그냥 넘어가서는 안 된다. 하나님도 아닌 우리가 앞에 닥쳐올 전투를 생각하지 않고 사역에 들어섰다면 특히 더 그렇다. 예수님은 왜 그러셨는가? 하나님은 왜 그분을 그 길로 인도하셨는가? 그리고 우리는 어떤가? 우리는 예수님과 함께 광야의 금식을 통과하지 않고도 정말 삶과 사역의 초인적 위험에 맞설 수 있는가?

그분의 승리를 본받기 위해서가 아니라면 적어도 그분께 배우기 위해서라도 나는 우리도 그 길을 가야 한다고 생각한다. 그분은 하나님의 아들이시지만 우리는 아니다. 그런데 그분은 "아버지께서 나를 보내신 것 같이 나도 너희를 보내노라"고 말씀하셨다(요 20:21). 물론 우리의 성공에 세상의 구원이 달려 있는 것은 아니다. 그분에 비하면 우리는 무한히 미미한 존재다. 하지만 그럴수록 우리의 삶에서 금식의 필요성은 줄어드는 게 아니라 더 커진다. 나의 전투가 세상에 미치는 의미는 더 작지만 나의 연약함은 더 크다. 예수님은 큰 일을 시작하실 때 왜 금식하셨는가? 우리의 큰일에 대해서는 무엇을 배울 수 있는가?

하나님의 모든 충만하신 것을 향한 굶주림

내 마음은 "하나님의 모든 충만하신 것"에 굶주려 있다. 나는 하나님이 그분의 사람들 가운데서 더 깊이 일하시는 모습을 보고 싶다. 선교의 열정이 들불처럼 번지는 모습을 보고 싶고, 그리스도가 모든 일에 최고이시기에 모든 민족의 기쁨을 위해 그분을 향한 열정을 퍼뜨리고 싶다. 하나님의 이름이 불리는 곳마다 나는 변화된 하나님의 사람들의 설득력 있는 증언을 통해 한 주도 빠짐없이 확실한 초자연적 중생(重生)이 일어나는 것을 보고 싶다. 물론 예수님의 사역은 단연 독보적이었고 언제나 그럴 것이다. 그분의 사역은 어느 정도 우리의 본이기도 하지만, 그 충만함은 그분만의 절대적 신성을 보여준다. 그래도 우리가 떨칠 수 없는 의문이 있다. 그분이 사역을 시작하실 때 특별한 금식을 하신 데는 우리에게 본을 보이시려는 취지도 있지 않을까?

19세기 영국의 목사 찰스 스펄전(Charles Spurgeon)은 이렇게 말했다. "우리 교회의 금식 기도는 늘 축제였다. 일찍이 하늘 문이 그보다 더 활짝 열린 적이 없고 우리 심령이 보좌의 영광에 그보다 더 가까워진 적이 없다."[2] 하나님의 영광에 가까워지는 것이야말로 우리의 빛과 열기가 꺼지지 않고 타오르는 비결이다. 지금—매시간—우리에게 필요한 것이 그것 아닌가? 눈먼 자들이 눈을 뜨고 어둠에서 빛으로 돌아와 하늘에 계신 우리 아버지께 영광을 돌리는 것이 아닌가?(행 26:18, 마 5:16) 세상의 빛이신 그분이 불로 타오르고자 금식하며 싸우셨다면 심지가 가물거리는 우리는 당연히 거기서 배워야 하지 않겠는가?

비둘기처럼 예수님 위에 내려오신 성령님

나는 그렇다고 생각한다. 그렇다면 그때로 돌아가서 그분께 배우자. 마태복음 3:16에 보면 예수께서 세례를 받으신 후 물에서 올라오실 때 하늘이 열리고 성령께서 비둘기처럼 그분 위에 내려오셨다. 이것은 무슨 뜻인가? 그 전에도 성령은 언제나 예수님과 함께 계셨다. 예수님은 동정녀 어머니의 태에 성령으로 잉태되셨다(눅 1:35). 게다가 바울이 "주는 영이시니"라고 단언한 것처럼(고후 3:17), 하나님의 아들과 하나님의 영은 그 전부터 영원토록 하나이셨다. 그렇다면 "하늘이 열리고 하나님의 성령이 비둘기같이 내려 자기 위에 임하심을 보시더니"라는 말은 무슨 뜻인가?

    이는 성부 하나님이 아들을 극진히 사랑하셔서 앞날의 사역을 위해 특별한 방식으로 아들을 공개적으로 철저히 준비시키셨다는 뜻이다. 아버지의 은총과 인도와 힘과 도움을 아들에게 그렇게 확신시켜 주신 것이다. 성령께서 예수님 위에 임하시자 성부 하나님은 "이는 내 사랑하는 아들이요 내 기뻐하는 자라"고 말씀하셨다(17절). 다시 말해서 성령께서 특별히 나타나신 이 일은 아버지께서 아들을 무한히 사랑하신다는 표시였고("이는 내 사랑하는 아들이요"), 아버지께서 아들의 인격과 사역을 적극 지지하신다는 표시였다("내 기뻐하는 자라").

감히 아무도 한 적 없고 할 수도 없는 일

예수께서 하시려는 일은 세계 역사상 유일무이한 것이었다. 일찍이 "세상 죄를 지고 가는 하나님의 어린양"으로 살고 죽어야 할 사람은 아무도 없었다(요 1:29). 예수님은 자신의 사명이 인자로서 "자기 목숨을 많은 사람의 대속물로 주"는 것이고(막 10:45), 자신이 "죄인을 구원하시려고 세상에 임하셨다"는 것을 아셨다(딤전 1:15). 자신이 상하여 우리 모두의 죄악을 담당하고 자신이 죽어 많은 죄인을 의롭게 하는 것이 하나님의 뜻임도 이사야 53장을 통해 아셨다(6, 10-11절). 하나님이 이전의 많은 죄를 간과하셨다는 것과 하나님이 이루실 의가 자신의 삶과 사역에 달려 있다는 것도 그분은 아셨다(롬 3:25-26). 예수님은 또 모든 약속에 대한 하나님의 진실성이 구약의 말씀을 하나도 빠짐없이 성취하는 자신의 충실한 순종에 달려 있음을 아셨다(롬 15:8). 이 모든 일 때문에 자신이 말할 수 없이 치욕스럽고 고통스러운 고문을 당하고 끝내는 목숨마저 잃으실 것을 예수님은 아셨다(막 10:33-34).

    이런 일이 닥쳐올 것을 아버지도 아셨고 아들도 아셨다. 그래서 아버지는 성령을 보내 비둘기처럼 아들 위에 임하게 하셨고, 이로써 아버지의 사랑을 확증하시고 아버지의 인정을 의문의 여지없이 나타내 보이셨다. "이는 내 사랑하는 아들이요 내 기뻐하는 자라"는 말씀에는 신기한 효력이 있다. 이 말씀은 예수께서 통과하실 고난의 불이 아버지의 노여움 때문이 아님을 예수께—또한 우리에게—확증해 준다. 이처럼 아버지께서는 미리 예수님을—또한 우리를—준비시켜 "어찌하여 나를 버리셨나이까"라는 애절한 절규가 끝이 아님을 알게 하셨다.

예수님을 시험과 금식으로 이끄신 성령님

특히 중요한 것은 예수님 위에 임하신 성령이 맨 처음으로 하신 행동이다. 바로 다음 절(마 4:1)에 그것이 나와 있다. "그때에 예수께서 성령에게 이끌리어 마귀에게 시험을 받으러 광야로 가사." 예수님의 사역에서 성령이 맨 처음으로 하신 행동은 그분을 광야로 이끌어 사탄의 시험을 받게 하신 것이다.

    성령의 인도에 따라 예수님은 금식으로 시험에 대비하시다. "그때에 예수께서 성령에게 이끌리어 마귀에게 시험을 받으러 광야로 가사 사십 일을 **밤낮으로 금식하신 후에** 주리신지라." 성령의 뜻대로 하나님의 아들은 사역에 들어서기 전에 시험을 받으셨고, 그 시험에 금식으로 승리하셨다. 예수께서 자기 영혼의 적이자 우리 구원의 적인 사탄을 금식으로 이기셨다는 사실을 그냥 지나쳐서는 안 된다.

이 이야기 앞에서 우리는 마땅히 두려워 떨어야 한다. 예수님은 지금 세계 역사상 가장 중요한 사역의 문턱에 서 계신다. 세상의 구원이 그분의 순종과 의에 달려 있다. 그분의 순종을 통한 고난과 죽음과 부활이 없이는 누구도 저주에서 벗어날 수 없다. 그런데 하나님의 뜻 가운데 이 사역은 처음부터 좌초될 위험에 처했다. 사탄이 겸손과 고난과 순종의 길을 버리도록 예수님을 유혹한 것이다. 구원을 방해하는 엄청난 위협을 무찌르기 위해 예수께서 하실 수 있는 일이 수없이 많았지만, 성령은 하필 그분을 금식으로 이끄셨다.

만일 사탄이 성공하여 예수님을 겸손하고 희생적인 순종의 길에서 떠나게 했다면 구원은 없었을 것이다. 우리는 여태 희망 없이 죄 가운데 있었을 것이다. 그러므로 우리의 구원은 어느 정도(과장해서는 안 되겠지만) 예수님의 금식 덕분이다. 이것은 금식에 대한 놀라운 찬사다. 얼른 넘어가지 말고 깊이 생각해 보라. 예수님은 금식으로 사역을 시작하셨고 금식으로 적을 이기셨다. 그리하여 우리의 구원은 금식을 통한 그분의 인내로 성취되었다.

이스라엘 광야의 시험을 재현하심

그 의미를 더 충분히 알려면 신명기를 보아야 한다. 예수님은 광야에서 마귀의 유혹에 대응하실 때마다 세 번 다 신명기 말씀을 인용하셨다. "사람이 떡으로만 사는 것이 아니요"는 신명기 8:3, "너희의 하나님 여호와를 시험하지 말고"는 신명기 6:16, "네 하나님 여호와를 경외하며 그를 섬기며"는 신명기 6:13이다.

여기에는 아주 중요한 의미가 있다. 성령에 이끌려 광야로 가신—**광야**에 주목하라—예수님은 신명기 말씀을 인용하여 사탄의 유혹에 맞서신다. 세 말씀 모두 이스라엘 백성이 **광야**에서 **시험받던** 때에 관하여 모세가 한 말이다.

마태복음 4:3-4에 보면 "시험하는 자가 예수께 나아와서 이르되 네가 만일 하나님의 아들이어든 명하여 이 돌들로 떡덩이가 되게 하라. 예수께서 대답하여 이르시되 기록되었으되 사람이 떡으로만 살 것이 아니요 하나님의 입으로부터 나오는 모든 말씀으로 살 것이라 하였느니라 하시니"라고 되어 있다. 이것을 신명기 8:2-3과 비교하면서 그때 광야의 상황과 예수님의 광야의 상황이 얼마나 비슷한지 잘 보라. 모세는 그 백성에게 이렇게 말했다.

네 하나님 여호와께서 이 사십 년 동안(예수님은 사십 일 동안 계셨다)에 네게 광야 길을 걷게 하신 것(예수님도 성령에 이끌려 광야로 가셨다)을 기억하라. 이는 너를 낮추시며 너를 시험하사(예수님도 시험을 받으셨다) 네 마음이 어떠한지 그 명령을 지키는지 지키지 않는지 알려 하심이라. 너를 낮추시며 너를 주리게 하시며(예수님도 금식하신 후에 주리셨다) 또 너도 알지 못하며 네 조상들도 알지 못하던 만나를 네게 먹이신 것은 사람이 떡으로만 사는 것이 아니요 여호와의 입에서 나오는 모든 말씀으로 사는 줄을 네가 알게 하려 하심이니라(예수님이 사탄에게 하신 바로 그 말씀이다).

단순한 우연으로 보기에는 지금 광야에서 예수께 벌어지고 있는 일과 그때 이스라엘 백성에게 벌어진 일 사이에 유사성이 너무 크다. 여기 하나님께서 우리에게 가르치시는 바가 있다. 하나님의 영은 예수님을 광야로 이끄셨다. 이것은 무슨 뜻인가?

구약의 그림자가 신약의 실체로 대체되고 있다는 뜻이다. 모세와 광야와 율법과 여호수아와 약속의 땅보다 더 큰 분이 오셨다는 뜻이다. 성취의 때가 찼다는 뜻이다. 마침내 모세에게 주신 약속이 이루어지고 있다. "네 하나님 여호와께서 너희 가운데 네 형제 중에서 너를 위하여 나와 같은 선지자 하나를 일으키시리니 너희는 그의 말을 들을지니라"(신 18:15). 지금 아버지는 성육신하신 아들을 통해 자기 백성―새 이스라엘―을 죄라는 이집트의 굴레에서 구원하여 용서와 의와 영생이라는 약속의 땅에 들어가게 하시려고 준비하시는 중이다. 이를 위해 그분은 새로운 모세, 아니 이 경우 새로운 여호수아를 보내셨다(예수님은 두 사람의 역할을 모두 재현하셨고, 신약의 그리스어에서 "예수"라는 이름은 "여호수아"와 동일하다). 새 여호수아는 새 백성 전체의 머리이자 대표로서 새 백성을 유대인과 이방인 중에서 모으실 것이다. 예수님은 그들을 대표하여 성령에 이끌려 광야로 가신다. 그분은 40년의 상징으로 40일을 머무실 것이고, 이스라엘이 그랬듯이 시험을 받으실 것이다. 그리고 이스라엘처럼 그분도 주리실 것이다. 그분이 승리하시면 새 백성이 모두 그분을 따라 용서와 영생이라는 약속의 땅에 무사히 들어가게 된다.

예수님의 금식은 전쟁이자 무기였고 시험이자 승리였다

이제 우리는 예수님의 금식의 의미를 더 분명히 볼 수 있다. 금식은 그분이 사탄의 유혹 앞에서 임의로 정하신 행위가 아니라 광야에서 주리며 시험받은 하나님의 백성에게 일부러 동화하신 행위였다. 예수님은 이렇게 말씀하신 셈이다. "나는 하나님의 백성을 죄의 굴레에서 이끌어 내 구원이라는 약속의 땅에 들어가게 하도록 보냄 받았다. 그렇게 하려면 나도 그들 가운데 하나가 되어야 한다. 그래서 나는 태어났고 세례도 받았다. 그리고 이번에는 그들이 경험했던 시험도 받을 것이다. 그들을 대표하여 광야에서 금식을 통해 내 마음을 살필 것이다. 내 충성의 대상과 내 하나님이 누구인지 볼 것이다. 나는 성령의 도움으로 금식을 통해 승리하고 마귀를 정복할 것이다.

나를 신뢰하는 모든 이들을 이끌고 영원한 영광이라는 약속의 땅에 들어갈 것이다."

다시 말해서 예수님의 금식은 시험을 위한 준비만이 아니라 시험의 일부였다. 광야의 이스라엘 백성에게 배고픔이 믿음의 시험이었던 것과 마찬가지다. 모세는 "[하나님이 너희를 광야로 이끄신 것은] 너를 낮추시며 너를 시험하사 네 마음이 어떠한지 그 명령을 지키는지 지키지 않는지 알려 하심이라. 너를 낮추시며 너를 주리게 하시며"라고 말했다(신 8:2). 예수님의 경우도 마찬가지다. 성령께서 그분을 광야로 이끄셨고, 그분의 마음이 어떠한지 보려고 그분을 주리게 하시고 시험하셨다. 그분이 사랑하시는 것은 하나님인가 빵인가? 하지만 동시에 그분의 금식은 사탄에게 맞서 싸우는 무기이기도 했다. 금식은 마음이 어떠한지를 시험한다. 그런데 마음이 세상에 있지 않고 하나님께 있음이 금식을 통해 밝혀지면 그 자체가 사탄에게 치명타가 된다. 우리 마음이 빵과 같은 세상 것들을 사랑하지 않으니 사탄이 발붙일 데가 없어지는 것이다.

금식이라는 박탈은 우리의 마음을 들추어낸다

하나님의 사람들은 통상적 생계수단 없이 살아가도록 부름 받을 때가 종종 있다. "의인은 고난이 많으나"(시 34:19). "우리가 하나님의 나라에 들어가려면 많은 환난을 겪어야 할 것이라"(행 14:22). "우리까지도 속으로 탄식하여……우리 몸의 속량을 기다리느니라"(롬 8:23). 금식은 그런 박탈을 잠시 자원하여 경험하는 것이다. 이렇게 자진하여 결핍을 경험할 때 주님은 우리 마음이 어떠한지 드러내 주신다. 나를 지배하는 것은 무엇인가? 내가 믿고 아끼는 것은 무엇인가? 여기에 대해서는 서문에서 이미 살펴보았다. 거기서 리처드 포스터의 「영적 훈련과 성장」에 나오는 말을 인용하여 말했듯이 "어떤 훈련보다도 금식은 나를 지배하고 있는 것들을 들추어낸다."[3]

나는 무엇의 노예가 되어 있는가? 무엇에 가장 굶주려 있는가? 음식인가 하나님인가? 금식은 하나님의 시험장이자 또한 치료실이다. 이스라엘 백성이 빵이 없어 불평했듯이 나도 불평할 것인가? 예수님의 경우는 질문이 이것이다. 그분은 희생적 순종의 길을 떠나 돌로 빵을 만드실 것인가? 아니면 "하나님의 입으로부터 나오는 모든 말씀으로 살 것"인가? 금식을 통해 우리는 자기 마음이 어떠한지 보고 하나님께 그대로 고백한다. 나의 가장 깊은 만족은 어디에 있는가? 하나님인가 그분이 주신 선물들인가?

금식의 목표는 우리가 음식에 덜 의존하고 하나님께 더 의존하게 되는 것이다. 바로 그것이 "사람이 떡으로만 살 것이 아니요 하나님의 입으로부터 나오는 모든 말씀으로 살 것이라"고 하신 마태복음 4:4의 의미다. 금식할 때마다 우리도 예수님처럼 이렇게 고백한다. "주님, 빵으로만 아니라 주님으로 삽니다. 빵으로만 아니라 주님으로 삽니다."

금식의 목적은 하나님이지 기적의 빵이 아니다

내가 그렇게 생각하는 이유를 설명하려고 한다. "사람이…… 하나님의 입으로부터 나오는 모든 말씀으로 살 것이라." 예수께서 사탄을 격퇴하신 이 말씀은 왜 그런 의미인가? 왜 나는 예수님이 "빵을 믿지 말고 하나님을 신뢰하라"고 말씀하신다고 생각하는가?

열쇠는 예수께서 마태복음 4:4을 가져오신 신명기 8:3의 문맥에 있다.

또 [하나님이] 너도 알지 못하며 네 조상들도 알지 못하던 만나를 네게 먹이신 것은 사람이 떡으로만 사는 것이 아니요 여호와의 입에서 나오는 모든 말씀으로 사는 줄을 네가 알게 하려 하심이니라(논리에 주목하라).

잘 보면 하나님은 만나를 주신 일이 시험이라고 말씀하신다. 사람이 떡으로만 사는 것이 아님을 가르치시려고 그분은 음식을 거두신 게 아니라 음식을 주셨다. 생전 들어 보지도 못한 만나라는 음식이 하늘에서 떨어지게 하셨다. 왜 그러셨을까? 모세에 따르면 하나님의 입에서 나오는 모든 말씀으로 사는 줄을 그들에게 알게 하기 위해서였다. 어째서 그렇게 되는가? 어떻게 기적의 만나를 주어 그것을 가르치신단 말인가? 다른 것이 모두 절망적으로 보일 때 "만나"는 하나님이 말씀 한 마디로 당신의 필요를 채우실 수 있는 신기한 방법이기 때문이다. 따라서 모세의 요지는 우리 자신이 아닌 하나님께 의존하는 법을 배워야 한다는 것이다. 우리는 그분을 신뢰해야 한다. 하나님의 입이 명하시기만 하면 전혀 뜻밖의 온갖 복이 우리에게 임한다.

그런데 사탄이 예수님을 대할 때 이 진리를 어떻게 다루는지 보라. 사탄은 예수께 "네가 만일 하나님의 아들이어든 명하여 이 돌들로 떡덩이가 되게 하라"고 말했다(마 4:3). 다시 말해서 "너의 아버지가 광야에서 하셨듯이 너도 만나를 만들라"는 말이다. 사탄은 지극히 교활하며 성경을 감쪽같이 곡해한다. 그는 성경의 원래 내용을 알고 있다. 하나님은 곤경에 처한 자기 백성을 기적으로 먹이실 능력이 있으셨고, 만나는 그것을 가르치시기 위한 것이었다. 사탄도 그것을 보았다. 그래서 그는 예수께 이런 논리를 폈다. "너의 아버지가 광야에서 만나를 주신 이유는 백성에게 곤경 중에 기적을 바라도록 가르치기 위해서였다. 그러니 너도 기적의 빵을 만들어 먹으라. 이것은 엄연히 성경에 순종하는 일이다."

그러자 예수님은 이렇게 되받으셨다. "사탄아, 너는 아주 비슷하지만 사실은 완전히 틀렸다. 그것이 네가 항상 하나님의 말씀을 대하는 방식이다. 아주 교활하고 기만적이다. 너는 그분의 말씀을 인정하는 것 같지만 모든 말씀으로 그분을 대적한다. 사탄아, 만나의 요지는 이것이다. 빵을 믿지 말고 하나님을 신뢰하라! 아무리 기적의 빵이라도 믿지 말라. 삶의 가장 깊은 만족을 음식에서 얻지 말고 하나님에게서 얻으라. 아무리 하나님이 베푸신 기적의 음식이라도 마찬가지다. 하나님의 입에서 나오는 모든 말씀은 그분을 계시해 준다. 우리가 가장 깊이 섭취할 양식은 자신을 계시하시는 그분의 말씀이다. 이 양식은 영원하다. 영생이다. 사탄아, 물러가라. **하나님이 나의 분깃이시다.** 아무리 기적의 만나가 있다 해도 나는 그분의 길을 떠나 그분과의 교제를 잃지 않을 것이다."

이것이 예수님의 금식이 주는 가장 깊은 교훈이다. 금식은 그분이 광야에서 사탄의 기만에 맞서 싸우신 무기였다. 예수께서 하나님의 기적보다 하나님 자신과 그분의 뜻에 더 굶주려 있음이 금식을 통해 드러났다. 그분은 돌로 빵을 만드는 일이야말로 하나님의 아들이 마땅히 할 일이라고 합리화하실 수도 있었다. 하나님의 백성이 광야에서 경험한 일을 그분이 재현하고 계셨으니 말이다. 그들에게도 만나가 있었으니 그분도 만나를 만드시면 되지 않겠는가. 그러면 금식은 기적의 공급을 위한 종교적 서막이 될 것이다.

하지만 예수님은 그런 논리를 펴지 않으셨다. 게다가 그것은 본연의 금식도 아니다. 대신 예수님의 논리는 이런 것이었다. "내가 보냄 받은 목적은 내 백성을 위하여 고난당하고 죽기 위해서다. 이 일을 수행할 수 있는 유일한 길은 하나님 나의 아버지를 온전히 사랑하는 것이다. 아버지께서 기적의 능력으로 나를 곤경에서 건져 주시는 것보다 아버지 자신이 내게는 더 소중하다. 아버지의 백성을 위하여 내가 상하고 질고를 당하는 것이 아버지의 뜻임을 나는 안다.

이사야 53:10에서 읽었다. 나는 금식을 이용하여 이 소명을 피하려 하지 않겠다. 사탄은 내가 금식을 그렇게 보기를 원한다. 신명기에서처럼 금식이 하나님의 기적으로 빵을 공급받기 위한 서막이라는 것이다. 하지만 그들과 나는 다르다. 그들은 조금 시험받았지만 나는 많이 시험받을 것이다. 그들의 시험보다 나의 시험에 훨씬 많은 것들이 걸려 있기 때문이다."

하나님을 향한 굶주림이 이긴다

그렇다면 예수님의 금식은 무엇이었는가? 그것은 시험이자 또한 승리였다. 금식은 그분의 가장 깊은 욕구를 시험했다. 동시에 금식은 그분이 다른 무엇보다 하나님께 더 주리신 데서 나온 승리였다. 그래서 금식은 사탄을 무찌른 승리였다. 갈보리 길은 그분이 죽으심으로 마귀가 궤멸되는 길이었다. 십자가에서 예수님은 "통치자들과 권세들을 무력화하여 드러내어 구경거리로 삼으시고……그들을 이기셨"다(골 2:15). 이 승리의 길은 40일 금식으로 시작되었다. 골고다에서 뱀의 머리를 상하게 하신 능력을 예수님은 금식중에 보이셨다. 그것은 믿음의 능력이었다. 그 능력은 다른 무엇이나 심지어 하나님의 기적적인 선물보다도 하나님 자신을 최고의 만족으로 삼으신 결과였다. 이처럼 하나님을 깊이 신뢰하고 그분으로 자족하셨기에 그리스도는 끝까지 그 길을 가실 수 있었다. "그는 그 앞에 있는 기쁨을 위하여 십자가를 참으사 부끄러움을 개의치 아니하시더니 하나님 보좌 우편에 앉으셨느니라"(히 12:2).

금식이란 세상 최고의 진미를 먹기보다 하나님의 천국 잔치를 즐기겠다는 주기적인—때로는 결단하는—선포다. 예수님은 자신이 천국에 무엇을 두고 왔는지 아셨고, 돌아가면 그곳에 무엇이 있는지도 아셨다. 그것이 그분의 큰 희망이자 기쁨이었다. 언젠가 그분은 제자들에게 "나를 사랑하였더라면 내가 아버지께로 감을 기뻐하였으리라. 아버지는 나보다 크심이라"고 말씀하셨다(요 14:28). "자기 영혼의 수고의 열매"(사 53:11, RSV)—교회—를 가지고 아버지께로 돌아가는 것이 예수님의 간절한 열망이었다. 그분의 영혼은 바로 그 잔치를 즐기셨고, 그래서 금식과 죽음까지도 견디실 수 있었다.

우리는 "믿음의 굶주린 시녀" 없이도 지낼 수 있는가

핵심 질문은 우리가 금식을 하느냐가 아니라 하나님께 굶주려 있느냐는 것이다. 우리의 믿음은 그런 성질의 것인가? 우리는 예수님 안에서 주신 하나님의 모든 약속으로 만족하는가? 그래서 십자가를 지고 그분을 따라 갈보리 길로 갈 수 있는가? 그분의 기적적인 공급으로도 영혼이 채워지지 않을 정도로 오직 그분께만 굶주려 있는가? 이것이 핵심 질문이라면 거기에 당연히 따라오는 질문이 있다.

우리는 믿음의 굶주린 시녀인 금식이 없이도 지낼 수 있는가?

문제는 하나님께 무엇인가를 얻어 내거나 강요하거나 공로를 쌓는 것이 아니다. 핵심은 이것이다. 복음 안에서 하나님의 선하심을 이미 맛본 나는 이제 어떻게 하면 그분을 최대한으로 누릴 수 있는가? 삶의 순간마다 그분의 좋은 선물들을 신으로 삼고 싶은 유혹이 찾아온다. 이때 나는 어떤 무기들로 믿음의 싸움을 싸워 내 마음을 엉뚱한 애착과 반항적 욕구로부터 보호할 것인가? 물론 나는 성령의 검 곧 하나님의 말씀을 활용할 것이고 기도도 할 것이다. 하지만 나는 믿음의 가난하고 굶주린 시녀인 금식의 도움도 받을 것이다. 금식은 연약한 듯 강하다. 금식의 공복을 통해 나의 결핍이 극명히 드러나고 하나님의 온전하심이 더욱 진가를 발하게 된다.

죽음을 부르는 연약한 굶주림이 생명을 주시는 하나님의 선하심과 능력을 불러낸다. 이것은 억지도 아니고 하나님의 뜻을 조종하려는 이상한 시도도 아니다. 우리는 단지 하늘 아버지를 담대히 바라보며 금식을 통해 마음으로 이렇게 속삭이는 것이다. "아버지, 아버지가 없이는 저는 죽습니다. 오셔서 저를 도우소서. 속히 도우소서."[4]

어떻게 늘 하나님을 바라보며 살 것인가

물론 우리는 몸의 치유, 재정적 안전, 직장의 성공, 진로 결정, 화목

한 관계 등에도 도움이 필요하다. 하지만 우리가 그리스도 안에서 하나님의 영광을 보고 또 맛보는 데는 더 큰 도움이 더 필요하다. 우리는 복음 안에서 하나님의 영광을 보고 구원받았다(고후 4:4, 6). 우리는 하나님의 약속들 안에서 그분의 영광을 보며 성화되고 있다(고후 3:18). 우리가 끝까지 인내하며 믿음을 지키고 경주를 마치는 방법은 하나뿐이다. 그것은 바로 "예수를 바라보"는 것(히 12:2, 3:1), "보이는 것이 아니요 보이지 않는 것"에 주목하는 것(고후 4:18), "위의 것을 생각"하는 것이다(골 3:2). 이것이 우리를 향한 하나님의 뜻이요 하나님이 우리 안에서 하시는 일이다(히 13:20-21). 그러나 우리는 철저히 타락한 인간이기 때문에 예수님은 "재물의 유혹과 기타 욕심(음식처럼 악의 없는 것들까지도)이 들어와 말씀을 막"는다고 말씀하셨다(막 4:19). 우리에게 하나님의 영광을 계시해 줄 말씀을 그런 욕심이 막는 것이다. 그러므로 믿음의 싸움은 영혼을 진리로 양육하는 것만으로는 안 된다. 날마다 주님의 영광을 보려는 전투에는 금식도 필요하다. 우리의 욕구를 시험할 뿐 아니라 필요하다면 그 욕구를 죽여야 한다.

디트리히 본회퍼(Dietrich Bonhoeffer)는 "제자도의 대가(代價)"의 문제로 치열하게 씨름했다. 갈보리 길의 대가를 심사숙고한 그는 결국 그것을 아돌프 히틀러에게 끝까지 저항해야 한다는 뜻으로 받아들였다. 그 결과로 그는 1945년 4월 9일 서른아홉의 나이에 독일 플로센부르크에서 교수형에 처해졌다. 그는 우리 육신의 기만성을 똑똑히 보았고, 날마다 모든 전선에서 믿음의 싸움이 필요함을 절감했다. 그렇게 하려면 기쁨만 아니라 모욕까지도 감수해야 한다.

> 육신은 매일의 이러한 모욕에 저항한다. 처음에는 정면공격으로 맞서다가 나중에는 성령의 말씀 밑에(곧 "복음적 자유"라는 미명하에) 숨는다. 우리는 자신이 모든 율법의 요구, 자아 죽이기, 고행 따위로부터 자유롭다고 주장한다. 그러면서 그것이 훈련과 금욕의 올바른 복음적 적용이라 둘러댄다. 들쭉날쭉한 기도와 묵상과 신체 관리를, 방종을 그런 식으로 변명하는 것이다. 하지만 우리의 행실과 예수님의 말씀은 뼈아프리만치 확연한 대조를 이룬다. 우리는 제자도가 세상과 멀어지는 것임을 망각한다. 그리하여 경건한 삶의 규율이 가져다주는 진정한 기쁨과 자유를 망각한다.[5]

하나님을 기뻐하는 것이 우리의 힘이다. 그 힘으로 우리는 광야와 십자가를 거쳐 영생에 들어가기까지 예수님과 동행한다. 하지만 가장 교묘하고 악의 없는 적수들에 맞서 그 기쁨을 유지하는 일은 평생의 씨름이다. 바로 그 씨름에서 금식—믿음의 겸손하고 굶주린 시녀—은 은혜의 사신이다. 이 사신은 금식 때마다 동일한 말씀을 가지고 온다.

> 비록 무화과나무가 무성하지 못하며

포도나무에 열매가 없으며

감람나무에 소출이 없으며

밭에 먹을 것이 없으며

우리에 양이 없으며

외양간에 소가 없을지라도

나는 여호와로 말미암아 즐거워하며

나의 구원의 하나님으로 말미암아 기뻐하리로다(합 3:17-18).

금식할 때에 너희는 외식하는 자들과 같이 슬픈 기색을 보이지 말라. 그들은 금식하는 것을 사람에게 보이려고 얼굴을 흉하게 하느니라. 내가 진실로 너희에게 이르노니 그들은 자기 상을 이미 받았느니라. 너는 금식할 때에 머리에 기름을 바르고 얼굴을 씻으라. 이는 금식하는 자로 사람에게 보이지 않고 오직 은밀한 중에 계신 네 아버지께 보이게 하려 함이라. 은밀한 중에 보시는 네 아버지께서 갚으시리라(마 6:16-18).

다른 것을 사랑하되 주님을 위해 사랑하지 않는 사람은 주님을 너무 적게 사랑하는 것입니다. _성 어거스틴, 「참회록」[1]

금식에 대한 주님의 가르침에서 배워야 할 점이 있다. 우리의 신앙에서 즐거움이 굉장히 중요하다는 사실이다. "머리에 기름을 바르고 얼굴을 씻으라"는 말씀에는 깊은 의미가 가득하다.…… 우리는 그리스도를 섬기는 일과 그분이 주시는 보수에 만족하지 못하는가? 물론 아니다! 그렇다면 만족하지 못하는 듯 보여서는 안 된다.
_J. C. 라일, 「존 라일 사복음서 강해」[2]

3장 아버지께서 갚아 주시는 금식
_예수께서 가르치신 금식은 철저히 하나님을 지향한다

칼 런드퀴스트(Carl Lundquist)는 30년 가까이 베델 대학과 신학대학원의 총장을 지내고 1991년에 피부암으로 세상을 떠났다. 생애 마지막 10년 동안 그는 그리스도인의 훈련과 경건생활을 연구하고 증진하는 데 매진했다. "불타는 심령 복음주의 수련원"이라는 기관까지 설립하여 정기적으로 감화와 격려의 편지를 보냈다. 1989년 9월의 편지에 보면 그가 처음으로 금식을 진지하게 대하게 된 사연이 적혀 있다.

내가 금식을 영적 훈련으로 진지하게 생각하게 된 것은 한국 서울에서 김준곤 박사를 만나고 나서였다. 나는 그에게 "1980년 전도대회를 앞두고 당신이 40일간 금식하셨다는 것이 사실입니까?" 하고 물었다. 그는 "예, 사실입니다"라고 대답했다. 김 박사는 그 전도대회의 대회장을 맡았는데 여의도 광장에 모일 인원을 백만 명으로 예상하고 있었다. 그런데 집회를 6개월 남겨 두고 경찰 측에서 광장 사용 허가가 취소되었음을 통보해 왔다. 당시 한국은 정치적 격동기였고 서울에 계엄령이 선포되어 있었다. 경찰은 그렇게 많은 인원이 한 곳에 모이는 것을 위험하다고 보았다. 그래서 김 박사는 동역자들과 함께 기도원에 가서 전도대회를 위해 40일간 하나님 앞에 금식하며 기도했다. 그들이 돌아와서 경찰서를 찾아가니 경찰관은 김 박사를 보며 "아, 방침이 바뀌었으니 예정대로 집회를 하십시오!"라고 말했다.

호텔로 돌아오면서 생각해 보니 나는 그렇게 금식해 본 적이 없었다. 어쩌면 나는 하나님의 역사하심을 저토록 간절히 사모한 적이 없는지도 모른다.…… 김 박사는 장기간 아시아에서 영적 지도자로 하나님의 일을 하면서 40일 금식을 여러 번 했고 그 흔적이 몸에 남아 있다. 그가 목격한 기적들을 내 삶에서는 여태 경험하지 못했다.

런드퀴스트 박사에 따르면 한번은 그가 "불타는 심령" 수련회를 인도하고 있는데 신학대학원 졸업반 학생 하나가 음식을 먹지 않고 있었다. 그가 괜찮은지 물었더니 학생은 진로 문제로 하나님의 인도를 구하는 21일 금식이 거의 끝나가고 있노라고 말했다.

런드퀴스트 박사는 금식을 자신의 형편에 맞게 조정해서 했고, 그것이 사역 말년에 자신의 삶과 일에 큰 도움이 되었다고 고백했다.

나는 점심시간에 점심을 먹지 않고 대신 기도실에서 한 시간을 보낸다. 대개 베델 신학대학원 바로 옆에 있는 "불꽃의 방"으로 간다. 거기서 기도하며 하나님과 교제한다. 이를 통해 나는 예수께서 "내게는 너희가 알지 못하는 먹을 양식이 있느니라"고 하신 말씀을 체험으로 배웠다.

금식을 통해 음식을 잃었더니 그것이 오히려 큰 유익이 되었다는 말이다. 그는 점심식사를 포기하고 다른 방식으로 하나님을 만났고, 그리하여 예수님과의 교제 속에서 먹을 양식을 얻었다. "내게는 너희가 알지 못하는 먹을 양식이 있느니라"(요 4:32). 그 불꽃의 방에서 런드퀴스트 박사는 요한계시록 3:20이 성취되는 것을 직접 체험했다. "볼지어다, 내가 문밖에 서서 두드리노니 누구든지 내 음성을 듣고 문을 열면 내가 그에게로 들어가 그와 더불어 먹고 그는 나와 더불어 먹으리라." 물리적 음식을 잃는 대신 예수님과의 교제 속에서 다른 잔치를 즐긴 것이다. 그는 총장의 특권도 마다한 채 골방에 들어갔고 그러자 아버지께서 그에게 갚아 주셨다.

"금식한다면"이 아니라 "금식할 때에"

생애 말년에 런드퀴스트 박사의 마음을 움직인 성경 본문 중 하나는, 우리가 이번 장에서 살펴볼 마태복음 6:16-18이다.

금식할 때에 너희는 외식하는 자들과 같이 슬픈 기색을 보이지 말라. 그들은 금식하는 것을 사람에게 보이려고 얼굴을 흉하게 하느니라. 내가 진실로 너희에게 이르노니 그들은 자기 상을 이미 받았느니라. 너는 금식할 때에 머리에 기름을 바르고 얼굴을 씻으라. 이는 금식하는 자로 사람에게 보이지 않고 오직 은밀한 중에 계신 네 아버지께 보이게 하려 함이라. 은밀한 중에 보시는 네 아버지께서 갚으시리라.

이 말씀에서 그의 마음을 사로잡은 것은 16절의 "**금식할 때에**"라는 분구였다. 다른 많은 사람들처럼 그도 "만일 금식한다면"이 아니라 "금식할 때에"라고 되어 있음에 주목했다. 그가 내린 결론은 "예수님은 제자들이 금식이라는 경건한 관습을 지킬 것을 당연시하신다"라는 것이었다.³ 그것이 대다수 주석가들의 결론이자 나의 결론이기도 하다. 예수님은 금식이 좋은 일이라는 것과 제자들이 금식할 것을 전제하셨다. 그것이 우리가 1장에서 살펴본 내용이며, 예수께서 마태복음 9:15에 "신랑을 빼앗길 날이 이르리니 그때에는 **금식할 것이니라**"고 명시하신 말씀이다. 마찬가지로 마태복음 6:16-18에서도 예수님은 금식을 해야 하는지 여부를 가르치신 것이 아니다. 그분은 우리가 금식할 것을 전제하시고 금식을 어떻게 해야 하는지, 특히 어떻게 하지 말아야 하는지를 가르치셨다.

어떻게 금식하지 말아야 하는가

"하나님의 모든 충만하신 것"(엡 3:19)을 구하는 그리스도인의 금식이 우리 삶의 일부가 되려면, 어떻게 금식하지 말아야 하는지 알아야 한다. 어지럼증을 예방하는 요령을 알아야 한다는 뜻이 아니다. 모든 거룩한 행위에 따라오는 영적 위험에 주의해야 한다는 뜻이다. 성경은 금식의 신체적 위험에 대해서는 사실상 아무 말이 없다. 그것은 우리가 잘 알아서 조심하면 되는 부차적인 문제다. 그러나 성경은 금식이라는 신성한 행위의 영적 위험에 대해서는 우려가 크다.

마태복음 6:16에 예수님은 위선자들처럼 되지 말라고 경고하신다. "금식할 때에 너희는 외식하는 자들과 같이 슬픈 기색을 보이지 말라. 그들은 금식하는 것을 사람에게 보이려고 얼굴을 흉하게 하느니라." 위선자들은 영적 훈련을 "사람에게 보이려고" 하는 사람들이다. 그것이 위선자들이 바라는 보상이다. 자신의 훈련, 열정, 헌신을 인정받는 것이 얼마나 큰 상인지 모르는 사람이 있을까? 인간 세계에서 그것은 큰 상이다. 타락한 인간의 마음에 자신의 성취에 대한 칭찬보다 더 큰 만족을 주는 것은 별로 없다. 특히 도덕적·종교적 성취는 더하다.

예수님 시대의 종교 지도자들은 그런 욕망에 찌들어 있었다. 그래서 예수님은 서기관과 바리새인들이 "긴 옷을 입고 다니는 것과 시장에서 문안 받는 것과 회당의 높은 자리와 잔치의 윗자리를 원하"며 "과부의 가산을 삼키며 외식으로 길게 기도하는 자"라고 경고하셨다(막 12:38-40). 인간의 칭찬을 탐하는 마음은 얼마나 집요한가! 그것을 얻고자 우리는 옷차림("긴 옷")을 꾸미고, 시장에서 지위를 뽐내고, 잔치에서 허세를 부리고, 교회에서 중요한 자리에 앉는다. 심지어 돈밖에 모르는 비정한 마음을 신앙으로 위장하려고 기도를 길게 하기까지 한다. 우리가 이 모든 위선에 빠지기 쉬운 것은 인간의 칭찬을 받으려는 한없는 욕심 때문이다. 우리는 사람들이 나를 좋아하고 칭찬하고 호평해 주기를 원한다. 이것은 우리를 망하게 하는 욕구다. 예수님은 우리에게 "누구든지 자기를 높이는 자는 낮아지고 누구든지 자기를 낮추는 자는 높아지리라"고 경고하셨다(마 23:12).

예수께서 마태복음 6:16에 말씀하시듯이 그들은 자기가 탐한 대로 인간의 상을 얻는다. "내가 진실로 너희에게 이르노니 그들은 자기 상을 이미 받았느니라." 다시 말해서 금식으로 노리는 보상이 남들의 칭송이니 딱 그것만 얻는다는 것이다. 요컨대 위선의 위험은 위선이 아주 잘 먹힌다는 것이다. 위선의 목표는 인간의 칭찬이다. 그리고 위선은 그 목표를 달성한다. 하지만 그것이 전부다.

우리의 행위를 사람들이 아는 것이 왜 위선인가

하지만 문제가 하나 있다. 이것이 왜 위선인가? 여기 종교적인 사람들이 있다. 그들은 금식을 하기로 한다. 그런데 자기들이 금식하는 것을 숨기지 않고 그냥 내보인다. 그것이 어째서 위선인가? 오히려 위선의 반대가 아닌가? 금식하면서 머리에 기름을 바르고 얼굴을 씻어 내가 금식중임을 아무도 모르게 하는 것, 그것이 오히려 위선이 아닌가? 위선의 정의는 겉과 속을 달라 보이게 하는 것이 아닌가? 이 종교적인 사람들은 그냥 사실 그대로 내보였을 뿐이다. 이것이야말로 위선의 반대가 아닌가? 그들은 금식하는 것처럼 보이게 금식했다. 꾸밈이 없고 솔직하다. 금식을 하려면 금식하는 사람답게 보이라.

그런데 예수님은 그들을 위선자라 부르신다. 왜 그러실까? 금식의 동기가 하나님을 향한 마음이어야 하기 때문이다. 예수께서 이해하신 금식은 하나님께 굶주린 마음이며, 그렇지 않으면 차라리 하지 않는 것만 못하다. 그런데 그들이 금식한 동기는 인간의 칭찬에 굶주린 마음이었다. 그래서 그들은 자신의 행위를 솔직히 내보이긴 했지만 오히려 그 솔직함으로 자신의 속마음을 속였다. 그들이 정말 솔직해지고 싶다면 "내 금식의 최종 보상은 인간의 칭찬이다"라는 표지판을 목에 걸어야 한다. 그러면 그들은 위선자가 아니다. 그것은 솔직하고 투명하고 가식 없는 허영심이다. 하지만 그들은 금식으로 허영심을 가리고 덮었다. 이것이 그들의 위선이다.

그러므로 그들은 금식을 하면서 두 가지 위험에 빠졌다. 하나는 금식을 통해 잘못된 보상, 곧 인간의 존경과 칭찬을 구한 것이다. 또 하나는 그것을 숨기고 하나님을 사랑하는 척한 것이다. 금식이란 하나님을 사랑하는 마음이고 하나님께 굶주린 마음이다. 그들은 겉으로는 하나님을 생각하는 척했지만 속으로는 사람들의 칭송과 인정을 받는 데 혈안이 되어 있었다.

그렇다면 어떻게 금식해야 하는가

마태복음 6:17-18에 예수님은 다른 방식의 금식을 제시하신다. 그분이 원하시는 금식은 이런 것이다. "너는 금식할 때에 머리에 기름을 바르고 얼굴을 씻으라. 이는 금식하는 자로 사람에게 보이지 않고 오직 은밀한 중에 계신 네 아버지께 보이게 하려 함이라. 은밀한 중에 보시는 네 아버지께서 갚으시리라."

단체 금식은 예수님의 말씀에 어긋나는가

신약을 포함하여 성경에는 온갖 종류의 공적인 금식이 나온다. 예컨대 사도행전 13:1-3과 14:23에서 바울과 바나바가 한 금식은 남들이 모를 수가 없었다. 그렇다면 그들은 예수님의 명령에 불순종한 것인가? 예수님의 말씀은 아무도 알 수 없는 사적인 금식만 허용된다는 뜻인가? 만일 그렇다면 금식은 사실상 소멸되고 말 것이다. 결혼한 사람이나 평소에 다른 사람들과 함께 식사를 하는 사람의 경우에는 사적인 금식도 숨기기가 거의 불가능하기 때문이다.

예수님은 단체 금식을 배제하신 것이 아니다. 이렇게 보는 데는 문맥상 몇 가지 이유가 있다. 우선 사도들을 비롯하여 초대교회는 공적인 금식을 했다(행 13:3). 또한 전체 문맥인 마태복음 6:1-18은 이런 경고로 시작된다. "**사람에게 보이려고 그들 앞에서 너희 의를 행하지 않도록 주의하라.**" 이 단락 전체의 요지는 "그들 앞에서" 행하는 공적인 의가 나쁘다는 것이 아니다. 그것을 "사람에게 보이려고" 하기 때문에 나쁘다는 것이다. 이것을 확인해 주는 사실이 있다. 예수님은 "너는 기도할 때에 네 골방에 들어가 문을 닫고 은밀한 중에 계신 네 아버지께 기도하라"고 말씀하셨다. 하지만 그분도 공적인 기도를 하셨다(눅 3:21; 11:1, 요 11:41). 중요한 것은 기도와 금식의 동기이지 그 행위가 공적인지 사적인지가 아니다.

공적인 금식이라고 무조건 잘못된 것은 아니다. 중요한 것은 동기다. 이것을 확증해 주는 또 하나의 근거는 예수께서 마태복음 5:16에 하신 말씀이다. "**이같이 너희 빛이 사람 앞에 비치게 하여 그들로 너희 착한 행실을 보고 하늘에 계신 너희 아버지께 영광을 돌리게 하라.**" 어떤 선행은 (선한 사마리아인의 섬김처럼) 어차피 숨길 수 없는 공적인 행위다. 하지만 예수님의 말씀은 거기서 한 걸음 더 나아가 제자들이 선행을 **세상에 보여야** 한다는 것이다. 하나님이 영광을 얻으실 수 있도록 말이다. "이같이 너희 빛이 사람 앞에 비치게 하여 그들로 너희 착한 행실을 보고." 역시 동기가 중요한데, 여기서는 단순히 내 행위를 남들에게 알릴 것인지가 아니라 **왜** 알릴 것인지가 관건이다. 하나님의 영광을 위해서인가 아니면 내가 칭찬받기 위해서인가?

그러므로 나의 결론은 이것이다. 당신이 금식중임을 누가 알았다 해서 무조건 당신이 죄를 지은 것은 아니다. 당신이 점심을 굶는 것을 누가 보았다 해도 금식의 가치는 떨어지지 않는다. 단체 금식도—예컨대 우리 교회 교역자들이 기획 수련회에서 함께 하나님을 구하며 금식할 때도—"사람에게 보이려고" 하지 **않는** 것이 가능하다. 금식하다 남의 눈에 띄는 것과 처음부터 보이려고 금식하는 것은 다르다. 금식하다 남의 눈에 띄는 것은 외적인 사건일 뿐이다. 그러나 예수께서 말씀하셨듯이 사람에게 **보이려고** 하는 금식은 스스로 높아지려는 동기에서 비롯된 것이다.

늘 그렇듯이 여기서도 예수님은 단지 우리의 행동을 규제하시는 것이 아니라 우리의 마음을 시험하신다. 그분에 따르면 우리는 금식할 때 남들이 내 훈련을 알아주고 칭찬해 주기를 바라서는 안 된다. 오히려 그분은 그 반대쪽으로, 내 금식이 남의 눈에 띄지 **않도록** 노력해야 한다고 말씀하신다. 머리를 단정히 하고 얼굴을 씻으라고 하신다. 할 수 있는 한 내가 금식중임을 사람들이 아예 모르게 하라는 것이다.

아버지께 보이려는 금식

이어서 그분은 긍정적인 내용을 덧붙이신다. "이는 금식하는 자로…… 네 아버지께 보이게 하려 함이라." 다시 말해서 아버지께 보이려고 금식하라는 것이다. 금식할 때는 하나님께 보이려는 분명한 의도를 가지고 하라. 예수께서 가르치신 금식은 철저히 하나님을 지향하는 행위다. 하나님을 보며 금식하라. 사람들이 보지 않을 때도 그분은 보신다.

 예수님은 우리가 삶 속에서 하나님을 하나님으로 대하는지 시험하신다. 우리는 정말 하나님 자신께 굶주려 있는가? 아니면 인간의 칭찬에 굶주려 있는가? 남들이 보고 있을 때는 영적 행위를 하기가 얼마나 쉬운가! 남들이 알아주면 설교, 기도, 교회 출석, 성경 읽기, 구제, 봉사 등 무엇을 하든지 은근히 마음이 우쭐해진다. 이것은 우리 안에 있는 치명적인 명예 중독증이다.

거룩한 일을 수평적 차원에 가두는 비극

하지만 사람에게 보이려는 동기의 문제점은 거기서 그치지 않는다. 그보다 더 직접 하나님을 공격하는 요소가 있다. 대개 무의식중에 생겨나는 교묘한 의식인데, 바로 내 영적 행위의 참 효력이 하나님 앞에 있지 않고 수평적 차원의 인간들 앞에 있다는 의식이다. 다시 말해서 내가 식사 기도하는 것을 자녀들이 보면 그들에게 유익이 될 것이다. 내가 금식하는 것을 교역자들이 보면 그들도 감화를 받아 금식할지 모른다. 내가 성경을 읽는 것을 룸메이트가 보면 그도 마음이 동해 성경을 읽을지 모른다. 그런 식이다.

그것이 모두 잘못된 것은 아니다. 예수님의 공적인 기도는 분명히 제자들에게 감화를 끼쳤다(눅 11:1). 하지만 우리의 삶 전체—영적인 삶까지 포함해서—가 단지 수평적 차원에서 정당화되고 이해된다는 데 위험이 있다. 이제 우리의 삶은 남들이 볼 때에만 영향을 끼칠 수 있게 되고, 그리하여 어느새 하나님은 삶 속에서 서서히 부수적인 존재가 된다. 영적 행위가 하나님이 원하시는 일이므로 우리는 자신이 그분을 중시한다고 생각할 수 있다. 하지만 사실 그분은 모든 행위의 구심점에서 멀어진다. 그리고 그것이 우리 내면의 동기 속에 새겨진다. 그리하여 우리는 남들이 보고 있을 때는 만족을 느끼지만 하나님 외에 아무도 내 행위를 모를 때는 의욕을 잃고 만다!

마태복음 6장의 말씀으로 예수님은 우리의 마음을 시험하여 하나님이 우리의 보배인지 알고자 하신다. 그분은 금식이 외적인 행위가 아니라 철저히 내면의 자세임을 역설하신다. 그리고 금식을 우리가 참으로 하나님을 지향하고 있다는 표시로 보신다. "유대교에서는 금식이 내적 상태의 **외적** 표시였으나 예수께서는 금식이 내적 상태의 **내적** 표시였다."[4] 남들의 칭찬이 하나님을 대신하는 음식이 되어 우리 영혼을 유혹할 수 있다. 나의 신앙이 남들에게 미치는 영적 영향도 마찬가지다. 예수님은 바로 그것을 시험하신다. 아무도 나의 행위를 모를 때 나는 기분이 어떤가? 금식이 잘 돼 가고 있느냐고 물어 주는 사람이 없을 때는 어떤가? 우리는 마땅히 할 바를 한 것뿐이다. 하나님 외에 아무도 모를 때에도 우리는 그분으로 자족하는가?

예수님은 우리에게 철저히 하나님을 지향할 것을 주문하신다. 하나님과의 관계가 생생하고 진정성이 넘치고 인격적이어야 한다고 촉구하신다. 하나님이 우리에게 생생하고 인격적인 실재가 아니라면, 그분만 아시는 상태에서 그분과 둘이서만 역경을 견디기란 비참할 것이다. 모든 일이 마냥 무의미해 보일 것이다. 내 상황을 아무도 모르다 보니 모든 수평적 가능성이 무산되기 때문이다. 이제 중요한 것은 하나님뿐이다. 그분이 누구이시고, 어떻게 생각하시며, 무슨 일을 하실 것인지 그것만이 중요하다.

우리가 구해야 할 금식의 상은 무엇인가

결론은 18절 끝부분에 나온다. 예수님은 수직적으로 하나님께 초점을 맞추는 사람들에게 하나님이 해주실 일을 약속하신다. 그들은 인간의 칭찬이 있어야만 신앙이 고상해지는 사람들이 아니다. 예수님은 "은밀한 중에 보시는 네 아버지께서 갚으시리라"고 말씀하신다. 금식할 때 하나님의 상을 바라고 구하는 것은 선하고도 옳은 일이다. 상을 얻으려는 것이 잘못이라면 예수께서 이런 말씀을 하지도 않으셨을 것이다. 내가 수십 년에 걸쳐 역설해 왔듯이, 아버지의 상을 구하는 것은 기독교에 미달하거나 사랑이 없거나 참된 덕에 어긋나는 일이 아니다.[5] 그래서 C. S. 루이스는 이렇게 말했다.

> 동기를 더럽히지 않는 보상도 있다. 결혼을 원한다 해서 여자를 향한 남자의 사랑이 계산적인 것은 아니다. 시를 읽기 원한다 해서 시를 사랑하는 마음이 계산적인 것도 아니며, 달리고 뛰고 걷기 원한다 해서 운동을 사랑하는 마음이 불순해지는 것도 아니다. 사랑이란 본질상 그 대상을 즐기려 한다.[6]

"단지 옳기 때문에" 옳은 일을 하는 것은 기독교의 이상이 아니다. 하나님을 더 기뻐하기 위해 옳은 일을 하는 것이 기독교의 이상이다. 그래서 다시 질문이 제기된다. 우리는 예수님의 말씀을 그대로 듣고 배울 것인가, 아니면 성경 밖에서 우리의 철학을 가져와 그분의 입을 막을 것인가?

예수님은 "[사람에게 보이려고 금식하지 말고] 오직 은밀한 중에 계신 네 아버지께 보이[려고 하라]. 은밀한 중에 보시는 네 아버지께서 갚으시리라"고 말씀하신다. 여기 "갚다"로 번역된 말은 계산적 의미를 풍기기 때문에 아무래도 오해의 소지가 있다. 마치 우리가 금식으로 하나님께 재주를 부리면 그분이 보수나 사례를 지불할 의무가 있다는 말처럼 들린다. 하지만 그리스어 단어(*apodōsei*)는 반드시 그런 의미는 아니다. 물론 빚진 돈을 갚는다는 뜻으로 쓰일 수도 있지만(마 5:26), 항상 그렇지는 않다. 빌라도가 아리마대 요셉에게 예수님의 시신을 내줄 때(마 27:58), 예수께서 회당에서 책을 읽으신 후 담당자에게 돌려주실 때(눅 4:20), 예수께서 아이를 낫게 하셔서 아버지에게 도로 주실 때(눅 9:42), 사도들이 부활을 증언할 때(행 4:33), 하나님이 바울에게 의의 면류관을 주실 때(딤전 4:8) 등에도 같은 단어가 쓰였다. 이 단어 자체에는 노동과 보수를 맞바꾼다는 의미가 암시되어 있지 않다.

  이렇듯 하나님은 우리가 인간에게 칭찬받기 위해서가 아니라 그분께 보이려고 금식하면 반드시 상을 주신다. 이 상을 어떻게 생각할 것인가? 하나님은 우리의 금식을 보신다. 우리가 깊은 열망에 이끌려 세상의 좋은 일상사를 마다하고 금식하는 것을 보신다. 우리 마음이 인간의 칭송과 박수라는 평범한 낙을 구하지 않음을 보신다. 우리의 금식은 내 힘과 훈련으로 남들을 감동시키기 위한 것도 아니고, 남들에게 영향을 미쳐 내 신앙을 본받게 하려는 것도 아니다. 오히려 우리는 연약한 모습으로 하나님께 나아가 우리의 필요를 아뢴다. 우리 영혼의 기쁨과 그분의 영광을 위해 우리 삶 속에 그분을 더 온전히 나타내 주시기를 간절히 사모한다.

하나님을 부정한 아내의 남편으로 만드는 금식

하나님은 그것을 다 보신다. 그리고 거기에 응답하신다. 행동을 취하여 갚아 주신다. 예수께서 말씀 속에 약속하신 아버지의 "갚으심" 또는 "상"이란 무엇인가? 하나님이 약속하신 상이 곧 "인간의 칭찬"이 아닐까 하는 삐딱한 생각도 가능하다. 마치 하나님이 "네가 인간의 칭찬을 얻고자 공개 금식을 하지 않고 나를 바라보았으니 내가 너의 간절한 소원대로 인간의 칭찬을 얻게 해주겠다"라고 말씀하시는 것처럼 말이다. 그것이 우리가 바라는 바라면 우리의 금식은 하나님을 부정한 아내의 남편으로 만드는 꼴이다.

야고보서 4:3-4에 그것이 분명히 나온다. 야고보는 우리의 기도를 하늘의 남편께 올리는 간구로 보았다. 그에 따르면 자칫 우리는 남창(男娼)과 놀아나면서 감히 남편께 그 비용을 구할 수 있다. "구하여도 받지 못함은 정욕으로 쓰려고 잘못 구하기 때문이라. 간음한 여인들아, 세상과 벗 된 것이 하나님과 원수 됨을 알지 못하느냐"(약 4:3-4). 여기서 핵심은 "간음한 여인들"이라는 표현이다. 정욕으로 쓸 것을 달라고 기도할 때 왜 우리는 "간음한 여인들"이 되는가? 하나님은 우리의 남편이시고 "세상"은 그분만의 몫인 애정을 빼앗으려고 우리를 꼬이는 남창이기 때문이다. 세속의 죄는 이토록 교묘할 수 있다. 그것은 기도를 막는 것이 아니라 아예 기도와 금식으로 찾아올 수 있다. 그러면 기도와 금식이 아무리 간절해도, 우리를 온전히 채워 주시는 남편을 구하는 것이 아니다. 대신 우리는 그분께 세상의 선물을 구해 그것과 간음에 빠질 뿐이다.

우리가 금식할 때 아버지께 가장 먼저 또는 주로 구해야 할 상은 선물이 아니라 하나님 자신이다. 아버지께서 구하라고 권하시는 상은 문맥상 어디에 나오는가? 나는 바로 앞의 마태복음 6:9-13에 예수께서 가르치신 기도가 확실한 길잡이라고 생각한다. 이 기도는 우리가 하나님께 바라야 할 세 가지 주된 열망으로 시작된다. 첫째, 하나님의 이름이 거룩히 여김 내지 공경을 받는 것이다. 둘째, 하나님의 나라가 임하는 것이다. 셋째, 하나님의 뜻이 하늘에서 이루어진 것 같이 땅에서도 이루어지는 것이다. 이것이 예수께서 기도와 금식을 통해 구하라고 하신 첫 번째 상이자 주된 상이다. 우리의 금식은 세 가지 열망에서 비롯된다. 하나님의 이름이 알려지고 귀히 여겨지고 존중받기를 바라는 갈망, 왕이신 그분의 통치가 확장되어 마침내 역사 속에 완성되기를 바라는 갈망, 천사들이 하늘에서 영원히 지칠 줄 모르고 밤낮없이 하나님의 뜻을 행하듯이 땅에서도 그분의 뜻이 지극정성으로 시행되기를 바라는 갈망이다.

나머지 모두도 하나님을 위하여 구한다

물론 하나님은 기도와 금식을 통해 우리에게 일용할 양식과 다른 많은 것들도 주신다. 삶의 모든 영역에서 그분의 도움을 구체적으로 구하는 것은 잘못이 아니다. 하지만 그것은 이 세 가지 간구―하나님의 이름이 거룩히 여김 받으시고, 그분의 나라가 임하고, 그분의 뜻이 이루어지는 것―를 통해 시험되고 검증된다. 우리가 열망하는 다른 모든 것은 하나님께 굶주린 마음의 표현인가? 아니면 우리 삶에서 최고이자 가장 귀한 하나님의 자리를 다른 선물들이 빼앗으려 하는가? 모든 일에 최고이신 하나님 자신이야말로 우리가 금식을 통해 열망하는 최고의 상이다. 그분은 우리의 헌신과 일상의 모든 선택에서 최고이시다. 그분은 교회의 순결에서 최고이시다. 그분은 잃어버린 영혼들을 구원하시는 일에서 최고이시다. 그분은 의와 정의를 세우시는 일에서 최고이시다. 그분은 모든 민족의 기쁨을 위한 세계 복음화에서 최고이시다.

우리는 온전히 채워 주시는 최고이신 하나님을 상으로 구해야 하며, 그것으로 다른 모든 갈망들을 시험해야 한다. 그 갈망들은 하나님을 위한 것인가? 이것이 예수께서 사람에게 보이려고 금식하지 말라고 명하신 궁극적 이유다. 단순히 세상적 갈망을 인간 대신 하나님으로부터 채움 받으라는 (그리하여 하나님을 우리의 영적 간음의 공범으로 만들라는) 말이 아니다. 하나님 자신을 갈망하고 나머지는 다 그분의 찬란한 영광의 부산물로 삼으라는 뜻이다.

그래서 우리는 금식하고 기도할 때 이렇게 묻는다. 우리가 하나님을 온전히 누리지 못하게 막는 모든 장애물을 치우고 나쁜 습관과 낡은 속박을 정복하기 원함은 사람들이 보고 그분께 영광을 돌리게 하기 위함인가? 우리가 탕자들과 빗나간 딸들이 집에 돌아오기를 원함은 그것이 하나님의 이름을 높이기 때문인가? 우리가 교회들의 성장을 원함은 비신자들 가운데서 그리스도의 이름이 거룩히 여김 받기를 원해서인가? 우리가 중국과 북한과 사우디아라비아와 이라크와 리비아에 복음의 문이 열리기를 원함은 예수님의 나라가 진척되기 위해서인가? 우리가 정직한 정부 지도자들을 원함은 이 세상에 하나님의 선하심과 공의가 마땅히 나타나야 하기 때문인가?

예수님은 우리를 바로 거기로, 곧 철저히 하나님을 지향하는 삶과 기도와 금식으로 부르신다. 그러므로 머리를 빗고 얼굴을 씻으라. 이는 당신의 영혼을 위하는 일이자 예수께 바르게 반응하는 길이다. 또한 모든 일에 최고이신 하나님을 모든 민족의 기쁨을 위해 퍼뜨리는 일이다. 당신이 금식할 때 얼마나 하나님께 굶주려 있는지 은밀한 중에 보시는 아버지께 보여드리라. 은밀한 중에 보시는 아버지께서 당신의 기쁨과 그분의 영광을 위해 넘치도록 갚아 주신다.

안나가……성전을 떠나지 아니하고 주야로 금식하며 기도함으로 섬기더니……하나님께 감사하고 예루살렘의 속량을 바라는 모든 사람에게 그에 대하여 말하니라(눅 2:36-38).

이제 후로는 나를 위하여 의의 면류관이 예비되었으므로 주 곧 의로우신 재판장이 그날에 내게 주실 것이며 내게만 아니라 주의 나타나심을 사모하는 모든 자에게도니라.……아멘. 주 예수여, 오시옵소서.

(딤후 4:8, 계 22:20)

당신은 주의 나타나심을 사모하는가? 그렇다면 온 세상에 복음을 전하고자 혼신을 다할 것이다. 하나님 말씀의 분명한 가르침과 주님의 명백한 지상명령에 비추어 볼 때 내게 우려되는 바가 있다. 우리가 이 일을 너무 가볍게 여긴다는 것이다.……그분의 나라는 왕이 다스리시는 나라다. 그분은 하늘에서 통치하고 계시며 땅에서도 교회 안에, 교회를 통해 그 통치를 나타내신다. 우리가 사명을 완수하면 그분이 다시 오셔서 영광 중에 그 나라를 완성하실 것이다. 우리에게 이 사명을 주심은 그날이 오기를 사모할 뿐 아니라 그날을 앞당기라는 뜻이다.

_조지 래드, 「하나님 나라의 복음」[1]

4장 왕이 오시기를 사모하는 금식
_그분을 얼마나 그리워하는가

금식은 예수님의 재림에 굶주린 마음을 몸으로 표현하는 일이다. 1장에서 보았듯이 예수님은 마태복음 9:15에 자신을 교회의 신랑으로 묘사하셨다. 제자들이 금식하지 않은 이유는 그분의 설명대로 신랑이 곁에 계셨기 때문이다. 하지만 이어서 그분은 "신랑을 빼앗길 날이 이르니 그때에는 금식할 것이니라"고 말씀하셨다. 이렇듯 예수님은 그리스도인의 금식을 신랑의 재림을 사모하는 마음과 연관시키신다. 그러므로 그리스도인의 금식의 가장 중요한 의미 중 하나는 왕의 재림에 굶주린 마음을 표현하는 것이다.

금식과 성만찬

성만찬이 과거 지향의 성례라면 금식은 미래 지향의 성례다. 예수님은 "너희가 이를 행하여 나를 기념하라"고 말씀하셨다(눅 22:19). 성찬을 먹음으로 우리는 과거를 기억하며 다음과 같이 고백한다. 예수께서 이미 오셔서 우리 죄를 위해 죽으셨고 죽음에서 부활하셨다. 우리는 죄를 용서받고 유죄 상태에서 벗어났다. 우리가 받을 정죄와 형벌이 그리스도께 전가되었다. 우리는 공식 사면을 받고 하나님과 화목하게 되었다. 우리를 얽어매던 죄의 사슬은 끊어졌고 우리의 적은 패배했다. 사망은 쏘는 힘을 잃었고 우리는 지옥의 운명에서 벗어나 영생을 얻었다. 주께서 오셨다! 이제 우리는 이 놀라운 현실을 마음껏 누리자. 하나님이 그리스도의 죽음과 부활을 은혜로 베푸셨으니 이 놀라운 기초 위에 우리의 영혼을 세우자.

 그것이 우리가 성찬을 먹으며 고백하는 내용이다. 하지만 먹지 않는 금식을 통해 우리는 사무친 마음으로 다음과 같이 고백한다. 맞다, 그분이 오셨다. 맞다, 그분은 우리에게 영광스러운 일을 해주셨다. 하지만 그것을 이미 보고 맛보았기에 그분의 임재 못지않게 부재도 절실히 느낀다. 신랑은 가셨다. 전에는 여기 계시며 우리를 끝까지 사랑하셨지만 지금은 여기 계시지 않는다. 물론 그분이 이미 오셨기에 우리는 먹으며 잔치를 즐길 수 있다. 하지만 지금은 그분이 이전처럼 여기 계시지 않음도 알고 있다. 바울의 말대로 우리는 "몸으로 있을 때는 **주와 따로 있는**" 것이다. 그분의 부재는 우리에게 고통스럽다. 세상의 죄와 불행도 고통스럽다. 그리스도의 백성은 이리떼 속의 양처럼 약하고 멸시받는다(마 10:16). 우리는 그분이 다시 오셔서 왕좌에 앉아 우리 가운데서 통치하시기를 고대한다. 그분의 백성과 그분의 진리와 영광을 신원하시기를 고대한다.

주께서 성만찬을 제정하신 것과 똑같이 정식으로 확실하게 금식을 제정하셨다고 주장할 뜻은 없다. 그분은 금식에 대해 "내가 올 때까지 이를 행하라"고 말씀하신 적이 없다. 하지만 "신랑을 빼앗길 날이 이르리니 그때에는 금식할 것이니라"고 말씀하신 것은 분명하다. 이것은 명령이나 성례의 제정이 아니라 예견이다. 신랑을 사랑하고 그리워하는 사람이라면 누구나 당연히 할 일을 그렇게 말씀하신 것이다.

밤낮 하나님께 부르짖는 자들

금식이 제기하는 질문이 있다. 우리는 그분을 그리워하는가? 다시 오실 그분께 얼마나 굶주려 있는가? 주님의 재림을 위한 정기적 금식이 온 세상에 부재하다시피 한 현실은 우리가 주님의 부재와 세상의 존재로 만족하고 있다는 증거다. 그래서는 안 된다. 누가복음 18:7-8에 예수님은 이렇게 말씀하신다.

> 하물며 하나님께서 그 밤낮 부르짖는 택하신 자들의 원한을 풀어 주지 아니하시겠느냐. 그들에게 오래 참으시겠느냐. 내가 너희에게 이르노니 속히 그 원한을 풀어 주시리라. 그러나 인자가 올 때에 세상에서 믿음을 보겠느냐.

말씀의 요지는 인자가 다시 오신다는 것이다. 그분이 오시면 택하신 자들의 원한을 풀어 주실 것이다. 그들은 더 이상 "세상의 더러운 것과 만물의 찌꺼기"로 보이지 않을 것이고(고전 4:13), "자기 아버지 나라에서 해와 같이 빛"날 것이다(마 13:43). 많은 사람들의 믿음이 떨어지고 사랑이 식어지겠지만(마 24:12) 택하신 자들은 인자가 오실 때 믿음과 사랑으로 끝까지 견딜 것이다(막 13:13).

하지만 그분이 오셔서 신원해 주실 택하신 자들의 조건을 잘 보라. 예수님은 그들이 "밤낮 부르짖는"다고 하셨다. 현대 세계의 안락한 기독교 교회에는 이 부분이 없다. 서구의 그리스도인들 가운데 그리스도께서 오셔서 택하신 자들의 원한을 풀어 주시기를 밤낮 부르짖는 자들이 어디 있는가? 하나님 나라의 완성을 그토록 사무치게 열망하는 마음이 어디 있는가? 그러니 신랑의 재림을 위한 **금식**의 문제는 거의 제기되지 않는 것이 당연하다. 부르짖음 자체가 없는데 어떻게 그 부르짖음을 금식으로 표현할 생각을 하겠는가?

주 예수여, 오시옵소서!

그렇다면 그 부르짖음은 무엇인가? 초대교회는 무엇을 부르짖었는가? 초대교회의 부르짖음은 "주 예수여, 오시옵소서!"였다. 성경의 맨 끝부분은 "내가 진실로 속히 오리라"는 예수님의 말씀과 그에 이어지는 "아멘. 주 예수여, 오시옵소서"라는 교회의 반응이다(계

22:20). 이는 결코 우연이 아니다. 이것이야말로 성경 전체가 택하신 자들의 심령 속에 남기고자 한 부르짖음이다.

예수님과 첫 제자들이 애용하던 아람어 어휘 몇 개가 그리스어를 쓰던 1세기 교회에 그대로 보전되었는데 그중 하나가 마라나타(Maranatha)다. 바울은 고린도전서 16:22에 "만일 누구든지 주를 사랑하지 아니하면 저주를 받을지어다. 마라나타"라고 편지를 맺는다. 이 단어는 "우리 주여, 오시옵소서!"라는 뜻이다. 의심의 여지없이, 이 단어가 아람어 원어로 보전된 이유는 "아멘"이라는 히브리어 단어가 세상의 거의 모든 언어에 그대로 보전된 이유와 같다. 그만큼 빈번히 쓰였다는 것이다. "마라나타"는 초대교회를 한시도 떠나지 않던 심령의 부르짖음이었다. "오 주여, 오시옵소서!"

예수님은 제자들에게 "나라가 임하시오며"라고 기도하도록 가르치셨다(마 6:10). 그리고 자신이 "아버지의 영광으로 그 천사들과 함께"(마 16:27) 다시 오실 때 그 나라가 완전히 임할 것이라고 가르치셨다. 그러므로 "나라가 임하시오며"라는 기도는 "마라나타" 곧 "주 예수여, 오시옵소서"라는 기도와 사실상 동일하다. 알다시피 이러한 심령의 부르짖음은 초대교회의 구심점이 되었다. 이것은 주변적인 문제가 아니라 그리스도의 몸 된 교회의 핵심적 속성이다. 신랑이 결혼식을 바로 앞두고 먼 길을 떠나셨으니 신부인 우리는 아무 일도 없는 것처럼 행세할 수 없다. 신랑을 사랑한다면 신부는 그분이 돌아오시기를 애타게 기다릴 수밖에 없다.

우리는 주의 나타나심을 사모하는가

바울은 주의 나타나심을 **사모한다**는 표현을 쓰면서 그것을 진정한 믿음의 시금석으로 삼는다. 생애 말년에 그는 "이제 후로는 나를 위하여 의의 면류관이 예비되었으므로 주 곧 의로우신 재판장이 그날에 내게 주실 것이며 내게만 아니라 **주의 나타나심을 사모하는** 모든 자에게도니라"고 말했다(딤후 4:8). 의의 면류관은 택하신 자들을 의로운 쪽과 불의한 쪽으로 나누어 한쪽에게만 주시는 상이 아니다. 그것은 하나님의 백성이라면 누구나 받는 면류관이다. 그것은 "주께서 자기를 사랑하는 자들에게 약속하신 생명의 면류관"이요(약 1:12) 죽도록 충성하는 자들에게 주시는 생명의 관이다(계 2:10). 그러므로 주의 나타나심을 **사모하는** 행위는 그리스도인에게 선택 사안이 아니며 상을 더 받는 길도 아니다. 진정한 믿음이 있는 그리스도인은 마땅히 그리스도를 사랑하며 신랑이 오시기를 고대한다. 믿음으로 구원받은 그리스도인은 이렇게 고백한다. "주의 나라가 임하소서! 오 귀하신 신랑이여, 다시 오소서. 오셔서 왕으로 다스리소서. 오셔서 주의 백성을 신원하소서. 오셔서 주의 신부와 연합하소서."

안나가 우리에게 사모함을 가르쳐 준다

예수님은 신랑이 오시기를 위해 신부가 금식할 것을 예견하셨는데

(마 9:15). 이는 전에 없던 일을 상상해 내신 것이 아니다. 하나님 나라를 위한 금식의 전례가 당시의 성도들 사이에도 알려져 있었다. 누가복음 2:36-38에서 그것을 엿볼 수 있다.

> 또 아셀 지파 바누엘의 딸 안나라 하는 선지자가 있어 나이가 매우 많았더라. 그가 결혼한 후 일곱 해 동안 남편과 함께 살다가 과부가 되고 팔십사 세가 되었더라. 이 사람이 성전을 떠나지 아니하고 주야로 금식하며 기도함으로 섬기더니 마침 이때에 나아와서 하나님께 감사하고 예루살렘의 속량을 바라는 모든 사람에게 그에 대하여 말하니라.

마리아와 요셉이 아기 예수를 데리고 막 성전에 갔을 때였다. 누가에 따르면 시므온과 안나라는 두 노인이 아기가 누구인지 알아보았다. 두 사람의 특징은 메시아가 오시기를 사모하고 기다렸다는 것이다. 25절에 누가는 시므온이 "이스라엘의 위로를 기다리는 자라. 성령이 그 위에 계시더라"고 말했다.

37절에는 안나가 사실상 성전을 떠나지 않고 "금식하며 기도함으로" 주를 섬겼다고 했다. 다시 말해서 안나도 시므온처럼 메시아가 오시기를 사모했다. 안나는 예루살렘의 속량을 바랐으므로 주야로 금식하며 기도했다.

38절에 보면 안나가 때마침 와서 아기 메시아를 보고 하나님께 감사했고 "예루살렘의 속량을 바라는" 모든 사람에게 그에 대해 말했다. 다시 말해서 하나님은 "예루살렘의 속량"을 바라고 사모하고 고대하는 이들에게 특별히 하나님의 영광을 보여주셨다. 안나도 그렇게 사모했기에 평생 **금식하며** 기도했다. 아마 남편이 죽은 뒤로 60년쯤 그렇게 성전에서 섬겼을 것이다.

누가가 우리에게 시므온과 안나의 이야기를 전하는 데는 이유가 있다. 내 생각에 누가는 거룩하고 경건한 사람들이 그리스도께서 오신다는 약속에 어떤 심정을 품는지, 그리고 하나님이 그들의 사모하는 마음에 어떻게 응답하시는지 예시하고 있다. 그들은 다른 사람들보다 더 많이 보게 된다. 물론 그들도 메시아가 어떻게 오시는지 자세한 내막까지는 모를 수 있지만—시므온과 안나도 분명히 몰랐다—자비로우신 하나님은 그들이 그토록 간절히 보고자 하던 것을 죽기 전에 살짝 보여주신다.

우리는 그분을 덜 사모할 것인가

우리는 왕이 이미 오신 시대에 살고 있다. 그분은 오셨다 다시 가셨다. 그분은 자신의 영광을 계시하셨고, 우리 죄를 위해 피를 흘리셨으며, 죽은 자 가운데서 다시 살아나셨다. 그리고 모든 원수를 발아래 두실 때까지 하늘에 오르시어 아버지의 우편에 앉아 계신다. 그분은 성령을 보내 우리 안에 거하시며 중생과 성화를 이루게 하셨고, 교회에 명하여 모든 민족을 제자로 삼게 하셨다. 그리고 그분은 요한복음 14:3에 "내가 다시 [오리라]"고 약속하셨다.

안나와 비교하면 우리의 상황은 어떤가? 안나의 희망도 우리처럼 하나님의 약속들에 기초한 것이었다. 하지만 우리는 안나보다 얼마나 더 많은 것을 보았던가. 우리는 메시아를 훨씬 더 많이 알고 있기에 그만큼 더 간절히 그분을 바랄 수 있다! 안나는 우리처럼 긍휼과 권능의 3년을 보지도 못했고 권위와 지혜와 사랑의 말씀을 듣지도 못했다. 예수께서 눈먼 자를 보게 하시고, 저는 자를 걷게 하시고, 나환자를 깨끗하게 하시고, 귀먹은 자를 듣게 하시고, 죽은 자를 살리시고, 가난한 자에게 복음을 전하시는 것을 안나는 보지 못했다. 그분이 겟세마네에서 자신을 드리시고 골고다에서 우리를 위해 십자가를 지시는 모습도 보지 못했다. "오늘 네가 나와 함께 낙원에 있으리라"는 자비의 말씀이나 "다 이루었다"라는 승리의 말씀도 듣지 못했다. 안나는 그분이 죄와 사망과 지옥을 이기시고 죽은 자 가운데서 부활하신 것도 보지 못했다. 그런데도 구약을 통해 그분에 대해 알고 있는 것만으로도 안나는 그분을 사모했다. 그래서 주야로 금식하고 기도하며 "이스라엘의 속량"을 고대했다.

하지만 우리는 그것을 모두 보았다. 우리는 구주를 안나보다 백배는 더 잘 알고 있다. 그런데 우리가 그토록 잘 아는 그분이 이제 떠나셨다. 우리는 보는 것으로 행치 않고 믿음으로 행한다. 우리는 사랑하는 신랑을 빼앗겼고 혼인 잔치는 연기되었다. 마치 신부 입장이 시작되어 우리가 통로를 걸어 그분께로 가고 있는데 막판에 그분이 사라지신 것처럼 말이다.

그런 우리가 그분을 안나보다 덜 사모할 것인가? 우리는 그분이 3년 동안 살며 사랑하시는 모습을 보았고, 이미 성령께서 우리 안에 계시기까지 한다. 우리의 사모하는 마음은 안나보다 더한가 덜한가? 만일 덜하다면 우리의 눈이 멀었거나 마음이 무디다는 얼마나 준열한 고발인가.

금식은 영혼을 육욕에 빠지지 않게 한다

금식은 마음의 굶주림을 표현하는 동시에 굶주림을 부추긴다. 그것이 금식의 큰 효과 중 하나다. 요컨대 금식은 주로 하나님을 향한 영혼의 굶주림을 표현해 준다. 금식은 하나님을 사랑하게 만드는 인위적 수단이 아니다. 우리는 이미 그분을 사랑하고 사모한다. 금식은 "오 하나님, 저는 하나님께 굶주려 있습니다"라는 마음을 온 몸으로 진지하게 표현하는 방법이다. 금식은 하나님께 굶주린 마음을 만들어 내는 것이 아니라 표현해 준다.

동시에 금식은 그 속성상 하나님을 향한 굶주림을 부추긴다. 그 이유는 하나님을 향한 굶주림이 육적인 것이 아니라 영적인 것이기 때문이다. 육적 욕구의 노예가 되어 있으면 그만큼 영적 욕구에 덜 민감해진다. 금식은 우리를 지배하는 육적 세력을 삶의 중심에서 몰아내고, 잠자고 있던 영적 욕구를 깨운다. 지금까지 내가 읽어 본 누구의 글 못지않게 존 웨슬리(John Wesley)가 그것을 잘 표현했다. 그가 말하는 "육욕에 빠진 영혼"은 예수님의 재림을 사모하는 마음에 큰 장애물이 된다. 그러므로 금식은 하나님께 굶주린 마음을 표현해 줄 뿐 아니라 그 굶주림의 경험 자체를 부추긴다.

> 빵으로 배가 부르면 영혼의 부주의함과 경솔함뿐 아니라 어리석고 불경한 욕구와 부정하고 타락한 애착도 더 심해진다.……점잖고 평범한 육욕조차도 계속 영혼을 육욕에 빠뜨려, 멸망할 짐승의 수준으로 떨어뜨린다. 여러 맛좋은 음식이 심신에 미치는 영향은 가히 말로 표현할 수 없다. 기회만 생겼다 하면 심신이 온갖 감각적 쾌락에 그대로 빠져든다. 그러므로 지혜로운 사람은 그런 이유로도 영혼을 삼가고 낮춘다. 저급한 욕구에 빠지는 모든 방종을 더욱 멀리한다. 그런 욕구는 당연히 영혼을 땅에 얽어매고 더럽히며 품격을 떨어뜨리는 경향이 있다. 여기 금식을 해야 할 불변의 이유가 또 하나 있다. 그것은 정욕과 육욕의 음식을 제하기 위해서이고, 어리석고 해로운 욕구와 헛되고 타락한 애착이라는 자극제를 거두기 위해서다.[2]

하나님의 좋은 선물을 비하할 생각은 없다. 음식을 먹는 일이 악하다거나 영적 민감함에 방해가 된다는 말이 아니다. 웨슬리처럼 내가 하려는 말도 단순히 이것이다. 우리 대부분은 지나치게 "육욕"에 빠지는 위험을 자초한다. 욕구라면 무조건 채우고 보며, 잠시 멈추어 자아를 부인하는 경우는 드물다. 내 안에 영적 욕구가 제대로 살아 있는지 살펴보지 않는다. 영적 욕구는 본래 하나님을 높이기 위해 존재하며, 음식보다 훨씬 깊은 차원에서 우리를 채워 줄 수 있다. 왕이신 예수님의 재림을 사모하는 마음도 그런 것이다.

섬기러 오시는 주인

주님의 재림을 기다리며 살아간 신자들의 마음이 성경에 어떻게 표현되어 있는지 생각해 보라. 그들은 주님의 가장 충격적인 비유 중 하나에 나오는 다음과 같은 말씀을 상기했다. "너희는 마치 그 주인이 혼인집에서 돌아와 문을 두드리면 곧 열어 주려고 기다리는 사람과 같이 되라"(눅 12:36). 충격적인 비유라고 한 이유는 재림하실 그리스도가 "주인"이심에도 불구하고 "띠를 띠고 그 종들을 자리에 앉히고 나아와 수종"드시는 분으로 그려져 있기 때문이다(눅 12:37). 정말 깜짝 놀랄 일이다. 우리가 기다리는 그분, 아버지의 영광으로 거룩한 천사들과 함께 구름을 타고 오셔서 만국을 두렵게 하실 그분, 그분이 영원히 종이 되어 우리를 기쁘게 해주신다는 것이다. 자비와 섬김으로 가장 큰 자가 되신다는 것이다. 재림하신 후에도 그분은 "무엇이 부족한 것처럼 사람의 손으로 섬김을 받으시는 것이 아니니 이는 만민에게 생명과 호흡과 만물을 친히 주시는 이심"이다(행 17:25).

이렇듯 초대 그리스도인들은 주인을 "기다리는 사람과 같이 되라" 하신 예수님의 말씀을 기억했다. 얼마나 아름다운 주종 관계인가! 신랑의 은유와는 다르지만 기쁨을 불러일으키기는 똑같다. 그래서 그들은 아무리 고난이 심해도 예수님의 재림이 모든 것을 보상하고도 남는 기쁨과 환희의 경험이 될 것을 믿었다. "오히려 너희가 그리스도의 고난에 참여하는 것으로 즐거워하라. 이는 그의 영광을 나타내실 때에 너희로 즐거워하고 기뻐하게 하려 함이라"(벧전 4:13).

실향민의 애타는 심정

이 희망이 워낙 지배적이다 보니 초대 그리스도인들은 삶 전체를 실향민처럼 살았다. 그렇다고 그들이 이웃 사랑에 무관심했다는 말은 아니다. 오히려 그들은 재물을 사랑하는 마음이 추호도 없었기에 이웃을 거리낌 없이 자유롭게 사랑할 수 있었다. 이 자유는 내세에 대한 희망에서 왔다. 이웃을 향한 희생적 사랑은 신자들의 희망이 이 세상 질서의 바깥에서 왔다는 증거였다(골 1:4-5, 히 10:32-34). 그들의 입에서는 "우리가 여기에는 영구한 도성이 없으므로"(히 13:14) "거류민과 나그네"(벧전 2:11)라는 고백이 끊이지 않았다. 사랑을 지속시키는 큰 기대, 기쁨에 찬 기대가 다시 오실 왕께 있었다는 뜻이다. "우리의 시민권은 하늘에 있는지라. 거기로부터 구원하는 자 곧 주 예수 그리스도를 기다리노니"(빌 3:20).

이런 "간절한 기대"를 신약성경 도처에서 볼 수 있다. 그만큼 이 것은 그리스도께 속한 사람의 마땅한 모습이다. "이와 같이 그리스 도도 많은 사람의 죄를 담당하시려고 단번에 드리신 바 되셨고 구원 에 이르게 하기 위하여 죄와 상관없이 **자기를 바라는** 자들에게 두 번 째 **나타나시리라**"(히 9:28). "너희가 모든 은사에 부족함이 없이 우 **리 주 예수 그리스도의 나타나심을 기다림이라**"(고전 1:7). "경건하지 않은 것과 이 세상 정욕을 다 버리고……**복스러운 소망과 우리의 크 신 하나님 구주 예수 그리스도의 영광이 나타나심을** [간절히] **기다 리게 하셨으니**"(딛 2:12-13). "하나님의 사랑 안에서 자신을 지키며 영생에 이르도록 **우리 주 예수 그리스도의 긍휼을 기다리라**"(유 1:21).

이처럼 신랑이 오시기를 간절히 기다렸기에 초대교회는 "마라나 타!"라고 기도했다. 우리도 그들이 그리스도를 사모한 것처럼 무엇 인가를 간절히 사모한다면 정말 하나님께 부르짖지 않을 수 없다. 그래서 그들은 "나라가 임하시오며", "주 예수여, 오시옵소서"라고 부르짖어 기도했다. 풍족한 서구의 안락한 교회에 그리스도를 향한 이 굶주림이 반드시 회복되어야 한다. 금식의 부재는 우리가 현실에 안주하고 있다는 표시다. 넘치는 만족을 금식으로 표현하는 사람은 아무도 없다. 인간은 불만족이 있을 때만 금식하게 되어 있다. "혼 인집 손님들이 신랑과 함께 있을 동안에 슬퍼할 수 있느냐. 그러나 신랑을 빼앗길 날이 이르리니 그때에는 금식할 것이니라"(마 9:15). 금식의 부재는 우리가 그리스도의 부재에 얼마나 만족하고 있는지 보여준다.

왕을 사모하는 금식은 반전주의 훈련이 아니다

그렇다고 신랑을 사모하는 마음이 깨어나면 너도 나도 수도자처럼 금식과 기도로 물러나 수동적으로 기다린다는 것은 아니다. 행여 그렇게 생각한다면 큰 오산이다. 그리스도를 사모하는 마음이 깨어날 때 나타나는 결과는 그것이 아니다. 오히려 어떤 대가를 치르고라도 세계 복음화의 사명을 다하려고 새롭고 철저하게 헌신한다. 금식은 사사로운 희망을 이루려는 반전주의 훈련이 아니라 믿음의 싸움에 쓰이는 무서운 선교적 무기다.

이렇게 말하는 이유는 간단하다. 그리스도가 다시 오셔서 하나님 나라가 임하기를 정말 사모한다면, 마태복음 24:14에 나와 있는 재림의 선결조건을 완수하고자 우리의 삶을 쏟아부을 것이다. "이 천국 복음이 모든 민족에게 증언되기 위하여 온 세상에 전파되리니 그제야 끝이 오리라." 모든 나라(곧 모든 부족 집단)[3]에 그리스도의 복음이 확실히 증언되고 나야 끝이 온다. "이 표징이 언제 완전히 성취될지는 하나님만이 아시며, 우리는 이를 겸손히 인정해야 한다."[4] "천지는 없어질지언정 내 말은 없어지지 아니하리라"고 말씀하신 분이 반드시 그 일을 이루실 것이다(마 24:35).

일이 다 끝나야 그분이 오신다

나의 신학교 교수였던 조지 래드는 교회가 세계 복음화와 주님의 재림의 상관성을 보지 못한다는 사실에 무엇보다 깊이 개탄했다. 나는 그 모습을 보며 놀랐다.

하나님은 이 천국 복음이 모든 민족에게 증언되기 위하여 온 세상에 전파될 것이라고 말씀하셨다. 이 목표가 언제 성취될 것인지는 그분만이 아신다. 나는 알 필요가 없다. 내가 아는 것은 이것 하나뿐이다. 그리스도는 아직 재림하지 않으셨고 따라서 우리의 사명이 아직 끝나지 않았다는 것이다. 사명이 끝나면 그리스도께서 오실 것이다. 우리의 책임은 사명의 조건을 스스로 정하려 드는 것이 아니라 사명을 완수하는 것이다. 그리스도께서 아직 오지 않으신 한 우리의 일은 끝나지 않았다. 바삐 움직여 사명을 완수하자.…… 당신은 주의 나타나심을 사모하는가? 그렇다면 온 세상에 복음을 전하고자 혼신을 다할 것이다. 하나님 말씀의 분명한 가르침과 주님의 명백한 지상명령(마 28:18-20)에 비추어 볼 때 내게 우려되는 바가 있다. 우리가 이 일을 너무 가볍게 여긴다는 것이다.…… 그분의 나라는 왕이 다스리시는 나라다. 그분은 하늘에서 통치하고 계시며 땅에서도 교회 안에, 교회를 통해 그 통치를 나타내신다. 우리가 사명을 완수하면 그분이 다시 오셔서 영광 중에 그 나라를 완성하실 것이다. 우리에게 이 사명을 주심은 그날이 오기를 사모

할 뿐 아니라 그날을 앞당기라는 뜻이다(벧후 3:12).⁵

다시 말해서 주의 나타나심을 사모하는 마음과 세계 복음화를 위한 수고는 서로 직결된다. 이로써 금식과 재림의 상관성이 더욱 깊어진다. 5장에서 보겠지만 금식은 세계 역사의 노선을 바꾸어 놓았다. 사도행전 13:1-4에 보듯이 최초의 본격적 선교 사역도 금식을 통해 시작되었다. 이는 제자들이 신랑을 사모하여 금식할 것이라 하신 예수님의 말씀과 일치한다. 신랑이 오시려면 먼저 만국에 복음이 전파되어야 하며, 만국에 복음을 전하는 영적 돌파구는 금식과 기도를 통해 열린다.

기도와 설교에 힘을 실어 주는 금식

그러므로 신부인 교회가 신랑을 사모하는 마음을 표현하는 방법에는 적어도 두 가지가 있다. 첫째는 기도이고("나라가 임하시오며……마라나타……주 예수여, 오시옵소서!") 둘째는 세계 복음화다("이 천국 복음이……온 세상에 전파되리니 그제야 끝이〔주께서!〕오리라"). 분명히 예수님은 "신랑을 빼앗길 날이 이르리니 그때에는 〔우리가〕 금식할 것이니라"고 말씀하셨다. 그렇다면 신약성경에서 금식이 그 두 가지—기도(눅 2:37, 마 6:6-18)와 세계 복음화(행 13:1-4)—와 연관됨은 당연한 일이다. 금식은 "마라나타, 주 예수여, 오시옵소서!"에 붙는 느낌표다. 지상명령을 완수하는 데는 고통이라는 대가가 따른다. 금식은 그 고통을 겸손히 자원하여 받아들이는 행위다. 직접 가든 아니면 뒤에서 동참하든 우리는 금식을 통해 이렇게 고백한다. "오, 저를 주께서 만국을 정복하시고 다시 오시는 통로로 삼아 주소서!"

안나와 시므온보다 더 간절히 그분을 사모하고 고대하자. 기독교 이전의 성도들보다 우리의 헌신이 더 적어서야 되겠는가? 우리는 그분의 영광을, 아버지의 독생자의 영광을 보았다. 그런데 그분의 나타나심에 대한 우리의 굶주림이 덜해서야 되겠는가? 혹시 우리는 역사의 종말을 위한 금식을 생각할 수조차 없을 정도로 세상에 편하게 안주하고 있는 것은 아닌가?

왕을 사모하여 금식하자

나이가 지긋한 사람들은 어떤가? 당신은 왕의 영광을 대면할 날이 더 가까워진 만큼 그 영광을 더 잘 맛보고 있는가? 그 맛 때문에 왕이 오시기를 사모하여 금식하는가? 젊은 사람들은 어떤가? 당신은 예수님의 재림을 세상 최고의 일로 알 만큼 그분을 사랑하는가? 아니면 그분은 주말의 종교적 주제일 뿐인가? 가끔 당신의 죄책감을 해결해 주시는 것은 몰라도 당신의 삶에 간섭하시는 것은 달갑지 않은 존재인가? 중년을 맞은 사람들은 어떤가? 신랑이 오시기를 원하는 사람은 왕의 재림을 위해 금식한다고 했다. 당신은 그 말을 들으면 기분이 어떤가? 당신은 그리스도의 재림을 사모하기보다 대망의 은퇴 계획에 더 마음이 쏠려 있는가? 메시아를 기다린 안나의 열정이 우리 모두에게 무엇인가를 호소하지 않는가? 참으로 우리는 자기 분야에서 성공하거나 가정의 계획을 성취하거나 다음 끼니를 먹는 일보다 예수님의 나타나심을 더 원하는가?

우리도 왕이 오시기를 사모하여 금식해야 하지 않겠는가? 이것은 이상하고 새삼스러운 신앙 훈련이 아니다. 우리의 굶주림으로 이렇게 고백하는 것뿐이다. "오 주님, 주님의 일이 완성되어 그 나라가 임하기를 우리가 이만큼 원합니다. 오 주님, 주님이 다시 오시기를 이만큼 원합니다!"

안디옥 교회에 선지자들과 교사들이 있으니 곧 바나바와 니게르라 하는 시므온과 구레네 사람 루기오와 분봉 왕 헤롯의 젖동생 마나엔과 및 사울이라. 주를 섬겨 금식할 때에 성령이 이르시되 내가 불러 시키는 일을 위하여 바나바와 사울을 따로 세우라 하시니(행 13:1-3).

시대 상황이 사역자들의 성령 충만을 간절히 요구하고 있다. 우리는 그것을 얻기까지 쉬지 말아야 한다. 그러려면 누구보다도 사역자들이 은밀한 금식 기도는 물론 함께 금식 기도를 자주 해야 한다. 내가 보기에 오늘의 상황이 그렇게 되어 가고 있다. 같은 지역의 사역자들이 자주 함께 모여 며칠씩 간절히 금식 기도를 하면서 하늘에서 공급하실 하나님의 특별한 은혜를 간구해야 한다. 오늘 우리에게 그것이 필요하다.

_조나단 에드워즈, 「균형 잡힌 부흥론」[1]

5장 금식과 역사의 노선
_분별과 열망이 요구된다

한 개인이나 사역기관이나 교회를 금식의 모델로 떠받드는 것은 위험하다. 떠받드는 순간 그들의 약점이 드러날 것이다. 순진한 감탄은 대개 환멸로 바뀔 것이다. 죄가 없는 사람은 아무도 없으며, 우리의 모든 승리에는 부족한 모습이 섞여 있다. 무조건 떠받들 것이 아니라 모든 성도에게 숨은 결점이 있다는 사실을 함께 보는 것이 좋다. 오늘의 승리가 내일의 거룩함을 보장하는 것도 아니고, 오늘의 승리의 배후 동기조차도 우리는 읽을 수 없다. 남들의 동기만 아니라 자신의 동기도 마찬가지다(고전 4:4). 더욱이 우리가 듣는 금식에 대한 감동적인 이야기들은 대개 우리처럼 오류를 범하기 쉬운 사람들의 생각과 입을 통해 나온 것이다.

기뻐할 대상은 하나님의 말씀이다

이렇게 말하는 이유는 우리 기쁨의 근원이 하나님의 말씀에서 하나님의 행위로, 역사적 기록에서 일시적 간증으로 옮겨 가지 않도록 경고하기 위해서다. 오직 하나님만이 변하지 않으신다. 그러나 그분이 부으시는 복은 우리의 작은 머리로는 판단할 수 없을 정도로 신비롭게 변한다. 의가 지배한다고 생각하는 순간 죄의 재앙이 퍼져 나간다. 어둠이 너무 깊어 다 끝났다고 생각될 때 누군가 줄을 잡고 종을 울려 횃불을 든 지원군을 부른다. 부동의 확신과 견고함을 잃지 않으려면 우리의 초점을 불변하시는 하나님께 두어야 한다. 모든 밀물과 썰물은 하나님이 거룩한 목적을 이루시기 위해 무한한 지혜 가운데 행하시는 일로 여겨야 한다.

그럼에도 불구하고 하나님이 말씀에 정하신 원리가 있다. 우리보다 먼저 하나님의 은혜를 알았던 이들로부터 우리가 용기를 얻어야 한다는 것이다. "게으르지 아니하고 믿음과 오래 참음으로 말미암아 약속들을 기업으로 받는 자들을 본받는 자 되게 하려는 것이니라……하나님의 말씀을 너희에게 일러 주고 너희를 인도하던 자들을 생각하며 그들의 행실의 결말을 주의하여 보고 그들의 믿음을 본받으라"(히 6:12, 13:7). 특별한 복을 누린 평범한 성도들에게서 감화와 지도 받기를 거부한다면, 이는 그들에게 죄가 있다기보다 우리가 교만하다는 표시일 것이다. 금식의 경우도 마찬가지다. 성경과 교회사에는 하나님이 사람들의 금식 기도에 은혜로 응답하여 놀라운 일을 행하신 이야기들이 즐비하다. 이것은 그냥 무시하라고 있는 이야기들이 아니다. 그렇다고 그것이 신앙생활의 모든 미지근한 시기를 해결해 주는 만병통치약도 아니다. 하나님이 어느 한 성도의 금식에 자비를 베푸시면 우리는 그것을 보고 무조건 금식을 생명력 있는 신앙생활의 비결이라고 속단할 때가 얼마나 많은가!

찰스 피니의 금식과 결점

예컨대 많은 사람들이 찰스 피니(Charles Finney, 1792-1875)가 회심하고 금식을 경험한 이야기를 읽으며, 그것을 부흥을 유지하는 규범적 틀로 받아들이곤 했다.

오직 하나님의 영광을 위해 이 부분에서 내 경험을 약간 나누고 싶다. 나는 10월 10일 아침에 생생한 회심을 경험한 뒤 그날 저녁과 이튿날 아침에 내 몸과 영을 타고 흐르는 듯한 압도적인 성령 세례를 받았다. 즉시 위로부터 내게 큰 능력이 임하여, 가는 곳마다 몇 마디만 하면 사람들이 즉시 회심했다. 내 말은 갈고리가 달린 화살처럼 사람들의 영혼에 박히는 듯했고, 검처럼 베고 망치처럼 심령을 부수었다. 이것을 증언할 수 있는 사람들이 아주 많다. 종종 사람들은 내가 기억조차 못하는 말 한마디에 죄를 깨닫고 거의 즉각 회심하곤 했다. 어떤 때는 이 능력이 내게서 상당히 사라질 때도 있었다. 그럴 때는 나가서 전도해도 구원의 열매가 없었다. 기도하고 설득해도 소용없었다. 그러면 나는 능력이 떠난 것이 두려워 하루를 떼어 혼자 금식 기도를 하면서 속이 허전한 이유를 불안스레 여쭈었다. 그렇게 겸손하게 도움을 부르짖고 나면 다시 새롭게 능력이 돌아오곤 했다. 이런 경험이 내 삶에 계속되었다.[2]

이런 간증을 우리는 어떻게 볼 것인가? 금식 기도의 날을 자주 갖는 것이 부흥을 지속하는 비결이라고 단정할 것인가? 아니면 한 개인이 하나님을 경험한 특이한 사례이므로 우리와는 상관이 없다고 일축할 것인가? 분명히 그 두 극단 사이의 어딘가에 겸손하고 진지한 답이 있다. 우리는 다른 사람의 믿음의 싸움에서 배울 게 없을 정도로 하나님의 세계에 통달한 지혜로운 사람들이 아니다. 어쩌면 위 글을 읽을 때 하나님이 정말 우리에게 하루를 떼어 금식하라고 감화하실 수 있다. 그리고 금식중에 큰 부흥의 능력으로 우리를 만나 주실 수 있다. 하지만 그러지 않으실 수도 있다. 금식하지 않고도 부흥을 구하고 받은 사람들도 있다. 반면에 금식 기도를 2주, 3주, 4주, 그 이상 하고 나서야 돌파구가 열린 사람들도 있다. 하나님이 한 자녀를 다루시는 방식이 모든 자녀에게 통할 것이라고 생각하면 오산이다.

하나님이 금식하는 성도들의 삶에 행하신 일에 감탄하다가 우리가 자칫 범할 수 있는 실수가 또 있다. 하나님이 복을 주셨으니 그들의 행실과 교리까지 인정하셨다고 생각하는 것이다. 하지만 반드시 그렇지는 않다. 하나님은 교리가 부실하거나 마음에 고질적인 죄가 있는 사람의 사역에도 복을 주실 수 있다. 우리는 그 이유를 이해하기 힘들다. 예컨대 "성경에 능통한" 아볼로는 하나님께 쓰임 받고 있었던 것 같다. 하지만 브리스길라와 아굴라가 그에게 "하나님의 도를 더 정확하게 풀어" 주어야 했다(행 18:24-26). 예수께서 경고하셨듯이 심판 날에 어떤 사람들은 "우리가 주의 이름으로 선지자 노릇 하며 주의 이름으로 귀신을 쫓아내며 주의 이름으로 많은 권능을 행하지 아니하였나이까"라고 말하겠지만 그분은 그들에게 "내가 너희를 도무지 알지 못하니"라고 답하실 것이다(마 7:22-23). 다시 말해서 진리와 의를 시험하는 기준은 그 사람의 사역에 능력이 있느냐가 아니다.

예컨대 찰스 피니의 신학은 동시대의 칼빈주의자였던 아사헬 네틀턴(Asahel Nettleton, 1812-1844)과 크게 상반되었다. 하지만 둘 다 전도에 하나님께 쓰임 받았다.[3] 마찬가지로 알미니안주의자인 존 웨슬리와 칼빈주의자인 조지 윗필드(George Whitefield)도 하나님께 쓰임 받아 수많은 사람들을 그리스도의 나라로 인도했다. 그렇다고 신학을 하찮은 문제로 생각해서는 안 된다. 하나님관과 구원관이 잘못되어 있는 사람은 장기적인 피해를 입히게 되어 있다. 하나님이 그 사람의 사역에 단기간 특단의 복을 주셨어도 그 피해가 없어지지는 않는다. 피니의 경우도 하나님의 주권을 보는 자신의 부실한 관점에 대해서는 아니더라도 자신의 일부 영적 전략에 대해 후회했다는 증거가 충분히 있다.[4] 놀라운 사실은 하나님이 지혜롭고 주권적인 목적 가운데, 부실한 사람과 부실한 신학을 사용하여 죄인들을 구원하신다는 것이다. 이는 오류에 베푸시는 복이 아니라 오류에도 불구하고 베푸시는 은혜다. 하나님이 부실한 삶과 교리에 복을 주실 때마다 우리는 로마서 2:4을 떠올려야 한다. 하나님의 인자하심과 용납하심과 길이 참으심이 우리를 인도하여 회개하게 하시기 위함임을 알지 못하는가?

그러므로 우리는 어떠한 금식의 경험이든 제반 사항을 고려하지 않고 무조건 따라 해서는 안 된다. 모든 것을 성경의 기준으로 평가해야 한다. 특정한 방식의 영적 훈련에 "성공"이나 "복"이 뒤따랐다 해서 거기에 휘둘려서는 안 된다. 또한 하나님은 긍휼을 베푸실 때도 주권적인 분이심을 알아야 한다. "나는 은혜 베풀 자에게 은혜를 베풀고 긍휼히 여길 자에게 긍휼을 베푸느니라"(출 33:19). 우리는 우리와 의견이 다른 사람들한테서도 겸손히 배워야 한다. 하나님은 뜻밖의 자리에서 긍휼을 베푸시고 교훈을 주시기 때문이다.

금식과 한국 역사의 노선

주의할 점을 알았으니 이제 곁길로 빠질 염려가 없어졌다. 그럼 지금부터 역사의 노선이 금식 기도를 통해 바뀐 사례들을 살펴보기로 하

자. 많은 예가 있지만 20세기 말에 한국 교회와 금식 기도는 거의 동의어가 되었다. 그럴 만한 이유가 있다. 한국에 개신교 교회가 처음 세워진 것은 1884년이었다. 그로부터 백 년 후에 교회가 3만 개로 늘었다. 백 년 동안 매년 평균 300개의 교회가 생겨난 셈이다. 20세기 말 현재 한국의 복음주의자 비율은 전체 인구의 30퍼센트에 달한다. 하나님은 이 큰일을 하시는 데 여러 방법을 쓰셨다. 그중 하나가 뜨거운 기도, 특히 금식 기도의 회복이다. 예컨대 동양선교회(OMS)에 속한 교회들에서만도 2만 명 이상이 40일 금식 기도를 했다. 대개 산에 있는 "기도원"에서 했다.[5]

최고이신 하나님께 열정을 품은 사람이라면 이런 이야기를 접할 때 강한 열망이 깨어날 수밖에 없다. 현재 대부분의 미국 교단은 정체 상태이며, 믿지 않는 문화에 미치는 영향도 우리의 바람에 훨씬 못 미친다. 한때 종교개혁이 불타오르던 유럽 국가들도 지금은 "기독교 이후"의 나라들이 되어, 삶을 변화시키는 전도에 냉랭하게 저항하고 있다. 그러니 우리는 일어나 이렇게 묻지 않을 수 없다. 혹시 주께서 우리 시대에 전진의 수단으로 새로운 금식 기도의 계절을 명하시는 것은 아닌가?

금식과 안디옥의 새 시대를 연 말씀

금식은 역사를 바꾸는 행위다. 금식을 가장 확실히 권장하는 말씀

중 하나는 사도행전 13:1-4이다.

> 안디옥 교회에 선지자들과 교사들이 있으니 곧 바나바와 니게르라 하는 시므온과 구레네 사람 루기오와 분봉 왕 헤롯의 젖동생 마나엔과 및 사울이라. 주를 섬겨 **금식**할 때에 성령이 이르시되 내가 불러 시키는 일을 위하여 바나바와 사울을 따로 세우라 하시니 이에 **금식하며** 기도하고 두 사람에게 안수하여 보내니라. 두 사람이 성령의 보내심을 받아 실루기아에 내려가 거기서 배 타고 구브로에 가서.

상황은 사울(바울)과 바나바를 비롯한 안디옥 교회의 일부 지도자들이 예배하며—"주를 섬겨"—금식하고 있을 때였다(2절). 이후에 일어난 일로 미루어 볼 때, 이들 교회 지도자들은 교회가 나아가야 할 방향에 대한 부담을 안고 있었던 것 같다. 그들은 사명의 방향을 찾아 성령의 인도하심을 구하며 금식했다. 결과는 여태껏 이 교회가 세웠던 어떤 종합 계획보다도 더 의미심장한 것이었다.

   그들은 하나님의 인도하심에 너무도 굶주린 나머지 그것을 마음의 굶주림으로만 아니라 몸의 굶주림으로 표현했다. "오 하나님, 우리는 하나님과 하나님의 인도하심을 원합니다! 오 성령님, 이 교회의 사명에 대한 성령님의 뜻은 무엇입니까? 굶는 한이 있더라도 주님을 보고 싶고 주님을 따르고 싶습니다."

성경에 답이 없는 질문들

나는 지금 있는 교회에서 17년 넘게 섬기고 있는데, 사역을 기획할 때면 엄두가 나지 않는 것이 많다. 그중 하나는, 우리가 찾아야 할 많은 질문의 답이 적어도 직접적으로는 성경에 나와 있지 않다는 사실이다. 내 생각에 안디옥의 지도자들도 바로 그런 질문들에 부딪혔을 것이다. "주님, 세계 선교 프로그램에 착수할까요? 지금이 그때입니까? 우리 교사들 가운데 일부를 첫 선교사로 보낼까요? 사울이나 시므온이나 니게르나 루기오나 바나바 중 누구인가요? 두 명을 보낼까요, 세 명을 보낼까요, 네 명을 보낼까요? 해상과 육로 중 어느 방법으로 보낼까요? 교회에서 재정을 전액 부담할까요, 아니면 스스로 일해서 생활비를 벌게 할까요? 그것도 아니라면 그들이 가는 곳에 그들을 먹여 줄 '평안의 아들들'이 있기를 바랄까요? 다른 교회들과 협력해야 할까요?" 그 밖에도 질문은 많았을 것이다.

교회 기획팀이 답해야 하는 질문은 대부분 그런 종류다. 이런 질문의 답을 어디서 얻을 것인가? 물론 "마음을 새롭게 함으로 변화를 받아 하나님의 선하시고 기뻐하시고 온전하신 뜻이 무엇인지 분별" 해야 한다(롬 12:2). 이것은 성경의 건전하고 기본적인 가르침이며 나는 그것을 가볍게 여기지 않는다. 하지만 도덕과 무관한 문제(사울과 바나바를 보낼 것인가, 루기오와 시므온을 보낼 것인가?)에서 하나님의 뜻을 "분별"하기란 쉬운 일이 아니다. 바울은 "모든 **신령**

한 지혜와 총명에 하나님의 뜻을 아는 것으로 채우게 하시고……모든 선한 일에 열매를 맺게 하시며"라고 신자들을 위해 간절히 기도했다(골 1:9-10). 하고많은 선한 일 중에 나의 삶과 우리 교회에 해당하는 "모든 선한 일"은 무엇인가? 이것을 분별하는 일은 영적인 일이다. 최선의 사역을 분별하고 결정하는 일에 관한 한 우리 중에 온전히 이루었다고 할 사람이 누가 있겠는가? 그래서 아주 진지하게 묻게 된다. 신앙이 깊은 그 예언자와 교사들도 예배하고 금식하며 주님의 인도하심을 구했다. 그렇다면 우리도 여기서 배울 점이 있지 않겠는가?

사도행전 13:1-4의 이야기에서 네 가지 단순한 사실을 생각해 보라.

첫째, 이 금식은 그리스도께서 오신 이후의 일이다. 이것을 지적하는 이유는 혹시라도 금식이 구약의 영성이고 신약의 영성은 아니라고 말하는 사람이 있지 않을까 해서다. 1장에서 마태복음 9:15을 통해 살펴보았듯이 예수님은 자신이 천국으로 돌아가신 뒤에 제자들이 금식할 것을 예상하셨다. 그러니 제자들이 그 예상대로 한 것은 놀랄 일이 아니다. 복음이 임했고 성령께서 새 언약의 사역을 하고 계셨지만, 분명히 사울과 바나바를 비롯한 안디옥의 지도자들은 금식을 낡은 가죽 부대처럼 한물간 일로 보지 않았다.

둘째, 사도행전 13장의 금식은 단체 금식이었다. 적어도 다섯 명이 연합하여 주님 앞에 금식했다. 이 말을 하는 이유는 사람에게 보이려고 금식하지 말라 하신 예수님의 경고를 오해하는 사람들이 있기 때문이다. 그분은 "너는 금식할 때에 머리에 기름을 바르고 얼굴을 씻으라. 이는 금식하는 자로 사람에게 보이지 않고 오직 은밀한 중에 계신 네 아버지께 보이게 하려 함이라. 은밀한 중에 보시는 네 아버지께서 갚으시리라"고 말씀하셨다(마 6:17-18). 그런데 단체로 금식하면서 사람에게 보이지 않기란 불가능하다. 그래서 단체 금식이 예수님의 가르침에 어긋나는가 하는 문제가 제기된다. 앞서 3장에 말했듯이 그것은 그렇지 않다. 여기 사도와 교회 교사들의 행동도 이를 확증해 준다. 분명히 사울과 바나바는 예수님의 말씀을 단체 금식이 악하다는 뜻으로 받아들이지 않았다. 중요한 문제는 나의 금식을 사람들이 아는지가 아니라 내게 사람들이 알아주고 칭찬해 주었으면 하는 마음이 있는지다.

셋째, 사도행전 13장의 금식은 결국 성령의 특별한 인도를 받는 계기가 되었다. 2-3절에 보면 "주를 섬겨 **금식할** 때에 성령이 이르시되 내가 불러 시키는 일을 위하여 바나바와 사울을 따로 세우라 하시니 이에 **금식하며** 기도하고 두 사람에게 안수하여 보내니라"고 했다. 이런 식의 기록을 통해 누가는 한편으로 예배와 기도와 금식, 다른 한편으로 성령의 결정적 인도 사이에 연관성이 있음을 보여준다. "금식할 때에 성령이 이르시되." 이것은 개인의 삶과 교회의 삶에 대한 하나님의 뜻을 예배와 금식과 기도를 통해 진지하게 구할 수 있다는 성경의 중요한 선례다.

넷째, 사도행전 13장의 금식은 역사의 노선을 바꾸어 놓았다. 세계사에서 이 순간이 지니는 역사적 중요성은 아무리 강조해도 지나치지 않다. 성령의 이 말씀이 있기 전까지만 해도 지중해의 동부 연안 지역 이외에는 교회의 조직적 선교가 없었던 것 같다. 그 전까지 바울은 서부의 소아시아, 그리스, 로마, 스페인 등으로 선교 여행을 떠나지 않았다. 아직 편지도 쓴 게 없었다. 바울 서신들은 모두 여러 선교 여행의 산물이었고 바로 이 시점에서부터 시작되었다.

이 금식 기도에서 비롯된 선교 운동 덕분에 기독교는 두 세기 반 만에 무명의 종교에서 로마제국의 주요 종교로 도약했고, 오늘날 13억의 신도를 둔 종교가 되었으며, 사실상 세상 모든 나라에 그리스도의 증인이 있게 되었다. 또 신약성경 27권의 책 중 13권(바울 서신)도 이 역사적인 금식 기도로 출범된 사역의 산물이었다.

그러니 이렇게 말해도 과언이 아니다. 하나님은 예배와 기도와 금식을 세계사의 노선을 바꿀 선교의 시발점으로 삼기를 기뻐하셨다는 것이다. 여기 우리가 배워야 할 교훈이 있지 않겠는가?

하나님은 금식을 통해 역사하신 적이 많다

그런 일은 전에도 있었고 앞으로도 역사 속에 계속될 것이다. 예컨대 역대하 20장에 보면 모압과 암몬과 마온이 유다 왕 여호사밧을 치러 왔다. 무섭고 사나운 대부대가 하나님의 백성에게 쳐들어온 것이다. 이제 이 백성은 어찌할 것인가? 어느 방향으로 갈 것인가? 3-4절에 보면 "여호사밧이 두려워하여 여호와께로 낯을 향하여 간구하고 온 유다 백성에게 **금식하라 공포하매** 유다 사람이 여호와께 도우심을 구하려 하여 유다 모든 성읍에서 모여와서 여호와께 간구하더라"고 했다.

대규모의 전국적 금식을 통해 하나님의 인도하심과 구원을 간구한 것이다. 14-15절에 보면 그 금식 집회 도중에 "여호와의 영이……(제사장) 야하시엘에게 임하셨으니……야하시엘이 이르되 온 유다와 예루살렘 주민과 여호사밧 왕이여, 들을지어다. 여호와께서 이같이 너희에게 말씀하시기를 너희는 이 큰 무리로 말미암아 두려워하거나 놀라지 말라. 이 전쟁은 너희에게 속한 것이 아니요 하나님께 속한 것이니라"고 했다. 이튿날 유다 백성이 나가 보니 이미 모압과 암몬이 자기들끼리 서로 죽인 후였고, 유다는 사흘에 걸쳐 전리품을 거두었다.

하나님의 백성이 금식하여 역사의 노선이 바뀌었다. 금식을 통해 하나님의 능하신 은혜가 나타난 이야기는 얼마든지 많다. 모세는 시내산에서 40일 동안 금식하고 하나님의 율법을 받았는데, 이 율법은 3천 년이 넘도록 이스라엘의 길잡이가 되었을 뿐 아니라 서구 문화의 기초가 되었다(출 24:18, 34:28). 에스더는 유대인들의 금식에 힘입어 목숨을 걸고 아하수에로 왕 앞에 나아가, 이스라엘을 멸하려던 음모를 되돌려 하만의 머리에 갚았다(에 4:16). 느헤미야가 황폐해진

하나님의 도성과 자기 백성을 위하여 금식하자 아닥사스다 왕이 그에게 모든 도움을 베풀어 예루살렘으로 돌아가 성벽을 재건하게 했다(느 1:4). 물론 역사의 노선을 바꾼 요인들은 금식 외에도 많이 있다. 나는 지금 금식이라는 영적 훈련에 대해 배타적인 주장을 펴는 것이 아니다. 다만 하나님이 자기 백성의 유익을 위해 때로 금식을 일의 노선을 바꾸는 수단으로 정하셨다는 말을 하는 것뿐이다.

국가적 금식으로 구원을 간구한 영국

그런 일은 성경 시대 이후에도 계속되었다. 1756년에 있었던 비슷한 종류의 "성경적" 구원이 존 웨슬리의 일기에 기록되어 있다. 프랑스가 침공하겠다고 위협하자 영국 왕은 엄숙한 금식 기도의 날을 선포했다. 웨슬리는 이렇게 썼다.

> 금식일은 영광스러운 날이었다. 왕정이 복고된 이래로 런던에 그런 날은 거의 없었다. 런던의 교회마다 사람들이 차고 넘쳤고 얼굴마다 엄숙하고 진지한 기색이 역력했다. 분명히 하나님은 기도를 들으시는 분이므로 우리의 평화는 계속될 것이다.

나중에 그는 각주에 이렇게 덧붙였다. "겸비한 마음이 변하여 온 나라의 기쁨이 되었다. 침공하겠다던 프랑스의 위협이 무산되었기 때

문이다."⁶

우리 시대에 재발견해야 할 금식

우리 시대의 많은 사람들 사이에 점점 깊어 가는 의식이 있다. 금식은 하나님께 회개하며 부흥을 구하는 심령의 부르짖음인데, 이 금식을 재발견하는 일이 하나님께서 교회를 깨우고 개혁하시는 수단이 될 수 있다는 것이다. 보다시피 사도행전 13:1-4에는 세 가지 활동이 벌어지고 있다. 그 교사와 예언자들은 예배하고 기도하고 금식했다. 그중 두 가지는 우리 시대에 세계적인 중흥을 경험하고 있다.

20세기 말 현재, 세계를 둘러보면 놀라운 예배의 각성을 볼 수 있다. 물론 그중 음악 부분—가사의 질이나 음악성 등—을 누구나 좋게만 보는 것은 아니다. 그럼에도 아무도 부인할 수 없는 사실이 있다. 하나님께 집중하며 생명력 있게 주님을 찬양하는 교회와 운동들이 수없이 많아졌다는 것이다. 25년 전만 해도 하나님을 만나는 예배가 지금처럼 중시되지 않았다. 그뿐 아니라 우리 시대에 놀라운 기도 운동이 벌어지고 있다. 데이비드 브라이언트(David Bryant)가 이런 운동을 「가까운 희망」(*The Hope at Hand*)에 담아냈는데, 거기 보면 "하나님이 자기 백성을 감화하여 세계의 부흥을 위해 구체적으로, 더 많이, 끈질기게 기도하게 하시는" 사례가 수십 가지 나온다.⁷

그런데 사도행전 13:1-4의 세 가지 활동(예배, 기도, 금식) 중 유독 금식만은 한국 등 몇 곳을 제외하고 그와 같은 중흥을 보지 못하고 있다. 그래서 우리는 이런 의문을 품게 된다. 하나님은 우리 기도의 물결에 간절한 금식이 더해질 때 교회에 가장 충만한 복을 주시기로 정하신 것이 아닐까? 기도가 간절해진 것이 금식이다. 금식은 "오 하나님, 우리는 능력으로 임하실 하나님께 굶주려 있습니다"라는 문장의 끝에 붙는 느낌표다. 금식은 영으로만 아니라 몸으로 부르짖는 일이다. "주님, 정말 저의 진심입니다! 제가 주님께 이만큼 굶주려 있습니다. 음식보다 주님 자신의 나타나심을 더 원합니다."

제1차 대각성운동에서 조나단 에드워즈가 선포한 금식

하나님을 향한 굶주림은 마땅히 금식에 새로운 관심을 불러일으켜야 한다. 이것은 뜻밖이거나 새삼스러운 일이 아니다. 이전에도 각성 때마다 그런 일이 있었다. 미국에 한창 제1차 대각성운동의 바람이 불고 있던 1742년에 조나단 에드워즈는 하나님의 복이 계속되고 온 세상으로 확장되기를 간절히 바랐다. 그 운동의 가장 강력한 옹호자이자 가장 예리한 분석가였던 그가 권한 방법 중 하나가 금식이다.

시대 상황이 사역자들의 성령 충만을 간절히 요구하고 있다. 우리는 그것을 얻기까지 쉬지 말아야 한다. 그렇게 하려면 누구보다도 사역자들이 은밀한 금식 기도는 물론 함께 금식 기도를 자주 해야 한다. 내가 보기에 오늘의 상황이 그렇게 되어 가고 있다. 같은 지역의 사역자들이 자주 함께 모여 며칠씩 간절히 금식 기도를 하면서 하늘에서 공급하실 하나님의 특별한 은혜를 간구해야 한다. 오늘 우리에게 그것이 필요하다.[8]

금식과 기도에 대해 한 가지 더 언급할 점이 있는데, 사역자들이 이 부분을 경시하고 있는 것 같다. 그들은 설교할 때 은밀한 기도의 의무는 수시로 권하고 강조하지만 은밀한 금식에 대한 언급은 거의 없다. 은밀한 기도와 마찬가지로 은밀한 금식도 우리 구주께서 제자들에게 권하신 의무다.…… 은밀한 금식은 은밀한 기도처럼 일정한 방식과 꾸준한 과정을 따라야 하는 것은 아니겠지만, 그래도 내 생각에 그리스도인이라면 누구나 자주 행해야 할 의무다. 영적인 문제는 물론 당장의 문제 때문에라도 마땅히 금식해야 할 때가 많이 있다. 또한 자신이나 친구들을 위해 특별한 긍휼을 마땅히 금식으로 구해야 할 때도 많이 있다.[9]

내 생각에 이 시대에 이 나라에 사는 하나님의 사람들은 금식과 기도를 지금보다 세 배는 더 해야 한다.[10]

비슷하게 우리 시대에도 부흥을 위해 금식과 기도를 촉구하는 목소리들이 높아지고 있다. 하지만 누구나 다 에드워즈만큼 사려가 깊고 성경적으로 신중한 것은 아니다. 그는 역사의 교훈, 하나님의 자유와 주권, 주관적 감화를 지배하는 성경의 권위 등에 비추어 부흥의 문제와 씨름했다.

에드워즈의 경고와 우리 시대의 금식

에드워즈는 이 대각성운동이 세계적으로 성령의 마지막 큰 운동이 되어, 이를 통해 복음이 승리하는 황금기가 도래하고 그리스도가 재림하시기를 바랐다. 그는 이렇게 말했다. "이번에 성령께서 하시는 일은 워낙 비범하고 신기해서 성경에 누누이 예언된 하나님의 영광스러운 일의 개막이나 전조가 될 가능성이 없지 않다. 그렇다면 이 일의 진행과 결과를 통해 인류 세계가 새로워질 것이다."[11] 하지만 그런 일은 일어나지 않았다. 에드워즈가 잘못 생각한 것이다. 다행히 에드워즈는 하나님의 자유와 주권을 바로 보았기에 부흥의 정도나 시기나 세계적 규모를 예단하지 않았다. 또 자기가 바라던 대로 부흥이 오지 않았을 때도 하나님께 환멸을 느끼거나 진리를 전하는 일에 지치지 않았다.

이처럼 에드워즈는 부흥을 바라면서도 그 가능성을 표현하는 데는 매우 신중했다. 그러나 그 시대에 지나치게 주관에 치우친 사람들이 있었다. 그들의 말은 성령의 사적인 계시와 주관적 감화에서 비롯된 것이었다. 부흥에 대한 감화와 관련하여 에드워즈가 준 경고는 우리 시대에도 그대로 적용된다.

> 하나님의 사람들에게 당부하건대 이런 일에 매우 신중을 기해야 한다. 나는 그들이 넘어지는 모습을 번번이 보았다. 경험을 통해 알거니와 감화에 큰 능력이 따른다 해서 그것이 하늘에서 온 계시라는 확실한 징표는 아니다. 참되고 훌륭한 성도들의 마음에 일어나는 감화, 남다른 은혜를 베풀거나 하나님과 달콤한 교제를 나누다가 또는 그 직후에 찾아오는 감화, 마음에 성경 말씀이 강하게 함께 떠오르는 감화라 해도 마찬가지다. 이런 감화가 잘못되어 결국 허사가 되는 예를 종종 보았다. 그중에는 위의 조건들이 모두 갖추어진 경우도 있었다.[12]

이 경고가 아주 중요한 이유는, 부흥이 임할 가능성과 관련하여 오늘날 주관적 감화가 팽배하기 때문만은 아니다. 그 이유는 또한 사도행전 13:1-4을 하나님의 인도하심을 구하는 하나의 모델로 볼 때, 거기에도 주관적 감화가 개입되어 있기 때문이다. 2절을 다시 보라. "주를 섬겨 금식할 때에 **성령이 이르시되** 내가 불러 시키는 일을 위하여 바나바와 사울을 따로 세우라 하시니." 성령은 이것을 어떻게 "이르셨을까?" 우리는 모른다. 그런데 사도행전에서 성령께서 이렇게 직접 인도해 주신 일은 이번만이 아니다. 예컨대 사도행전

8:29에는 "성령이 빌립더러 이르시되 이 수레로 가까이 나아가라 하" 셨다. 사도행전 10:19에는 "베드로가 그 환상에 대하여 생각할 때에 **성령께서 그에게 말씀하시되** 두 사람이 너를 찾으니 일어나 내려가 의심하지 말고 함께 가라"고 하셨다.

성령의 음성을 들었다는 주장은 우리 시대에도 있다. 따라서 그것이 정말 주님으로부터 온 것인지 분별해야 한다. 여기에 도움이 되는 지침이 신약성경에 있는가? 이는 단지 오순절파의 관점을 수용하는 여부의 문제가 아니다. 일반 복음주의자들도 "성령의 감화를 받았다"거나 "하나님의 인도하심이 느껴진다"거나 "하나님이 마음에 부담을 주셨다"는 주장을 한다. 그렇다면 질문은 이것이다. 그런 주장을 어떻게 시험할 것인가? 특히 임박한 부흥을 예측하거나 교회에 금식을 촉구하는 부분에서 어찌할 것인가?

주관적 감화를 어떻게 시험할 것인가

여기서 몇 가지 지침을 제시하고자 한다. 첫째, 사도행전 13:2에 보면 성령은 다섯 명의 교사와 예언자들이라는 그룹에게 말씀하셨다. 물론 성령은 한 개인에게도 말씀하실 수 있다. 하지만 이렇게 말하면 지혜로울 것이다. 순종해야 할 사람이 많을수록 성령은 그만큼 많은 사람들에게 그것을 알리신다. 타인이 받은 주관적 감화로 그리스도인들의 양심을 구속(拘束)하는 것은 신약성경에서 성령의 방식이 아닌 듯 보인다. 물론 사도들의 권위는 우리를 구속하여 온전한 순종을 요구한다(갈 1:12, 고전 14:37-38, 고후 10:8; 13:10, 살전 2:13, 살후 3:6, 벧후 3:1-2; 15-16). 하지만 그 밖에 하나님의 인도를 받았다는 주장들은 "시험"해 보아야 한다(살전 5:21). 시험의 필연성은 순종해야 할 사람이 많을수록 그만큼 많은 사람들에게 그것을 알리신다는 개념과 상통한다. 일개 개인이 그리스도의 몸 된 교회 전체를 강권하는 것이 아니다.

둘째, 신약성경에서 성령의 인도는 통상적으로 로마서 12:2의 틀을 따른다. "오직 마음[생각]을 새롭게 함으로 변화를 받아 하나님의 선하시고 기뻐하시고 온전하신 뜻이 무엇인지 분별하도록 하라." 그렇다고 주님이 주시는 예외적인 충동과 감화를 배제하는 것은 아니다. 하지만 주관적 감화 대 영적 묵상의 상호작용에서 더 우위를 점하는 것은 새로워진 "그리스도의 마음"이다(고전 2:16). 이 마음은 그리스도의 말씀으로 빚어지고 그리스도의 영으로 충만해 있다.

셋째, 주님의 감화를 받았다는 주장은 성경의 가르침에 일치해야 한다. 직접적으로 관련된 구체적인 말씀이 있는 경우에는 거기에 일치해야 하고, 그렇지 않은 경우에는 성경 전체의 취지와 정신과 방향에 일치해야 한다.

넷째, 감화 자체는 성경적인데 그것을 뒷받침하려고 성경을 오용하는 경우가 있다. 그리스도인들은 깨어 있어 이를 분별해야 한다.

때로 사적인 계시를 통해 교회를 향한 하나님의 특별한 인도를 받았다고 주장하는 사람이 있다. 인도의 내용은 비성경적이 아닌데, 문제는 성경 구절을 본뜻과 다르게 억지로 끼워 맞추는 것이다. 이것을 성령이 하시는 일로 보기는 어렵다. 성령은 성경을 감동하신 분이므로 성경을 본래 자신이 주신 의미대로 활용하신다. 그러므로 성령께서 특정한 본문을 떠오르게 하셨다고 주장하며 그것을 오용한다면, 성령의 인도를 정확히 지각한 것인지 의심해 볼 만하다.

다섯째, 말하는 사람의 전반적 이력을 보아야 한다. 여태까지 그 사람은 이런 감화를 얼마나 정확하고 유익하게 분별했는가? 하나님은 전에도 자신이 하실 일을 그 사람을 통해 알리신 적이 있는가? 그것이 실제 경험으로 입증되었는가? 그 사람은 전체적으로 얼마나 견고하고 믿을 만한 사람인가? 참된 생각과 거짓된 생각이 우리 모두의 마음을 차지하려고 서로 다툴 때 그 사람은 폭넓은 성경적 교리를 기반으로 그것을 분별하는가?

역대하 7:14의 사용을 시험한다

나는 우리 시대의 주관적 감화와 관련하여 에드워즈의 당부에 유념하고 싶다. 그는 이런 일에 "매우 신중을 기해야 한다"고 당부했다. 예컨대 우리는 특정 일자에 자국에 영적 대각성이 임할 것이라는 식의 예언을 삼가야 한다. 교회사에 빈번히 반복되는 이런 식의 예언은 하나님의 계획이 그와 다를 경우 큰 환멸을 초래할 수 있다. 당장 우리의 주제와 더 관련된 위험은 이것이다. 교회는 때로 주관적 감화를 통해, 금식 같은 특정한 훈련이 부흥을 이루는 유일한 성경적 비결이라는 생각에 빠질 수 있다. 에드워즈는 "훌륭한 성도들"의 "마음에 성경 말씀이 강하게 떠오"른다 해서 말씀이 바르게 사용되고 있다는 확실한 표는 아니라고 경고했다.

부흥이 임박했기를 바라며 가장 흔히 인용하는 성경 말씀 중 하나는 역대하 7:14이다. "내 이름으로 일컫는 내 백성이 그들의 악한 길에서 떠나 스스로 낮추고 기도하여 내 얼굴을 찾으면 내가 하늘에서 듣고 그들의 죄를 사하고 그들의 땅을 고칠지라." 이 구절이 오용되고 있기 때문에 임박한 부흥에 대한 일각의 예언들은 그만큼 신빙성이 떨어질 수밖에 없다.

첫째, 하나님이 솔로몬에게 말씀하신 원래의 문맥에서 "내 백성"은 이스라엘 백성을 말한다. 따라서 "그들의 땅"은 하나님이 언약의 복으로 주신 "그들의" 땅, 곧 이스라엘 땅이 된다. 그런데 이 말씀을 우리의 현 상황에 적용하면 "내 백성"은 기독교 교회에 해당된다. 교회는 어느 나라에 존재하든 그 나라를 "그들의 땅"이라 할 수 없다. 이스라엘에게 있던 땅이 교회에는 없다. 기독교 교회는 순례의 백성이며 "거류민과 나그네"다(벧전 2:11). 따라서 역대하 7:14을 제대로 적용하면 이렇게 될 것이다. 교회가 악한 길에서 떠나 스스로 낮추고 기도하여 하나님의 얼굴을 찾으면 하나님이 **교회**

를 고치실 것이다. 그런데 보통 우리는 어느 나라의 교회가 자신을 낮추면 그 나라가 대각성을 경험할 것이라고 말한다. 이는 본문에 약속된 내용을 벗어나는 오류다.

또 하나의 오류는 어느 하나의 영적 훈련을 대각성에 이르는 유일한 결정적 비결로 끌어올리는 것이다. 성경과 역사의 선례를 보면 우리도 기도와 금식을 통해 부흥과 각성과 개혁을 구하고 싶어진다. 그러나 어느 하나의 영적 활동을 부흥의 비결로 삼지 못하게 막는 것 역시 그 동일한 선례다. 예컨대 금식을 역대하 7:14을 성취하는 특정한 방식으로 보고 이 말씀에 금식을 덧붙인다면, 이는 특별히 잘못된 일이다. 그 이유는 적어도 세 가지다.

첫 번째 이유는, 역대하 7:14에 금식이 언급되어 있지 않다는 것이다. 두 번째 이유는, 역대하가 진행되면서 하나님이 스스로 낮추는 사람들에게 7:14 말씀대로 복을 주시는 장면들이 나오는데 거기에도 금식이 등장하지 않는다는 것이다(12:6-7, 12, 32:26, 33:12-13, 19, 34:27). 그렇다고 금식이 주님 앞에서 우리를 낮추는 온당한 방법임을 부정하는 것은 결코 아니다. 다만 7:14이 금식을 촉구하는 말씀이라는 생각은 성경적 근거가 없다는 것이다. 금식을 이 구절과 연결시켜 핵심으로 삼아서는 안 되는 세 번째 이유가 있다. 거창하게 금식을 하면서도 악한 길에서 떠나 스스로 낮추고 기도하며 하나님의 얼굴을 찾지 않을 수도 있다는 것이다. 이것은 많은 성경 말씀들을 보면 분명해진다. 예를 들면 다음과 같다.

그들이 금식할지라도 내가 그 부르짖음을 듣지 아니하겠고 번제와 소제를 드릴지라도 내가 그것을 받지 아니할 뿐 아니라 칼과 기근과 전염병으로 내가 그들을 멸하리라(렘 14:12).

온 땅의 백성과 제사장들에게 이르라. 너희가 칠십 년 동안 다섯째 달과 일곱째 달에 금식하고 애통하였거니와 그 금식이 나를 위하여, 나를 위하여 한 것이냐(슥 7:5).

우리가 금식하되 어찌하여 주께서 보지 아니하시오며 우리가 마음을 괴롭게 하되 어찌하여 주께서 알아주지 아니하시나이까. 보라, 너희가 금식하는 날에 오락을 구하며 온갖 일을 시키는도다(사 58:3).

금식의 양면성

이 모든 말씀에는 금식 같은 외적인 의식을 부흥의 확실한 비결의 수준으로 끌어올리지 말라는 경고의 뜻이 담겨 있다. 우리가 금식을 하든 하지 않든 하나님은 자유로이 부흥을 보내신다. 조나단 에드워즈는 누구 못지않게 부흥을 사모했고 기도와 금식을 큰소리로 부르짖었다. 그러나 그는 하나님의 자유와 주권에 대해서도 경험을 통해 깊이 깨달았다. 그는 이렇게 썼다.

우리는 겸손한 척 위선을 부리며 하나님을 조롱한 적이 얼마나 많은가. 매년의 공적인 금식일들과 그 밖의 날들에도 우리는 개혁하기는커녕 계속 더 악화되었을 뿐이다. 이 각성이 있기 전에 곳곳마다 우리는 얼마나 무디어져 있었는가. 그런데도 하나님은 우리를 찾아오셨다. 그것을 모른다면 우리는 아주 미련하게 배은망덕해질 것이다. 그분이 우리를 찾아오신 일은 자유롭고 주권적인 은혜이자 영광스러운 승리의 사건이다.[13]

요컨대 공적인 금식과 엄격한 규율이 장기간 시행되었어도 사람들은 위선으로 가득했고 잔뜩 무디어져 있었다. 그들은 금식하는 동안에도 "악한 길에서 떠나지" 않았다. 금식을 하면서도 마음으로 "하나님의 얼굴을 찾지" 않았다. 그런데 바람이 임의로 불듯이(요 3:8) 갑자기 부흥이 왔다. 이를 통해 에드워즈는 부흥이란 "자유롭고 주권적인 은혜이자 영광스러운 승리의 사건"이라는 결론을 내렸다. 그때도 그랬고 오늘도 그렇다. 부흥이 올 때는 언제나 그럴 것이다. 오 하나님, 부흥을 주소서!

에드워즈와 브레이너드의 열정

이처럼 조나단 에드워즈는 주관적 감화를 오용하여 금식(또는 다른 무엇)을 부추기는 일을 경계했다. 하지만 그는 교회의 사명과 사역에서 금식의 중요성을 예찬하는 데는 주저하지 않았다. 앞서 인용했던 기도와 금식을 촉구하는 글들 외에도 그는 자신의 친구이자 인디언 원주민들을 섬긴 젊은 선교사 데이비드 브레이너드(David Brainerd)의 생애를 공들여 자세히 기록했다.

데이비드 브레이너드는 1718년 4월 20일 코네티컷 주 해담에서 태어났다. 그해에 존 웨슬리와 조나단 에드워즈는 열네 살, 벤저민 프랭클린은 열두 살, 조지 윗필드는 세 살이 되었다. 대각성운동이 얼마 남지 않았을 때였다. 브레이너드는 1730년대 중반과 1740년대 초반에 벌어진 두 번의 대각성을 모두 겪었고, 1747년 10월 9일에 29세의 나이로 조나단 에드워즈의 집에서 결핵으로 세상을 떠났다. 조나단은 이 젊은이를 매우 귀히 여겨 그의 일기를 공들여 보존하고 편집했다. 그 책에서 우리는 금식의 중요성에 대한 브레이너드와 에드워즈의 관점을 볼 수 있다.

예를 들어 브레이너드는 사도행전 13:1-4과 비슷하게 정기적인 금식을 통해 자신의 사역에 대한 주님의 인도를 구했다.

4월 19일 월요일. 금식과 기도의 날로 정하고 하나님 앞에서 은혜를 구했다. 특별히 사역을 위해 나를 준비시켜 달라고, 그 위대한 사역을 **감당할 수 있도록 하나님이 도우시고 인도해** 달라고 구했다. 하나님의 시간에 '추수할 곳으로 나를 보내 달라고' 구했다. 아침부터 하나님의 임재를 전심으로 간구했다. 한 생명이라도 얻게 해달라고 기도했다.

오전에 소중한 영혼들과 귀하신 주님의 나라 확장을 위해 중보할 때 하나님이 부어 주시는 능력을 느낄 수 있었다. 그 일을 위해서라면 어떤 고통스런 고난도, 심지어 죽음까지도 견딜 수 있을 것 같았다. 아니, 죽음에 대해 생각만 해도 가장 감미로운 포기와 위로, 기쁨을 느꼈다. 가엾은 이교도의 회심과 깨달음을 구하며 마음이 특별히 더 넓어지는 것을 경험했다.[14]

에드워즈는 금식의 활용이 브레이너드 같은 선교사에게만 아니라 "사역자와 평신도"에게도 바람직하다고 보았다. 사실 금식은 브레이너드의 삶에 지속적인 복의 통로가 되었다. 우리의 삶에도 그럴 수 있다.

특별히 브레이너드는 한 가지 신앙적 의무에 대해 **사역자와 평신도** 모두에게 진정한 본보기와 성공의 예를 보여주었다. 그것은 바로 은밀한 금식이다. 브레이너드의 일기를 보면 그가 얼마나 많이, 얼마나 자주 금식했는지 알 수 있다. 또한 그가 금식을 통해 얼마나 많은 복을 누렸는지 주목하지 않을 수 없다. 금식은 분명히 브레이너드의 영혼에 커다란 은혜와 유익을 주었다. 브레이너드가 일기에 적고 있듯이, 은밀한 금식과 기도로 보낸 수많은 날들 가운데 **성령의 특별한 개입과 위로 속에서 분명한 성공과 놀라운 축복이 이어지지 않은 적이 거의 없었다.** 그것도 하루가 다 가기도 전에 그런 복이 임할 때가 아주 많았다.[15]

그래서 에드워즈는 당시의 목사와 평신도들에게 기도와 금식의 훈련에 세 배나 더 힘쓸 것을 당부했다(주10의 인용문 참고). 브레이너드와 교회사의 수많은 사람들에게 금식은 "성령의 특별한 개입과 위로 속에서······ 놀라운 축복"의 통로가 되었다. 다시 말해서 금식은 각성과 부흥으로 가는 길이 되었다.

한 청교도가 목회자들에게 주는 당부

금식을 생명력 있는 기독교에 이르는 길로 보고 거기에 뜨겁게 헌신한 또 다른 사례는 조나단 에드워즈보다 한 세기를 더 거슬러 올라간다. 토머스 셰퍼드(Thomas Shepard)는 1605년에 영국에서 태어나 1635년에 미국으로 건너갔다. 그가 뉴잉글랜드에서 목회하면서 전한 연작 설교가 「열 처녀의 비유」(*The Parable of the Ten Virgins*)라는 책으로 간행되었다. 이 책은 조나단 에드워즈가 「신앙감정론」(*Treatise Concerning the Religious Affections*)이라는 걸작을 쓸 때 다른 어떤 책보다도 많이 인용했다는 점에서 의미가 크다. 코튼 매더(Cotton Mather, 1663-1727)는 초창기 뉴잉글랜드의 많은 사역자들의 이야기를 보존했는데 그중에 토머스 셰퍼드의 생애도 있다. 매더의 책을 보면, 에드워즈가 금식을 사역의 일부이자 부흥의 길로 보고 거기에 깊이 헌신하게 된 계기를 조금 알 수 있다. 매더는 우리를 토머스 셰퍼드의 서재로 데려간다.

그가 아끼던 서재로 따라가 보면 그의 거룩한 행보에서 더욱 뛰어나고 훌륭한 일면을 볼 수 있다. 여기서 그는 매일의 기도 외에도 한 가지를 더 했다. 다분히 그 덕분에 그의 영은 늘 건강하고 활기차고 형통했고, 당면한 모든 무거운 관심사에 하나님의 많은 복이 임했다. 그는 그것이 없이는 자신이 깨어 있는 그리스도인이나 아주 유익한 사역자가 될 수 없다고 생각했다. 그는 매달 최소한 하루라도 주님 앞에서 은밀한 금식을 하지 않고는 그냥 지나가지 않았다. 성경에 기적적인 금식으로 유명한 세 인물(모세, 엘리야, 예수님)이 나오는데 놀랍게도 하나님은 그들을 모두 높여 주셔서 기적으로 다른 사람들을 먹이게 하셨다. 셰퍼드 목사도 먼저 혼자 금식으로 큰일을 하지 않고는 양떼를 먹이는 큰일을 해서는 안 된다고 생각했다.[16]

매더 자신도 이런 헌신적인 금식을 적극 지지했고 자기 시대에 대각성이 일어나기를 열망했다. 흥미롭게도 매더의 종말론은 에드워즈와 달랐지만 둘 다 각성을 기대하며 기도하고 금식했다. 에드워즈는 후천년설을 믿었고 매더는 전천년설을 믿었다. 에드워즈는 대각성을 통해 기독교가 지배하는 황금기가 도래하고 그리스도가 재림하시기를 기도했다. "매더는 그리스도의 임박한 재림에 두 가지 일이 선행되어야 한다고 확신했다. 하나는 광범위한 영적 퇴조인데 그는 이것을 뉴잉글랜드와 유럽의 개신교에서 보았다. 또 하나는 성령을 넘치도록 부으셔서 여기저기 부흥과 세계 선교를 일으키시고 특히 유대인 회심자들을 모아들이시는 일이었다."[17]

이것은 오늘 우리에게 갑절의 격려가 된다. 비교적 사소한 교리 차이를 뛰어넘어 하나님 백성의 부흥과 개혁을 위해 그리고 영적으로 죽은 이 땅의 각성을 위해 기도와 금식으로 연합하는 길을 보여주기 때문이다. 아울러 정확한 종말의 시나리오는 서로 다를지라도 함께 기도의 소망을 품는 길도 보여준다.

가장 큰 격려가 되는 것

가장 큰 희망은 아마 이것이다. 코튼 매더는 미국에 제1차 대각성운동의 바람이 불어오기 직전인 1727년에 세상을 떠났다. 리처드 러블레이스(Richard Lovelace)에 따르면 광범위한 대각성을 바라던 매더의 희망은 생애 말년에 시들해졌다.[18] 그가 10년 후를 내다볼 수 있었다면 얼마나 좋을까! 하나님은 모든 일에 최고이시기에 우리는 모든 민족의 기쁨을 위해 그 하나님께 열정을 품는다. 주께서 우리의 열정이 약해지지 않고 금식과 기도를 통해 더 깊어지고 간절하게 해주시기를 기도한다. 하나님께 너무도 굶주려 있기에 몸과 영으로 이렇게 부르짖을 수밖에 없는 사람들을 구름떼처럼 일으켜 주시기를 기도한다. "오 하나님, 하나님이 교회에 충만하시고 하나님의 영광이 세상에 가득하기를 우리는 이만큼, 이만큼 갈망합니다!"

내가 기뻐하는 금식은 흉악의 결박을 풀어 주며 멍에의 줄을 끌러 주며 압제 당하는 자를 자유하게 하며 모든 멍에를 꺾는 것이 아니겠느냐. 또 주린 자에게 네 양식을 나누어 주며 유리하는 빈민을 집에 들이며 헐벗은 자를 보면 입히며 또 네 골육을 피하여 스스로 숨지 아니하는 것이 아니겠느냐. 그리하면 네 빛이 새벽같이 비칠 것이며 네 치유가 급속할 것이며 네 공의가 네 앞에 행하고 여호와의 영광이 네 뒤에 호위하리니.

(사 58:6-8)

세계 인구의 10억 가량이 기초적인 의식주나 의료 혜택이 부족한 절대 빈곤의 상태로 살아가고 있다. 4억은 심각한 영양실조에 걸려 있고 그중 어린이가 2억이 넘는다. _래리 리비, 「가난한 자들의 절규」[1]

6장 고통의 현장에서 만나는 하나님
_가난한 자들을 위한 다른 금식

교회사의 첫 1천 년 동안 가장 훌륭한 설교자 중 하나는 4세기에 콘스탄티노플의 주교를 지낸 존 크리소스톰(John Chrysostom)이다. 그가 금식의 가치에 대해 남긴 말은 내가 알기로 가장 철저한 발언 중 하나다. 그는 호화로운 시대의 콘스탄티노플에서 금욕주의자로 알려졌다. 그의 생활방식은 황제 아르카디우스와 황후 유독시아의 지독한 반감을 샀고 결국 그는 추방되어 주후 407년에 세상을 떠났다. 그러므로 크리소스톰은 금식 훈련만 아니라 헌신적인 거룩한 삶의 화신이라 할 수 있다. 곧 살펴보겠지만 그의 거룩한 삶은 음식을 끊는 것보다 더 큰 금식이었다.

금식이란 하면 할수록 천사를 본받고, 속세를 비웃고, 기도를 배우고, 영혼을 살찌우고, 입에 재갈을 물리고, 정욕을 다스리는 일이다. 금식은 격분을 누그러뜨리고, 화를 가라앉히고, 사나운 성질을 진정시키고, 이성(理性)을 자극하고, 사고를 맑게 하고, 육신의 짐을 덜어 주고, 몽정(夢精)을 몰아내고, 두통을 없애 준다. 금식하는 사람은 행동이 침착해지고, 혀가 술술 풀리고, 자신의 생각을 바로 알게 된다.[2]

크리소스톰의 말은 금식이 자신과 남들에게 때때로 이런 좋은 영향을 주었다는 뜻이지, 항상 그렇다거나 이 모든 유익을 모든 사람에게 준다는 뜻은 아니다. 예컨대 어떤 사람은 금식하면 두통이 사라지는 게 아니라 오히려 (일시적으로나마) 두통이 **생겨난다**. 그럼에도 여태까지 수많은 사람들이 마태복음 9:15에 "신랑을 빼앗길 날이 이르리니 그때에는 금식할 것이니라"고 하신 주님의 말씀을 듣고 금식의 엄청난 영적 가치를 직접 체험했다. 금식의 역사(歷史)를 읽으면 읽을수록 금식의 유익에 대한 다양한 간증을 만나게 된다(이 책의 부록을 참조하라).

금식의 위험

그러나 앞서 이미 보았고 또 보겠지만 금식에는 위험이 있다. 신체적 위험을 말하는 것이 아니다. 그것이라면 간단한 지침을 따르면 피할 수 있다.[3] 내가 말하는 것은 영적 위험이다. 주님께 몹시 거슬리는 금식, 자신의 영혼에 해로운 금식도 얼마든지 가능하다.

예컨대 예수님은 사람에게 보이려고 금식하면 사람의 상을 받을 뿐 아버지의 응답은 없다고 말씀하셨다(마 6:16). 자신의 동기를 시험하려면 예수님의 말씀대로 사람에게 보이지 않고 아버지께만 보이려는 조치를 취해야 한다. 머리를 빗고, 얼굴을 씻고, "처량한 내 신세여" 하는 표정을 짓지 말라는 것이다. 동기가 순수하면 은밀한 중에 보시는 아버지께서 갚으신다.

금식과 도시의 고통

하지만 성경에 나오는 금식에 관한 경고는 그것이 전부가 아니다. 예언자 이사야가 전한 강경한 말씀은 우리 시대에도 그대로 적용된다. 나 역시 다른 사람들처럼 이 말씀을 직접 체험했다. 도시에 살며 사역하다 보니 내 주변에는 도심 특유의 문제들이 산적해 있다. 그래서 금식을 포함한 나의 신앙이 이런 현실과 어떤 관계가 있는지 늘 묻게 된다. 이사야 58장은 나를 비롯한 우리 교회의 많은 교인들 안에, 가장 가난한 자들을 위해 재물을 나누고 자신을 내주고 싶은 열정을 깨웠다. 모든 일에 최고이신 하나님을 향한 열정을 도심에서는 어떻게 퍼뜨릴 것인가? 우리 교회는 그것을 고민하다가 이 말씀에서 방향을 얻은 적이 한두 번이 아니다.

> 크게 외치라, 목소리를 아끼지 말라.
> 네 목소리를 나팔같이 높여

내 백성에게 그들의 허물을,

야곱의 집에 그들의 죄를 알리라.

그들이 날마다 나를 찾아

나의 길 알기를 즐거워함이

마치 공의를 행하여 그의 하나님의 규례를

저버리지 아니하는 나라 같아서

의로운 판단을 내게 구하며

하나님과 가까이하기를 즐거워하는도다.

우리가 금식하되 어찌하여 주께서 보지 아니하시오며

우리가 마음을 괴롭게 하되

어찌하여 주께서 알아주지 아니하시나이까.

보라, 너희가 금식하는 날에

오락을 구하며

온갖 일을 시키는도다.

보라, 너희가 금식하면서 논쟁하며 다투며

악한 주먹으로 치는도다.

너희가 오늘 금식하는 것은

너희의 목소리를 상달하게 하려는 것이 아니니라.

이것이 어찌 내가 기뻐하는 금식이 되겠으며

이것이 어찌 사람이 자기의 마음을 괴롭게 하는 날이 되겠느냐.

그의 머리를 갈대같이 숙이고

굵은 베와 재를 펴는 것을

어찌 금식이라 하겠으며

여호와께 열납될 날이라 하겠느냐.

내가 기뻐하는 금식은

흉악의 결박을 풀어 주며

멍에의 줄을 끌러 주며

압제 당하는 자를 자유하게 하며

모든 멍에를 꺾는 것이 아니겠느냐.

또 주린 자에게 네 양식을 나누어 주며

유리하는 빈민을 집에 들이며

헐벗은 자를 보면 입히며

또 네 골육을 피하여 스스로 숨지 아니하는 것이 아니겠느냐.

그리하면 네 빛이 새벽같이 비칠 것이며

네 치유가 급속할 것이며

네 공의가 네 앞에 행하고

여호와의 영광이 네 뒤에 호위하리니

네가 부를 때에는 나 여호와가 응답하겠고

네가 부르짖을 때에는 내가 여기 있다 하리라.

만일 네가 너희 중에서 멍에와

손가락질과 허망한 말을 제하여 버리고

주린 자에게 네 심정이 동하며

괴로워하는 자의 심정을 만족하게 하면

네 빛이 흑암 중에서 떠올라

네 어둠이 낮과 같이 될 것이며

여호와가 너를 항상 인도하여

메마른 곳에서도 네 영혼을 만족하게 하며

네 뼈를 견고하게 하리니

너는 물 댄 동산 같겠고

물이 끊어지지 아니하는 샘 같을 것이라.

네게서 날 자들이 오래 황폐된 곳들을 다시 세울 것이며

너는 역대의 파괴된 기초를 쌓으리니

너를 일컬어 무너진 데를 보수하는 자라 할 것이며

길을 수축하여 거할 곳이 되게 하는 자라 하리라.

빌 레슬리가 발견한 물 댄 동산

이사야 58장을 자신에게 주시는 하나님의 말씀으로 받은 사람은 우리 교회 교인들만이 아니다. 시카고에 있는 라살 스트리트 교회의 목사였던 빌 레슬리(Bill Leslie)의 간증이 기억난다. 그가 장기간 놀라운 사역을 펼친 시카고는 이사야 58장에 묘사된 곳과 다르지 않았다. 언젠가 그가 이곳 미니아폴리스에 와서 간증을 한 적이 있다. 그가 거의 쓰러지기 직전까지 갔을 때 한 영적 스승이 이사야 58장

을 보라고 권해 주었다. 극한 피로와 탈진의 막다른 골목에서 그를 구해 준 것은 10-11절이었다고 한다.

> 주린 자에게 네 심정이 동하며
> 괴로워하는 자의 심정을 만족하게 하면
> 네 빛이 흑암 중에서 떠올라
> 네 어둠이 낮과 같이 될 것이며
> 여호와가 너를 항상 인도하여
> (시카고 도심 같은)
> 메마른 곳에서도 네 영혼을 만족하게 하며
> 네 뼈를 견고하게 하리니
> **너는 물 댄 동산 같겠고**
> **물이 끊어지지 아니하는 샘 같을 것이라.**

레슬리 목사에게 아주 강하게 와닿은 것은 우리를 물 댄 동산(물을 주는 사역만이 아니라 물 댄 사역) 같게 하신다는 하나님의 약속이었다. 우리가 늘 물을 받고 회복되어 사람들에게 물이 끊어지지 않는 샘이 된다는 것이다. 이것은 희생을 요하고 탈진과 고갈을 부르는 도심 사역에 꼭 필요한 부분이다. 여기서 그는 영적 삶의 원리를 발견하고 위기를 극복하여 사역을 더 지속할 수 있었다. 여기 우리가 주목해야 할 놀라운 사실이 있다. 다른 사람들을 위해 물 댄 동산이 되는 경험을 이사야가 금식이라 부르고 있다는 사실이다.

주린 자에게 양식을 나누어 준 암환자

내가 이 말씀에 사로잡히게 된 계기가 또 있다. 더그 니콜스(Doug Nichols)는 현재 액션 인터내셔널 사역기관(Action International Ministries)의 총재다. 이 기관은 전 세계 대도시의 수백만 노숙 아동들을 돕는 일에 주력하는 선교단체다. 그는 국제 위기가 발생하면 우리 교회 교역자들에게 전화를 걸어 이렇게 권한다. 우리 교인 수백 명이 초대형 여객기를 빌려 르완다에 가서 시신들만 땅에 묻어 주어도 의사와 간호사들이 본연의 임무에 충실할 수 있다는 것이다. 그는 그리스도가 필요한 무력한 사람들을 위해 일편단심으로 자신의 삶을 아낌없이 쏟아붓고 있다.

예컨대 그는 가끔씩 내게 편지를 보내는데, 거의 매번 편지 끝에 추신을 달아 이렇게 뜨끔한 한 방을 날린다. "이 편지를 읽는 데 1분쯤 걸렸을 텐데 그 '1분' 동안에도 28명의 아이들이 쉽게 예방될 수 있는 병들과 영양실조로 죽었습니다. 매시간 1,667명, 매일 40,000명의 아이들이 죽고 있습니다! 이 아이들에게 복음을 전할 선교사들을 더 많이 보내 주시도록 기도와 행동을 함께 부탁합니다."

더그는 1993년 4월에 결장암 진단을 받았다. 의사들은 수술하고 인공 항문을 달고 방사선 치료를 받으면 생존할 확률이 30퍼센트라고 했다. 그런데도 그는 후투족과 투치족 사이에 처참한 내전이 벌어지자 팀을 꾸려 비행기를 타고 르완다로 갔다. 우리 교회 교인들도 몇 명 동행했다. 그를 담당한 암 전문의는 그리스도인이 아니었는데 그가 르완다에서 죽을 것이라고 말했다. 그러자 더그는 자기는 죽어도 천국에 갈 테니 괜찮다고 했다. 난감해진 암 전문의는 더그의 주치의에게 전화하여 더그가 르완다에 가지 못하게 말려 달라고 했다. 하지만 그리스도인인 주치의는 더그가 죽어서 천국에 갈 준비가 되어 있다고 말했다.

암환자인 더그가 인공 항문을 단 채로 르완다에 간다는 소식이 우리에게 전해졌다. 우리 교역자들 몇이 기도실에 모여 그를 위해 기도했다. 지금도 기억나지만 그때 주님은 나를 구체적으로 이사야 58:7-8로 인도하셨다. 우리는 그 말씀 그대로 더그를 위해 기도했다.

> [내가 기뻐하는 금식은] 주린 자에게 네 양식을 나누어 주며
> 유리하는 빈민을 집에 들이며
> 헐벗은 자를 보면 입히며
> 또 네 골육을 피하여 스스로 숨지 아니하는 것이 아니겠느냐.
> 그리하면 네 빛이 새벽같이 비칠 것이며
> **네 치유가 급속할 것이며.**

우리는 더그 니콜스가 르완다에서 주린 자를 먹이고 노숙자를 집에 들이는 일을 하다가 죽는 게 아니라 치유되게 해달라고 구체적으로 기도했다. 더그는 르완다에서 암 전문의에게 전화하여 자기가 죽지 않았다고 말했다. 나중에 귀국하여 여러 검사를 받아 보니 병의 징후가 사라졌다는 결과가 나왔다. 더그의 놀라운 믿음과 사역이 얼마나 더 계속될지는 하나님께 달려 있다. 다만 지금은 아이들을 위해 자신을 쏟아붓는 더그의 삶 속에 이사야 58장이 생생히 살아 있다.

이렇듯 이사야 58장은 내 삶과 아주 중요한 관계가 있다. 이 말씀이 요구하는 금식은 보통 금식이 아니다. 금식의 위력으로 삶이 변화되는 사연들이 이 책을 통해 더욱 많아지기를 기도한다.

예수님도 이 예언서를 사랑하셨다

이사야 58장은 예수님의 마음을 쏙 빼닮았다. 동일한 내용을 그분의 말씀 속에서 들을 수 있다. 누가복음 4:18("주의 성령이 내게 임하셨으니 이는 가난한 자에게 복음을 전하게 하시려고 내게 기름을 부으시고 나를 보내사 포로 된 자에게 자유를, 눈먼 자에게 다시 보게 함을 전파하며 눌린 자를 자유롭게 하고"), 마태복음 25:35-36("내가 주릴 때에 너희가 먹을 것을 주었고 목마를 때에 마시게 하였고 나그네 되었을 때에 영접하였고 헐벗었을 때에 옷을 입혔고 병들었을 때에 돌보았고 옥에 갇혔을 때에 와서 보았느니라"), 요한복음 7:38("나를 믿는 자는 성경에 이름과 같이 그

배에서 생수의 강이 흘러나오리라 하시니") 등이 좋은 예다. 예수님의 사역 전체에 이사야 58장의 부담이 물씬 배어 있다. 우리의 사역에도 날로 더 배어들어야 한다.

악을 은폐하는 금식

우선 1-3절에서 하나님은 자기 백성의 죄를 고발하신다. 그분은 이사야에게 명하여 야곱의 집에 그들의 죄를 큰소리로 알리게 하신다. 그런데 그들의 죄는 종교적 열성이라는 그럴듯한 겉모습에 가려져 있다. 정말 섬뜩하고 기막힌 일이다. 금식과 같은 신앙 훈련을 하는 우리 신앙인들에게 특히 그렇다. 그분의 고발을 들어 보라. "그들이 날마다 나를 찾아 나의 길 알기를 즐거워함이 마치 공의를 행하여 그의 하나님의 규례를 저버리지 아니하는 나라 같아서"(2절). 다시 말해서 그들은 마치 의롭고 순종하는 나라처럼 행동했고, 자기들이 정말 하나님과 그분의 길을 원한다고 확신했다. 그야말로 끔찍한 망상의 삶이다.

그분의 말씀은 2절 뒷부분에 이렇게 이어진다. "의로운 판단을 내게 구하며 하나님과 가까이하기를 즐거워하는도다." 하지만 이것은 진심이 아니었다. 곧 살펴보겠지만 그들이 하나님의 개입과 의로운 판단을 원한 것은 당장 상황이 좋지 않았기 때문이다. 정작 그들은 진짜 문제는 보지 못했다. 그들은 예배로 모이기를 좋아했고 하나님과 가까운 것처럼 말했다. 하나님과 가까워지려고 노력하다가 감각적이고 감동적인 종교 체험을 했을 수도 있다. 하지만 무엇인가 잘못되어 있었다.

하나님을 사랑함을 사랑하지 말고 하나님을 사랑하라

이것은 예배에 혁신 바람이 불고 있는 오늘날 우리에게 아주 시의적절한 경고다. 많은 사람들이 장시간 감정에 겨워 주님께 노래하면서 하나님을 만나는 기쁨을 맛본다. 나도 그 시간에 주님 앞에 머물며 그분과 풍성한 교제를 나눈다. 하지만 여기에 위험이 있다. 하나님을 사랑해야 할 우리가 어느새 하나님을 사랑함을 사랑하는 자리로 슬쩍 옮겨 갈 수 있다. 이것은 최근에 내 동료가 쓴 표현이다. 다시 말해서 우리는 하나님의 영광을 맛보는 것이 아니라 어느새 예배가 만들어 내는 분위기에 취한다. 그러면 자칫 위선에 빠지기 쉽다. 겉으로는 종교적 열성이 대단하지만 우리 삶 속에 지독한 표리부동이 나타날 수 있다.

겉보기에는 다 좋았다

이사야 58장의 예배는 무엇인가 잘못되어 있었다. 3절에 보면 그 백성은 좌절을 토로하면서도 무엇이 문제인지 몰랐다. 그들은 하나님께 "우리가 금식하되 어찌하여 주께서 보지 아니하시오며 우리가 마음을 괴롭게〔겸비하게〕하되 어찌하여 주께서 알아주지 아니하시나이까" 하고 묻는다. 사실 그들의 헛된 종교 활동이 2절과 3절에 다섯 가지나 나와 있다. 우선 2절에 보면 그들은 하나님을 찾았고, 하나님의 길을 알기를 즐거워했고, 하나님께 의로운 판단을 구했고, 하나님과 가까이하기를 즐거워했다. 이어 3절에 보면 금식하며 마음을 괴롭게 했다. 하지만 그럼에도 하나님은 이사야에게 "크게(조용히 속삭이지 말고 크게) 외치라…… 내 백성에게 그들의 허물을…… 알리라"고 명하신다(1절).

그들은 금식했고, 하나님의 얼굴을 구했고, 기도했고, 겉으로 자신을 낮추었다. 역대하 7:14에 보듯이 이는 모두 우리가 해야 할 일들이다. 그런데도 주님은 이 금식과 예배를 기뻐하지 않으셨다. 우리도 그런 금식과 예배를 원하지 않는다. 그렇지만 하나님을 구하고, 그분의 길을 알기를 즐거워하고, 그분께 의로운 판단을 구하고, 그분과 가까이하기를 즐거워하고, 그분 앞에서 금식하며 자신을 낮추는 것이 무슨 잘못인가? 도대체 무슨 잘못이란 말인가? 우리도 최상의 예배를 드리고 나서 그와 똑같이 말한다! 정말 섬뜩하지 않은가? 몸이 떨리지 않는가? 이제 우리는 하나님께 철저히 솔직해져야 한다. 그렇게 해야 그분께 이런 충격적인 말씀을 듣지 않을 수 있고, 우리의 가장 뜨거운 신앙 행위와 갈망이 가짜가 되지 않을 수 있다.

그들의 예배는 무엇이 잘못되어 있었던가? 하나님이 답해 주신다.

보라, 너희가 금식하는 날에

오락을 구하며

온갖 일을 시키는도다.

보라, 너희가 금식하면서 논쟁하며 다투며

악한 주먹으로 치는도다.

너희가 오늘 금식하는 것은

너희의 목소리를 상달하게 하려는 것이 아니니라.

이것이 어찌 내가 기뻐하는 금식이 되겠으며

이것이 어찌 사람이 자기의 마음을 괴롭게 하는 날이 되겠느냐.

그의 머리를 갈대같이 숙이고

굵은 베와 재를 펴는 것을

어찌 금식이라 하겠으며

여호와께 열납될 날이라 하겠느냐(3-5절).

문제는 이것이다. 금식에 수반되는 윤리와 실천, 관계가 금식의 진정성을 판가름하는 진짜 시금석이다. 하나님은 먼저 금식의 종교적 외형을 나열하신다. 자신을 괴롭게 또는 겸비하게 하는 일(금식), 머리를 갈대같이 숙이는 일, 굵은 베와 재를 펴는 일 등이다. 이어 그분은 금식에 마땅히 수반되어야 하지만 그들에게는 없었던 윤리를 나열하신다. 그들은 오락(음식 이외의 낙)을 구했고, 일꾼들을 착취했고, 짜증 내고 논쟁하며 다투었고, 주먹으로 치기까지 했다. 그래서 하나님은 "이것이 어찌 내가 기뻐하는 금식이 되겠[느냐]"라고 물으신다. 답은 그럴 수 없다는 것이다.

금식과 방종의 모순

이는 금식의 진정성 여부를 가리는 또 하나의 시금석이다. 앞서 예수님은 우리가 사람에게 보이려고 금식하면 사람의 상만 얻는다고 하셨다. 이사야는 우리가 금식하면서 다른 부분에서 방종하고, 직원들을 가혹하게 대하고, 쉽게 짜증 내고 다툰다면 그 금식은 하나님께 열납되지 않는다고 말한다. 그래서 하나님은 의로운 삶을 종교적 훈련으로 대체하지 말라고 자비롭게 경고하신다.

우리는 이 문제를 깊이 생각해야 한다. 위선은 하나님을 예배하지 못하게 막는 지독한 해충이다. 예배가 우리의 삶과 교회에 미치는 장기적 영향을 명심하라. 평소에 예배를 드리면서 월요일에 직원을 가혹하게 대하거나, 집에서 배우자와 다투거나, 삶의 다른 부분에서 방종에 빠지거나, 홧김에 남을 친다면 그 예배는 하나님을 기쁘시게 하는 참된 예배가 아니다. 설교, 찬양, 기도, 금식도 모두 마찬가지다. 아무리 간절하거나 아름다워도 소용없다. 절대로 명심해야 한다. 참된 금식은 오히려 하나님이 우리에게 일터에서 가혹해지지 말고, 가정에서 다투지 말고, 방종과 분노를 다스리라고 주신 복된 수단이다. 그런 언사를 가볍게 알고 일삼으면서 경건한 금식으로 그것을 가린다면 그 금식은 위선이다. 그런 금식은 하나님을 노엽게 한다.

일요일의 예배는 월요일의 일터에서 검증된다

월요일에 사람들을 어떻게 대하는지를 보면 일요일에 한 금식의 진정성이 밝혀진다. 금식을 하면서도 일상생활이 변하지 않고 죄 가운데 있다면 하나님은 그 금식을 비웃으신다. "그의 머리를 갈대같이 숙이[는]…… 것을 어찌 금식이라 하겠[느냐]"(5절). 다시 말해서 그런 허울뿐인 금식은 늪의 구부러진 갈대만큼이나 영적으로 무의미하다.

    삶의 죄를 그대로 놓아두는 금식에 화가 있다. 자신의 죄와 싸우는 영적 공격이 수반되는 금식만이 진정한 금식이다. 우리의 금식은 정말 하나님께 굶주린 금식인가? 그것을 시험하려면 자신이 거룩함에 굶주려 있는지 보면 된다. 하나님을 원하는 사람은 죄를 미워하게 되어 있다. 하나님은 거룩하신 분이므로 우리는 하나님과 죄를 동시에 사랑할 수 없다. 금식의 목표가 죄를 굶기고 하나님으로 포식하는 것이 아니라면 그 금식은 자기기만이다. 그런 금식은 굶주림의 대상이 하나님이 아니다. 진정한 금식의 굶주림은 하나님을 향한 굶주림이다. 그리고 그것을 시험하는 기준은 거룩함을 향한 굶주림이 함께 있는가 하는 것이다.

금식은 본래 죄를 굶기는 것이다

우리 삶에 해결되지 않은 죄가 있는데 다른 문제로 금식한다면 하나님은 우리에게 오셔서 이렇게 말씀하실 것이다. "내가 기뻐하는 금식은 그 죄를 굶겨 죽이는 것이다." 이사야 58장에서도 똑같이 하시는데 그 방식이 매우 인상적이다. 5절에 보면 그들은 금식하며 "자기의 마음을 괴롭게" 했다. "겸비하다"라는 단어에 그런 뜻도 있다. 그들은 굶어서 자신을 괴롭게 했다. 하지만 하나님은 그 금식을 기뻐하지 않으셨다. 10절에 그분은 "주리다", "괴로워하다"라는 동일한 두 단어를 써서 그분의 관심이 주리고 괴로워하는 사람들에게 있음을 말씀하신다. 금식하는 사람들이 먹이지 않고 압제했기 때문에 이들은 주리고 괴로워할 수밖에 없었다.

> 주린 자에게 네 심정이 동하며
> **괴로워하는** 자의 심정을 만족하게 하면……

다시 말해서 하나님은 그들이 금식하며 스스로 괴롭게 했지만 정작 불의와 비정함이라는 자신들의 죄와 싸우지 않았다고 말씀하신다. 만일 그들이 자신들의 죄와 싸웠다면 일꾼들의 주림과 괴로움을 덜어 주었을 것이다. 여기서 하나님은 우리에게 일대 아이러니를 보여 주신다. 10절에 보듯이 가난한 자들은 주리고 괴로워했다. 유복한 신앙인들도 금식 때문에 주리고 괴로워했다. 하지만 그들의 금식은 무엇을 위한 것이었던가? 먼저 자신들의 죄-일꾼들을 착취한 죄, 가난한 자들의 등에 무거운 멍에를 지운 죄, 필요한 의식주를 주지 않은 죄-에 맞선 싸움이었던가? 아니다. 그들은 죄를 끊으려고 금식한 것이 아니다. 그들의 행동을 보면 안다.

그래서 하나님은 그들에게 오셔서 말씀하신다. "내가 기뻐하는 금식은 네가 종교적으로 주리고 스스로 괴롭게 하는 것이 아니라 가난한 자들을 덜 주리고 덜 괴롭게 해주는 것이다. 굶어서라도 죄와 싸울 마음이 있거든 네 빵을 가난한 자들의 입에 넣어 주라. 그러면 참으로 의를 위한 금식이 될 것이다."

우리가 죄 가운데 살고 있다면 하나님이 기뻐하시는 금식은 종교적 은폐가 아니라 솔직한 정면공격이다. 그런데 이 사람들의 금식은 자신의 고질적인 죄에 맞선 싸움이 아니라 위장이었다. 조금 굶고 스스로 괴롭게 하면 가난한 자들의 주림과 괴로움에 무관심해도 별 문제가 안 된다는 말인가? 그래서 하나님은 오셔서 말씀하신다. "내가 너희 마음을 시험하노라. 가난한 자들을 위해 굶으라. 그것이 내가 기뻐하는 금식이다."

소비지상주의와 도심의 아이들

미국을 비롯한 풍족한 서구 국가에서 금식은 거의 이해할 수 없는 일이 되었다. 그만큼 우리가 소비문화에 세뇌되어 있기 때문이다. 우리는 행복한 삶을 누리는 길이 소비의 절제가 아니라 소비 자체에 있다고 배웠다. 로드니 클랩(Rodney Clapp)은 그것을 이렇게 표현했다. "소비자는 만족을 모르도록 교육된다.…… 이 교육대로라면 인간은 본래 채워지지 않은 욕구들로 이루어져 있고 상품화된 제품과 경험을 통해 그 욕구들을 채울 수 있다. 따라서 소비자는 무엇보다 자신의 욕구를 채울 생각부터 해야 한다."4 주는 것이 받는 것보다 복이 있다는 개념(행 20:35)은 거의 상상할 수 없다. 그래서 살빼기 열풍이나 뉴에이지의 정신 수양—둘 다 소비문화의 단면이다—이 아니라면 금식은 거의 생각조차 불가능한 일이다.

소비지상주의는 사회 각층으로 깊숙이 파고들었다. 소비할 능력이 거의 없는 사람들도 예외가 아닌 것을 보면 이것이 얼마나 만연한 현상인지 분명히 알 수 있다. 소비문화의 특징은 "존재"가 "소유"로 전락하는 것이다. 텔레비전이 매일 그 전략을 부추긴다. 가진 게 별로 없는 도심의 가난한 십대들도 다를 바 없다.

그들은 텔레비전의 유행어와 무분별한 이미지를 쏙쏙 빨아들이는 대중문화 전문가다. 텔레비전에서 쓰는 잡동사니 어휘를 빼면 말이 통하지 않는다.…… 거리에서 "알짜배기"란 역설적이게도 특정한 겉모습이나 이미지를 갖추었다는 뜻이다.…… 여름방학에 마트에서 물건을 담아 주는 일을 하던 한 십대 소년은 그 일이 자신의 이미지에 좋지 않다는 것을 알고 당장 그만둔다. 그는 다른 일로 번 75달러로 제일 먼저 호출기부터 산다. 마약 거래상처럼 보이고 싶다는 이유도 작용한다. 실제로는 마약과 아무 관계도 없으면서 말이다.…… 그는 가끔 총도 가지고 다니면서 물건을 훔쳐다 판다. 이런 행동은 그가 "겁쟁이"가 아니라 "알짜배기"라는 증거다.…… 그와 친구들은 스스로를 "폴로 인생"이라 부른다. 폴로 브랜드의 옷만 입기 때문인데 대부분 시내 백화점에서 훔친 것이다.…… 그는 "옷이 날개"라고 믿는다. 서글프게도 그의 경우에 이 격언은 섬뜩하리만치 정확하다.…… 브랜드 옷만 벗으면 겉모습 속에 "알짜"가 사실상 전무하다. 그는 단지 제품의 취득자, 상품의 소비자로 전락했다.…… 그와 친구들은 "이미지, 지위, 경쟁, 계급, 자기만족의 절대성 등을 늘 듣던 대로 믿는다. 그들의 믿음은 주로 본인들에게 치명적인 해를 끼친다."[5]

도심의 아이들은 미국 주류사회를 그대로 대변한다. 부(富)가 없어서 더 극단적으로 보일 뿐이다.

주류사회의 많은 미국인들도 물질만능주의를 우상처럼 떠받는다. 다만 그들의 경우는 그것이 완화되어 나타난다. 정체감의 기반을 겉모습이 아닌 다른 것(교육, 직업 등)에 둘 기회가 있기 때문이다. 이들도 소비자이긴 하지만 소비자 이상이 될 기회가 있다. 반면에 도심의 아이들은 그런 기회를 누릴 능력이나 의향이 없다. 따라서 그들의 세계에서는 "의미"가 소멸되고 "이미지"로 대체된다. 이렇게 내면이 빈곤해지다 보니 아이들은 정말 금시곗줄과 가죽 재킷을 얻으려고 서로 죽인다.…… 소비지상주의를 믿는 아이들의 맹신은 파멸을 부른다.[6]

이렇게 현대의 팽배한 소비지상주의에 대비해서 보면 이사야 58장의 금식이 새삼 더욱 돋보인다. 또 하나의 상품을 소비하기보다 가난한 자들을 섬기는 생활방식은 "금식"이라 불려 마땅하다. 이것은 이상한 개념이 아니다. 우리 삶의 대부분은 인위적으로 조장된 욕구를 연신 배불리 채우는 과정이다. 사역을 위해 그 틀을 깬다면 무엇이든 "금식"이 된다. 저녁에 피자를 더 먹을 생각을 하며 점심 백 끼를 굶는 것보다 그것이 하나님을 더 기쁘시게 하는 금식이다.

금식은 거래가 아니라 사랑의 삶이다

이사야 58:6-12로 넘어가면, 이제 하나님은 금식의 삶이 구체적으로 어떤 것이며 그 삶에 따르는 엄청난 보상이 무엇인지 말씀하신다. 받는 것보다 주는 것이 정말 복되다는 말씀은 우리처럼 소비에 중독된 상태에서는 가히 상상하기 어렵다. 알다시피 예수님은 "은밀한 중에 보시는 네 아버지께서 갚으시리라"고 말씀하셨다. 하나님이 금식하는 사람들에게 주시는 몇 가지 약속이 여기에 나온다.

먼저 금식 자체에 대한 설명부터 살펴본 다음, 그런 삶을 사는 사람들에게 주시는 하나님의 약속을 보기로 하자. 우선 착각은 금물이다. 이것은 하나님으로부터 보수를 얻어 내는 법을 밝혀 놓는 직무 규정이 아니다. 얻어 낸다는 개념은 있을 수 없다. 이사야의 하나님은 거래 대상이 될 수 없다. 그분은 주권적이고 자유로우신 분이며 그분을 신뢰하는 자들에게 은혜로이 베푸시는 분이다. 이사야 30:15에 보면 "주 여호와 이스라엘의 거룩하신 이가 이같이 말씀하시되 너희가 돌이켜 조용히 있어야 구원을 얻을 것이요 잠잠하고 신뢰하여야 힘을 얻을 것이거늘"이라고 했다. 하나님이 명하신 일을 하려면 힘이 필요한데, 그 힘은 우리에게서 나지 않는다. 그 힘은 하나님에게서 나며 그분을 신뢰할 때 찾아온다.

금식은 의사의 처방전이다

하나님이 자기 백성에게 명하신 이 말씀은 **직무규정**이 아니라 의사의 **처방전**이다. 그분이 우리에게 하시는 말씀은 사장을 위해 일하고 보수를 얻으라는 것이 아니라 의사이신 그분을 신뢰하여 병을 고치라는 것이다. 8절에 보듯이 하나님의 말씀대로 하면 "네 치유가 급속할 것"이다. 의사를 신뢰하고 그 신뢰의 표현으로 그분의 지시에 순종하면 당신의 죄라는 병이 낫는다. 그러니 행여나 하나님으로부터 무엇인가 얻어 낼 것이라고 생각하지 말라. 그것은 불가능하며 시도 자체가 위험하다. 그분의 주권적 은혜를 신뢰하고 그분의 권고에 따르라. 그러면 큰 복을 받는다. 그러면서도 자신의 공로로 그것을 얻어 냈다는 생각은 아예 떠오르지도 않을 것이다.

그렇다면 이제부터 하나님의 **처방전**, 곧 그분이 기뻐하시는 금식을 살펴보기로 하자. 6절에서부터 시작된다.

> 내가 기뻐하는 금식은
> 흉악의 결박을 풀어 주며
> 멍에의 줄을 끌러 주며
> 압제 당하는 자를 자유하게 하며
> 모든 멍에를 꺾는 것이 아니겠느냐.
> 또 주린 자에게 네 양식을 나누어 주며
> 유리하는 빈민을 집에 들이며
> 헐벗은 자를 보면 입히며
> 또 네 골육을 피하여 스스로 숨지 아니하는 것이 아니겠느냐.

이어 8절과 9절 상반절에는 의사의 처방전을 믿고 그대로 금식할 때 누리게 될 **약속들**이 나온다. 하지만 지금은 그 부분을 건너뛰어 나머지 처방전인 9절 하반절과 10절 상반절로 넘어간다.

> 만일 네가 너희 중에서 멍에와

> 손가락질과
>
> 허망한 말을 제하여 버리고
>
> 주린 자에게 네 심정이 동하며
>
> 괴로워하는 자의 심정을 만족하게 하면……

이것이 의사의 처방전이다. 이것이 의사이신 하나님이 환자인 이스라엘에게 처방해 주신 금식이다. 그들은 위선과 비정함이라는 병에 걸려 있었다. 아울러 이것은 소비 중독증이라는 병에 걸린 현대의 풍족한 우리들에게 주시는 처방전이기도 하다.

처방전의 항목은 열세 가지이지만 일곱 가지 범주로 분류할 수 있다. 나는 그 하나하나를 내 삶의 사명이자 교회에 주신 명령으로 받아들인다. 이것이 내가 배우고 누려야 할 금식이다. 이것이 현대의 가짜 자유를 치료하는 약이다. 끝없이 확대되는 제품의 선택 폭은 자유를 주는 것 같지만 사실은 그 상품들이 우리의 마음을 지배한다. 예컨대 미국 슈퍼마켓에 진열된 제품 수는 1975년에 평균 9천 종이던 것이 1996년에는 3만 종으로 늘어났고, 신간 잡지는 하루에 하나 꼴로 창간되고 있으며, 밤마다 선택할 수 있는 텔레비전 채널은 30개에 달한다.[7]

첫째, 하나님의 처방은 우리가 사람들을 해방시키는 것이다.

> 흉악의 결박을 풀어 주며

멍에의 줄을 끌러 주며

압제 당하는 자를 자유하게 하며

모든 멍에를 꺾는 것이 아니겠느냐(6절).……

만일 네가 너희 중에서 멍에[를]…… 제하여 버리고(9절).

결박, 멍에, 줄, 압제, 멍에, 멍에……. 요컨대 사람들에게 짐을 지우는 삶이 아니라 그들을 해방시키는 삶을 살라는 것이다. 예수님은 누가복음 11:46에 "화 있을진저, 또 너희 율법교사여. 지기 어려운 짐을 사람에게 지우고 너희는 한 손가락도 이 짐에 대지 않는도다"라고 말씀하셨다. 물론 우리가 사람들에게 제시해야 할 짐과 멍에도 있지만 그것은 가벼운 짐이요 쉬운 멍에다. 예수님은 "수고하고 무거운 짐 진 자들아, 다 내게로 오라. 내가 너희를 쉬게 하리라. 나는 마음이 온유하고 겸손하니 나의 멍에를 메고 내게 배우라. 그리하면 너희 마음이 쉼을 얻으리니 이는 내 멍에는 쉽고 내 짐은 가벼움이라"고 말씀하셨다(마 11:28-30). 예수님은 사람들을 무거운 짐과 힘든 멍에로부터 해방시키시는 분이며, 그 일에 우리를 불러 동참하게 하신다.

그분의 짐이 가벼운 까닭은 중생(重生) 때문이다. 중생한 사람은 하고 싶은 일 자체가 완전히 달라진다. 요한일서 5:3-4를 보라. "하나님을 사랑하는 것은 이것이니 우리가 그의 계명들을 지키는 것이라. 그의 계명들은 무거운 것이 아니로다. 무릇 하나님께로부터 난 자마다 세상을 이기느니라." 세상적인 욕심이 있으면 하나님의 계명이 무거워지지만 하나님께로부터 나면 그 욕심을 이기게 된다. 그래서 여기에 처방된 금식은 중생으로부터 시작되어 새로운 가치관과 갈망을 낳는다. 그리고 그 열매는 자유와 기쁨이다. 이것이 하나님이 처방하시는 금식이다.

출입이 제한된 나라에서 선교사로 일하는 한 친구가 내게 이메일을 보내왔다. 그가 그 나라에 체류할 수 있는 이유는 "인도적 지원"을 함께 제공하기 때문이다. 하지만 그는 인도적 변화가 정착되려면 반드시 영적 변화가 선행되어야 함을 피부로 느끼고 있다. 그는 이렇게 썼다.

간단히 말해서 정부는 사업단지에 들어갈 자금을 전액 끊고 그것을 "고아원"에 투입하기로 했습니다. 듣기에는 그럴듯하지만 문제가 있습니다. 고아원의 학생 성분을 바꾸어야만 자금을 대겠다는 것입니다. 그들이 개교를 요구하는 학교는 고아들만을 위한 학교가 아니라 고아들 및 고아가 아닌 소수 "영재" 학생들을 위한 영어 학교입니다. 당연히 그들은 미국인 "자원봉사자들"이 이 학교에 와서 가르치기를 원하지요. 소수의 "영재" 학생들이란 공교롭게도 자금을 대는 정부 관리들의 자녀들이고요! 기운이 빠지지 않습니까? 바로 이것이 문화 개혁을 "인도적 지원"이 아닌 영적 분야(교회 개척)에서부터 시작해야 하는 이유입니다.

둘째, 하나님의 처방은 우리가 주린 자들을 먹이는 것이다.

또 주린 자에게
네 양식을 나누어 주며(7절).

금식은 자신을 부인할 뿐 아니라 다른 사람들의 필요를 채워 주는 일이다. 매일 4만 명의 아이들이 굶주림과 쉽게 예방할 수 있는 아동질환으로 죽고 있다. "세계 인구의 10억 가량이 기초적인 의식주나 의료 혜택이 부족한 절대 빈곤의 상태로 살아가고 있다. 4억은 심각한 영양실조에 걸려 있고 그중 어린이가 2억이 넘는다."[8]

금식은 이런 현실과 관계가 있다. 이런 현실은 우리의 지척에도 있지만, 대부분의 안락한 중산층 시민들은 그것을 망각하며 살아간다. 하나님은 내가 그 망각에서 깨어나지 않은 채 엄격한 훈련으로 만족하도록 그냥 두지 않으신다. 그분의 말씀대로 금식이란 본래 자신의 굶주림에만 아니라 세상의 굶주림에 깨어나는 것이다. 그분의 말씀대로 금식이란 하나님의 선하심을 맛보기 위한 심령의 부르짖음이되, 그 선하심을 내가 누리는 은혜로만 맛보는 것이 아니라 남을 위한 사랑의 삶으로 맛보는 것이다.

통계수치에 주눅이 들 필요는 없다. 우리가 할 수 없는 일은 우리 책임이 아니다. 우리가 할 수 있는 일만 하면 된다. 금식을 진지하게 받아들이는 사람들이 할 수 있는 일은 얼마든지 많이 있다. 간단한 예로 마닐라에서 있었던 일을 들 수 있다. "스모키 마운틴"은 잘 알려진 쓰레기 도시다. 마닐라의 쓰레기가 버려지는 그곳에서 1만5천 명의 노숙자 가족들이 남은 음식물을 뒤져서 먹고 산다.

예수전도단(YWAM)의 기초의료 사역자들이 1985년부터 스모키 마운틴에서 활동했는데, 안타깝게도 홍역으로 어린 자녀를 잃는 가정들이 적지 않았다. 현지 보건 당국과 협력하여 1986년 스모키 마운틴에 예방주사 보건소를 열었다. 매달 첫째 수요일은 예수전도단 다목적실에서 아이들에게 예방주사를 놓아 주는 날로 소문이 났다. 아이들은 파상풍, 장티푸스, 백일해, 소아마비, 홍역, 결핵 등의 예방주사를 무료로 맞았다. 초록색 콘크리트 벽돌로 지은 건물 밖에 가족들이 모이면 사역자들이 아이들의 몸무게를 재고 주사와 물약을 주었다. 변화가 나타났다. 기초의료 사역자들이 파악한 바에 따르면 1986년에 홍역으로 사망한 아이가 45명이 넘었는데 1987년에는 사망신고가 18명에 그쳤다. 그리고 1988년에는 홍역, 감염, 합병증으로 사망한 아이가 한 명도 없었다. 예방주사는 분명히 변화를 가져왔고 노숙자 사회에 희망을 주었다.[9]

셋째, 하나님의 처방은 우리가 집 없는 자들에게 거처를 마련해 주는 것이다.

유리하는〔집 없는〕빈민을
집에 들이며(7절).

흔히 우리를 가로막아 노숙자를 섬기지 못하게 하는 것이 있다. 하나는 두려움이고, 다른 하나는 이런 일은 정부에서 하는 것이라는 사고방식이다. 우선 두려움은 하나님의 약속들(잠시 후에 살펴볼 것이다)로 퇴치해야 한다. 또한 정부에서 나서서 돕는다고 우리 사랑의 수고가 시들해져서는 안 된다. 가난한 자들을 섬기는 데는 제도적인 방법도 있고 자발적인 방법도 있다. 우리는 자발적으로 모험을 감행한다. 장기적인 결과가 미미하리라는 걱정 따위는 하지 않는다. 사랑은 그런 식으로 계산하지 않는다. 선한 사마리아인은 "내가 하루를 바친다 해서 이 지역에 만연된 폭력 문제가 해결되는 것은 아니다"라고 생각하지 않았다. 그저 한 사람을 보고 행동을 취했을 뿐이다. 노숙자를 보고 "금식"을 행하는 다른 많은 사람들도 마찬가지다.

12월의 오리건 주는 살을 에일 듯 추웠다. 훈훈한 사무실 건물에서 나온 퇴근길의 포틀랜드 시민들은 매서운 동풍을 피해 아늑한 차 안으로 줄달음쳤다. 하지만 레스와 캐시 부부는 어떤 남녀들에게 주목하지 않을 수 없었다. 따뜻한 집이 기다리기는커녕 아예 집이 없는 사람들이었다.…… 부부는 피하고 싶은 생각이 들어, 주변의 구호단체 같은 데서 "전문가들"이 도울 일이 아니냐고 합리화했다.…… 하지만 "전문가들"이 일을 하지 않고 있었다. 거리에는 여전히 노숙자들이 영하에 가까운 날씨에 고생하고 있었고, 그것이 퇴근길의 레스와 캐시에게 훤히 보였다. 너무도 현실적인 고통이었다. 한 여자는 신발도 신지 않고 있었다.…… 캐시는 이렇게 회고했다. "잠시 둘이 얘기를 나누었다. 생각해 보니 우리는 침낭이 세 개나 더 있고, 담요도 필요 이상으로 많고, 서랍에 장갑도 가득했다. 그것이라면 우리도 할 수 있겠다는 생각이 들어 행동에 옮겼다. 시내로 돌아가 물건을 건네주었다."…… 이 부부는 재산을 다 팔았는가? 아니다.…… 직업을 바꾸어 온종일 노숙자를 위해 일했는가? 아니다.…… 그들은 "눈앞"의 어려운 사람들을 보았고, 자기들이 도울 수 있음을 인식했고, 그대로 반응했을 뿐이다.[10]

물론 본문의 표현은 "유리하는[집 없는] 빈민을 집에 들이며"라고 되어 있다. 나도 가난한 자들을 돌보는 일이 친밀한 관계 속에서 이루어질수록 더 좋다고 믿는다. 하지만 노숙자를 돌보되 내 집으로 들이지 않는다 해서 그것을 위선이라 부른다면 이는 그리스도를 닮지 못한 냉랭한 처사다. 경우에 따라 내 집으로 들여야 할 수도 있지만 꼭 항상 그래야 하는 것은 아니다. 전부가 아니면 아무것도 아니라는 태도가 종종 하나님의 사람들을 무력하게 만든다.

앞서 말했듯이 "가난한 자들을 위한 다른 금식"에는 개인의 자발적인 방법만 있는 것이 아니라 제도적인 방법도 있다. 비근한 예로 우리 집에서 몇 블록 떨어진 곳에 팀 글레이더(Tim Glader)가 세운 마스터워크스(Masterworks)라는 사역기관이 있다. 부근의 만성 실직자들에게 기술과 훈련과 희망을 심어 주는 기관인데, 그 방법은 예컨대 단순한 조립 과정을 숙달시키고 관계 속에서 기독교적 제자 훈련을 하는 것이다. 팀은 신도시에서 운영하던 냉난방 서비스 회사를 팔고 1991년에 도심에 사업체를 차렸다. 아내와 아이들과 함께 집도 도심으로 이사했다. 우리 교회는 건물만 제공하고 나머지는 팀이 다 알아서 한다. 그는 거의 취직이 불가능한 사람들에게 안정된 정규 일자리를 제공하여 직업 기술을 가르치는 한편, 직원들을 복지 수혜자에서 자립 상태로 전환시키는 데 필요한 지원을 베풀고 있다. 이를 통해 그리스도의 크신 사랑과 능력을 최대한 드러내는 것이 그의 목표다. 팀과 그의 가족에게 이 모험은 작은 "금식"이 아니다. 굳이 가난한 자들을 걱정할 것 없이 그냥 풍족하게 "잘 먹는" 쪽이 얼마나 쉽고 안정되고 편하겠는가.

넷째, 하나님의 처방은 우리가 헐벗은 자들을 입히는 것이다.

헐벗은 자를 보면
입히며(7절).

다섯째, 하나님의 처방은 우리도 몸을 가졌은즉 다른 사람들의 아픔에 공감하고 동정하는 것이다.

네 골육을 피하여
스스로 숨지 아니하는 것이 아니겠느냐(7절).

이것은 히브리서 13:3과 비슷한 개념이다. "너희도 함께 갇힌 것 같이 갇힌 자를 생각하고 너희도 몸을 가졌은즉 학대 받는 자를 생각하라." 당신이나 그들이나 똑같이 몸이 있다. 그러니 그들의 입장이 되어 그들의 아픔을 느껴 보라. 그렇게 하려면 문제와 불행의 장소를 피해서는 안 된다. 눈에 보이지 않으면 대개 생각도 멀어지고, 생각이 멀어지면 대개 마음도 떠난다. 알다시피 수많은 통계수치보다 캘커타의 거리에 한 번 다녀오는 것이 우리의 가치관과 우선순위에 더 많은 변화를 일으킨다. 도심에 살거나 빈곤의 실상이 잘 보이는 곳으로 이사를 가면, 그러한 접촉이 간헐적인 동정심으로 그치지 않게 된다. 물론 보장은 없다. 사람은 어디서나 마음이 냉담해질 수 있고, 멀리서도 큰 선을 행할 수 있다. 하지만 하나님이 처방하시는 금식에는 어려움에 처한 동료 인간들을 피하여 숨지 않는 것이 포함된다.

여섯째, 하나님의 처방은 우리가 다른 사람들을 노골적으로 멸시하는 몸짓과 말을 버리는 것이다.

너희 중에서……손가락질과
허망한 말을 제하여 버리고(9절).

히브리어를 직역하면 손가락을 "보낸다"는 뜻이다. 단순한 손가락질보다는 이 표현이 우리가 범하는 "가운데 손가락을 세우는" 무례에 훨씬 더 가깝다 하겠다. 다른 사람들을 말로 매정하게 멸시하거나 그런 몸짓을 취하지 말라. 물론 거만한 빈자들을 보면 질려 버리기 쉽다! 하지만 하나님이 처방하시는 금식은 그런 태도를 버리는 것, 그런 태도 없이 사는 것이다. 쉬운 일은 아니다. 한때 나는 가난한 사람들 속에서 살면 필요에 민감해지고 마음이 여려질 줄 알았다. 하지만 그렇게 간단하지 않다. 오히려 역효과가 날 수도 있다. 마음이 딱딱해지고 신랄해지며 비뚤어질 수 있다. 그런 냉소를 "먹는" 쾌감은 비참하게도 달콤하다. 바로 그것을 금식해야 한다.

끝으로, 주님의 처방은 음식만 아니라 우리 자신─영혼─을 주는 것이고, 가난하고 괴로워하는 자들의 배만 아니라 영혼을 채워 주는 것이다.

주린 자에게 네 심정[영혼]이 동하며
괴로워하는 자의 심정[영혼]을 만족하게 하면(10절).

여기 "심정"으로 번역된 단어는 히브리어로 "영혼"을 뜻한다. 우리의 "영혼"을 주어 괴로워하는 자의 "영혼"을 채우는 대등한 관계다. 영혼과 영혼이 만나는 사역이다. 최근에 우리 교회가 이너체인지(InnerChange)라는 도시 사역기관과 제휴하여 도심에서 시작한 일이 있다. 이를 통해 우리는 아주 중요한 교훈을 배우고 있다. 빈민 사역은 물질만 주는 것이 아니라 자아를 주는 일이며, 구제가 아니라 관계라는 것이다. 하나님이 이사야 58장에 주신 금식 처방전에도 그것이 필수 요소로 나와 있다.

온전한 만족을 주는 하나님의 약속들

위대한 의사이신 하나님을 신뢰하여 그분의 일곱 가지 처방대로 금식하면 우리의 삶과 교회들에 어떤 일이 벌어질까? 이번에도 역시 일곱 가지의 약속이 있다. 아버지께서 우리의 금식을 보시고 갚아 주시는 보상이다. 앞서 말한 일곱 가지 처방과 반드시 일대일로 일치하는 것은 아니지만, 모두 합하면 많은 사람들이 동경하는 삶이 나온다. 삶을 쏟아붓는 것이 곧 충만해지는 길이다. 이 역설이 우리에게 걸림돌이 되어서는 안 된다. 하나님이 우리에게 자신을 주시면서 꼭 알려 주시는 것이 있다. 우리가 그분을 가장 아낌없이 나눌 때 그분이 최고의 만족을 얻으신다는 사실이다.

첫째 약속은 당신 삶의 어둠이 빛으로 변한다는 것이다.

그리하면 네 빛이 새벽같이 비칠 것이며(8절)……

네 빛이 흑암 중에서 떠올라

네 어둠이 낮과 같이 될 것이며(10절).

여기 하나님의 역설이 있다. 섬기는 이들에게는 세상의 어두운 곳이 더 밝고, 피하는 이들에게는 불빛이 휘황한 백화점이 더 어둡다. 예수님은 세상의 빛이시다. 그분과 가까이 사는 삶이 우주에서 가장 밝은 곳이다. 그분이 어디 사시는지 알려면 복음서를 읽고 그분의 길만 따라가면 된다.

　당신의 삶은 얼마나 밝거나 어두운가? **당신은 어두운가?** 당신의 교회와 주일학교는 어두운가? 당신의 소그룹에 어두운 구름이 끼었는가? 어쩌면 당신은 일어나 이렇게 말해야 할지도 모른다. "우리에게 어둠이 드리워져 있다면 배고픈 자들을 위한 일을 찾아보면 어떨까?" 그것이 본문의 말씀이다. 구름이 걷히기를 원한다면 지금부터 다른 사람들을 위해 당신의 삶을 쏟아부으라. 어쩌면 당신 개인이나 교회나 소그룹이나 가정은 너무 안으로만 향해 있는지도 모른다. 당신의 가정은 너무 폐쇄적이어서 아무도 놀러 오는 사람이 없는지도 모른다. 당신이 아는 이웃이 없다. 당신의 가정이 하는 사역도 없다. 그러면서 당신은 왜 집안에 어두운 기운이 있는지 의아해 한다. 이 약속을 주장하면서 당신 삶의 명암을 놓고 간절히 기도하라. 그리고 당신에게 주시는 처방전이 있는지 잘 보라. 무엇인가를 얻어 내기 위한 직무규정이 아니라 의사이신 하나님이 주시는 처방전이다. 그분은 당신을 사랑하시며 당신이 어둠에서 벗어나기를 원하신다. 그분은 당신이 밝아지기를 원하시며 밝아지는 길을 아신다.

둘째, 하나님은 당신의 몸에 힘을 주시겠다고 약속하신다.

네 치유가 급속할 것이며(8절)……
네 뼈를 견고하게 하리니(11절).

우리 개인이나 교회가 허약하다면 그것은 우리가 연약한 자들에게 에너지를 쏟지 않기 때문일 수 있다. 우리는 너무 피곤해 아무것도 할 수 없다며 텔레비전 앞에서 저녁을 보낸다. 정말 피곤할 수도 있고, 하나님은 그런 휴식을 통해서도 힘을 주신다. 하지만 그분은 힘겹게 투병중인 다른 가정에 식사 한 끼를 가져다주려고 텔레비전 따위를 끊는 금식을 통해서도 힘을 주신다고 약속하신다. 이것은 경험해 보지 않고는 알 수 없는 영적 신비다. 우리는 하나님의 영광스러운 은혜를 다른 사람들에게 전달하도록 지음 받았다. 아무리 기력이 다한 것 같아도 그 일을 할 힘은 따로 있다.

셋째, 하나님은 공의와 영광으로 우리의 앞뒤와 가운데에 행하신다.

네 공의가 네 앞에 행하고

여호와의 영광이 네 뒤에 호위하리니(8절).

하나님은 공의로 당신 앞에 계시고 영광으로 당신 뒤에 계신다. 그뿐 아니라 그분은 당신이 부를 때 곁에 계신다.

네가 부를 때에는 나 여호와가 응답하겠고
네가 부르짖을 때에는 내가 여기 있다 하리라(9절).

당신이 도움의 손길을 찾을 때마다 하나님은 늘 "내가 여기 있다!"라고 말씀하신다. 우리가 예수께서 하시던 일을 하느라 바쁘면—남들을 "부요하게 하려"고 "가난하게 되"고(고후 8:9), 그 일을 "하나님이 공급하시는 힘으로" 하면(벧전 4:11)—하나님이 전능하신 사랑과 도움과 보호와 돌봄으로 우리의 앞뒤와 주변을 두르신다.

내가 늘 강조하듯이 하나님이 뜻하신 기도는 집안의 인터폰이 아니라 전시(戰時)의 워키토키다. 하나님이 모든 일에 최고이시기에 우리는 모든 민족의 기쁨을 위해 하나님을 향한 열정을 퍼뜨린다. 바로 그 삶을 위해 하나님은 우리가 기도로 도움을 청하기를 원하신다. 기도는 내가 더 안락해지기 위한 것이 아니라 그리스도의 나라를 확장하기 위한 것이다. 이사야 58:9의 "그리하면 네가 부를 때에는 나 여호와가 응답하겠고"라는 말씀에서 "그리하면"은 7절의 내용을 가리킨다(개역개정에는 이 단어가 생략되었다—옮긴이). 즉 우리가 힘을 모아 의식주가 없는 자들을 사랑으로 섬기면, 그때 주님께서 전시의 워키토키를 들고 응답하신다. 우리가 고도의 위험을 무릅쓰고 사랑을 실천하는 지역들에 그분은 아주 특별한 주파수를 배당해 두셨다.

그렇다고 자녀의 아픈 목이 낫도록 또는 자동차가 고장 나지 않도록 기도할 수 없다는 말이 아니다. 다만 그런 기도의 목적이 하나님을 높이고 그분의 나라를 확장하는 데 있지 않다면 결국 워키토키가 잘 작동하지 않게 된다. 물론 하나님 앞에 머물며 교제하고 찬양하는 기도도 중요하다. 하지만 하나님과 교제하는 기쁨은 그 기쁨을 나눌 때 완성된다. 다른 사람들을 끌어들이는 쪽으로 가지 않는 찬양은 변질되게 마련이다.

넷째, 하나님은 우리를 항상 인도해 주시겠다고 약속하신다.

> 여호와가 너를
> 항상 인도하며(11절).

얽히고설킨 우리의 삶과 사역에 이것은 얼마나 귀한 약속인가! 가난한 사람들을 섬기지 않는 탓에 우리의 삶이 얼마나 혼란과 오리무중에 빠지는지 모른다. 주님은 다른 사람들, 특히 가난한 사람들의 필요를 채우느라 혼신을 다하는 이들을 가장 친밀하게 인도해 주시는 것 같다. 하나님의 인도가 필요한 곳은 편안한 동산의 환한 길이 아니라 답도 없고 길도 없는 어두운 고통의 자리다. 목회하면서 나는 종종 위기의 현장으로 호출된다. 그럴 때면 가면서 기도한다. "주님, 저는 이 문제의 해답을 모릅니다. 도와주소서. 인도해 주소서. 가장 도움이 될 만한 일이 생각나게 하소서." 번번이 그분은 응답해 주셨다. 당신의 능력으로 감당이 안 되는 상황일지라도 일단 자신을 내드리라. 그러면 "여호와가 너를 항상 인도"하실 것이다.

다섯째, 그분은 당신의 영혼을 만족하게 하신다.

메마른 곳에서도
네 영혼을 만족하게 하며(11절).

우리 영혼은 하나님 안에서 만족하도록 되어 있다. 그런데 늘 배우듯이, 하나님 안에서 얻은 만족은 그것을 남들에게 흘려보낼 때 절정에 달한다. 가난한 자들을 위해 자신을 쏟아붓는 것이 최고의 만족을 얻는 길이다. 보다시피 이 만족은 "메마른 곳에서도" 누릴 수 있다. 다시 말해서 영혼의 만족이 외부 상황에 의존하는 정도가 갈수록 줄어든다. 시편기자가 쓴 시편 73:25-26이 점점 더 당신의 고백이 된다.

하늘에서는 주 외에 누가 내게 있으리요.
땅에서는 주밖에 내가 사모할 이 없나이다.

내 육체와 마음은 쇠약하나

하나님은 내 마음의 반석이시요 영원한 분깃이시라.

여섯째, 하나님은 당신을 물 댄 동산, 물이 끊어지지 않는 샘이 되게 하신다.

너는 물 댄 동산 같겠고

물이 끊어지지 아니하는 샘 같을 것이라(11절).

이 구절 덕분에 빌 레슬리는 이사야 58장의 소중한 "금식"에 눈떴다. 많은 목사들처럼 그도 메마른 시기를 보내고 있었다. 그런데 이 한 구절 속에 우리가 바라고 필요로 하는 모든 것이 들어 있었다. "물 댄 동산"이 또한 "샘"이 된다. 늘 물을 받고 있으니 고갈되지 않고 사람들에게 흘려보낼 수 있다. 성경의 영적 원리는 이렇게 역설이다. 자신을 쏟아부으면 충만해지고, 거저 주면 더 많아진다.

하지만 전제가 있다. 우물을 파서 막히지 않게 잘 간수해야 한다는 것이다. 다른 사람들을 위해 늘 활기차고 유용한 상태를 유지하려면 우리 영혼 안에 샘이 있어야 한다. 그 샘은 무엇인가? 이 약속은 신약에서 성취된다. 예수께서 요한복음 7:38-39에 하신 말씀이다. "나를 믿는 자는 성경에 이름과 같이 그 배에서 생수의 강[물이 끊어지지 않는 샘]이 흘러나오리라 하시니 이는 그를 믿는 자들이 받을 성령을 가리켜 말씀하신 것이라." 다시 말해서 범사에 예수님을 신뢰하면 성령의 능력이라는 샘이 열린다. 성령께서 가장 충만하게 능력을 발휘하실 때는 우리가 망하는 자들과 가난한 자들을 위해 믿음으로 힘써 사랑할 때다.

끝으로, 우리가 가난한 자들에게 헌신하면 하나님이 그분의 황폐한 도시와 백성을 회복시키신다.

> 네게서 날 자들이 오래 황폐된 곳들을 다시 세울 것이며
> 너는 역대의 파괴된 기초를 쌓으리니
> 너를 일컬어 무너진 데를 보수하는 자라 할 것이며
> 길을 수축하여 거할 곳이 되게 하는 자라 하리라(12절).

하나님의 사람들이 가난한 자들을 위해 금식하면 얼마나 많은 폐허가 수축되겠는가! 이사야 58장의 아름다운 금식을 통해 어떤 불행과 역기능, 어떤 불화와 고통과 압제가 치유되고 고쳐질지 아무도 모른다! 도시나 교회나 가정이나 사회가 어떻게 변할지 모른다. 그것을 예측하는 일은 우리의 몫이 아니다. 우리의 몫은 신뢰하고 순종하는 것이다.

그러므로 우리는 위대한 의사이며 치유자이신 주님을 신뢰하자. 그분이 처방해 주신 금식을 받아들이자. 그러면 빛, 치유, 인도, 새 힘, 회복, 풍부한 자원을 누리게 된다. 우리의 앞뒤와 가운데에 계시

는 하나님 자신은 더 말할 것도 없다. 우리의 선한 행실을 통해 사람들이 빛을 보고 하늘에 계신 아버지께 영광을 돌린다고 말씀하셨다(마 5:16). 그러니 이 금식도 하나님 나라의 복음을 퍼뜨리고 주님이 오실 그날을 앞당길 것이다. 우리가 정말 하나님의 모든 충만하신 것에 굶주려 있다면 이 금식이야말로 우리를 배부르게 할 것이다.

그때에 내가 아하와 강가에서 금식을 선포하고 우리 하나님 앞에서 스스로 겸비하여 우리와 우리 어린아이와 모든 소유를 위하여 평탄한 길을 그에게 간구하였으니(스 8:21).

참 슬기로운 그 솜씨
다 측량 못하네.
주님 계획한 그 뜻은
다 이뤄지도다.

주님의 뜻은 신속히
곧 이뤄지리니
잠깐의 고통 지나고
안식이 오리라.
_윌리엄 카우퍼, "주 하나님 크신 능력"[1]

7장 어린 생명들을 위한 금식
_낙태: 잘못된 세계관과 하나님의 주권

하나님을 향한 우리의 굶주림은 너무 작다. 우선 갈망하는 능력 자체가 영양실조에 걸려 있기 때문이다. 고작 깃털밖에 들어 올리지 못하는 근육처럼 말이다. 하지만 이것은 참된 갈망의 대상이신 하나님을 보는 우리의 눈이 말씀의 망원경으로 훈련되어 있지 않기 때문이기도 하다.

우리는 갈망의 근육을 어디에 쓰고 있는가?

본래 우리는 크신 그분을 크게 갈망하도록 되어 있다.

하늘에서는 주 외에 누가 내게 있으리요. 땅에서는 주밖에 내가 사모할 이 없나이다. 내 육체와 마음은 쇠약하나 하나님은 내 마음의 반석이시요 영원한 분깃이시라 (시 73:25-26).

하나님이여, 사슴이 시냇물을 찾기에 갈급함 같이 내 영혼이 주를 찾기에 갈급하니이다. 내 영혼이 하나님 곧 살아 계시는 하나님을 갈망하나니(시 42:1-2).

하나님이여, 주는 나의 하나님이시라. 내가 간절히 주를 찾되 물이 없어 마르고 황폐한 땅에서 내 영혼이 주를 갈망하며 내 육체가 주를 앙모하나이다(시 63:1).

또한 모든 것을 해로 여김은 내 주 그리스도 예수를 아는 지식이 가장 고상하기 때문이라. 내가 그를 위하여 모든 것을 잃어버리고 배설물로 여김은 그리스도를 얻고(빌 3:8).

하지만 우리는 갈망의 근육을 하나님이 아닌 시시한 것들에 쓴다. 그럴수록 갈망하는 능력 자체가 점점 약해진다.

작은 별들은 얼마나 큰가

우리는 하나님 말씀의 망원경을 자주 들여다보지 않는다. 말씀에 계시된 대로 밤하늘에 총총한 작은 별들은 위대하신 하나님의 불가사의한 솜씨다. 시편기자처럼 "내 눈을 열어서 주의 율법에서 놀라운 것을 보게 하소서"(시 119:18)라고 기도할 때가 얼마나 되는가? 하나님의 위대하심을 보지 못하면 그분의 충만하심을 갈망할 수 없다.

하나님의 영광을 보는 일은 그분이 산 위에서 모세 앞을 지나실 때처럼 사적인 경험만이 아니다. 그 일은 또한 공적인 경험이기도 하다. 예컨대 그분은 이집트 땅에 많은 재앙을 내리셨고, 홍해를 가르셨고, 고라 일가족을 땅으로 삼키셨고, 물로 포도주를 만드셨고, 죽은 자를 살리셨고, 이기적인 사람들이 목숨을 버려 사랑하게 하셨고, 왕들의 마음을 움직여 진리를 따르게 하셨다. 하나님께 굶주린 마음은 사적인 경험만을 갈망하는 것이 아니다. 하나님의 영광이 온 세상에 공적으로 드러나기를 열망하고, 하나님을 심히 욕되게 하는 일들이 바로잡히기를 열망한다. 사적인 계시와 구원과 도움도 귀하지만 하나님께 굶주린 마음은 그것으로 만족하지 않는다. 대학과 법정과 광고회사와 정치 토론과 각종 매체—텔레비전, 라디오, 신문, 잡지, 영화, 인터넷—에서 하나님이 공적으로 승리하여 진리와 의를 세우시고 높임 받으시기를 열망한다. 이 열망의 원동력은 모든 일에 최고이신 하나님을 향한 열정, 모든 민족의 기쁨을 위한 열정이다.

하나님의 공적인 영광을 위한 금식

"오 하나님, 우리에게 하나님의 영광을 보여주소서!" 금식은 우리 마음에서 우러난 이 문장 끝의 느낌표다. 그렇다면 금식은 단지 사적인 문제가 아니다. 금식은 하나님의 영광을 공적·역사적·문화적·세계적으로 드러내는 일이기도 하다. 이것이 우리의 갈망이자 이번 장의 주제다. 예컨대 낙태는 우리 문화에 만연한 불경함의 한 단면이다. 이와 관련하여 우리는 어떻게 살아가고 기도하고 금식할 것인가?

다시 인정받는 프랜시스 쉐퍼

프랜시스 쉐퍼(Francis Schaeffer)는 1984년 5월 5일에 세상을 떠났다. 그로부터 13년 후에 「크리스채너티 투데이」(Christianity Today)지는 그의 사진을 표지에 싣고 "우리의 성인 프랜시스"라는 제목을 달았다. 마이클 해밀턴(Michael Hamilton)은 특집 기사에서 쉐퍼의 생애의 마지막 20년을 이렇게 기렸다.

> C. S. 루이스를 제외하고 복음주의자들의 사고에 이보다 깊은 영향을 미친 지성인은 없을 것이다. 이 시기에 빌리 그레이엄을 제외하고 미국 복음주의 운동에 이보다 깊은 족적을 남긴 지도자도 없을 것이다. 쉐퍼 부부는 기독교 계획공동체의 개념을 퍼뜨렸고, 복음주의자들을 깨워 좁은 문화적 게토에서 나오게 했고, 수많은 복음주의자들을 감화시켜 진지한 학자가 되게 했고, 어머니 역할과 주부 역할을 선택한 여성들을 격려했고, 신흥 기독교 우익 지도자들의 멘토가 되었고, 낙태를 반대하는 복음주의 전반의 입장을 공고히 했다.[2]

.쉐퍼가 C. 에버렛 쿠프(Everett Koop)와 함께 「낙태·영아살해·안락사에 대한 그리스도인의 자세」(*Whatever Happened to the Human Race?*)라는 책과 영화 시리즈와 순회강연을 통해 낙태반대 유도탄을 발사한 지 어언 20년이 지났다. 놀라운 사실은 20세기 말인 지금도 그것이 여전히 최신 내용으로 들릴 뿐 아니라 정확한 예언으로 입증되었다는 것이다. 마이클 해밀턴이 1997년의 기사에 지적한 대로 "일부 비판론자들도 최근 들어 쉐퍼의 큰 그림이 시대를 초월한다는 사실을 인정했다.…… 특히 쉐퍼는 인간 생명의 문제에 선견지명이 있었던 것으로 보인다."[3]

20년이 지난 쉐퍼의 글은 지금 보아도 시대를 초월하는 예언적 진리로 다가온다.

낙태에서 영아살해와 안락사에 이르기까지 우리 시대에 인간성의 상실이 홍수처럼 범람하고 있다. 이 도도한 물줄기를 막을 수 있는 유일한 길은 인간의 절대적 독특성과 가치를 확신하는 것이고, 그 확신을 얻는 유일한 길은 인간이 하나님의 형상대로 지음 받았음을 아는 것이다. 그 밖에는 최후 보루가 없다. 나아가 인간이 하나님의 형상대로 지음 받았음을 아는 길은 성경과 그리스도의 성육신밖에 없다. 그리스도의 성육신도 우리는 성경을 통해서 안다.

인간이 하나님의 형상대로 지음 받지 않았다면 비관적이고 현실적인 인본주의자들의 말이 맞다. 인류는 침묵하는 무의미한 우주의 매끄러운 표면에 난 이상한 티끌에 지나지 않는다. 그렇다면 낙태와 영아살해와 안락사(정신장애가 있는 범죄자, 중증 장애인, 경제적 부담이 되는 노인 등을 죽이는 일)는 지극히 논리적인 일이다.…… 성경이 없고 그리스도 안의 계시(성경에만 나오는)가 없다면 우리의 자녀들을 살릴 근거도 없고, 결국 이 시대의 극악무도한 비인간적 행위를 수용할 수밖에 없다.4

마이클 해밀턴의 논평대로 "쉐퍼의 황량한 예견은 이제 매일의 뉴스가 되었다."

말기 환자의 자살을 돕는 "죽음의 의사" 잭 케보키언(Jack Kevorkian)은 이미 연쇄살인범 테드 번디(Ted Bundy)보다 더 많은 사람을 죽였다. 그런데도 미시간 주는 그를 막을 정치적 의지가 없다. 워싱턴 주는 의사가 환자를 죽이지 못하게 막는 법을 제정하려 했으나 연방 법원에 저지당했고, 워싱턴 대학교는 해마다 수천 명의 낙태된 태아의 신체 부위를 합법적으로 팔고 있다.5

세상에서 가장 방임적인 낙태 민주주의

프랜시스 쉐퍼가 알면 놀라지도 않겠지만, 낙태에 관한 한 미국은 현대 세계의 모든 민주 사회 중 가장 방임적인 곳이 되었다.

하버드 대학교 법학부의 메리 앤 글렌던(Mary Ann Glendon)은 서구 세계에서 낙태법에 관한 최고의 권위자다. 그녀에 따르면 모든 민주 사회 중 단연 미국이 낙태에 가장 방임적이다.…… 그녀의 지적처럼 통일 독일은 태아를 상당히 보호하는 새로운 낙태법을 제정했다. 미국을 제외한 모든 민주 사회는 입법부에서 낙태법을 제정했다. 그런데 미국에서는 사법부인 대법원이 사실상 다음과 같이 선언했다. 한때 민주주의에서 세계의 교사로 통하던 미국 국민만이 유독 자치 능력을 상실했다는 것이다.[6]

대법원의 이상한 권력은 미국의 입장이 바뀌기가 얼마나 어려운가를 상징적으로 보여준다. 대법원의 논리에 따르면, 매년 160만 명의 생명은

> 낙태의 권리가 전제된 생활방식을 침해하지 않기 위해 치러야 할 대가다. 국민의 75퍼센트가 현재 시행되고 있는 낙태의 95퍼센트를 차지하는 사유들로는 낙태가 허용되지 말아야 한다고 말하고 있는데도, 이 사회의 사법부가 판단하여 내린 명령이라는 것이 그렇다.[7]

이처럼 미국 국민은 입법자들이 아니라 재판관들의 지배를 받고 있으며, 헌법의 의미도 재판관들이 선언하는 대로 바뀐다. 그래서 우리는 점점 절박감을 느끼고 있고, 이 절박감이 절박한 대책에 대한

논의로 이어지고 있다. 이미 우리는 사람을 많이 죽였다. 이 또한 프랜시스 쉐퍼에게는 놀랄 일이 아닐 것이다. 그는 "낙태를 미국 사회의 핵심 논점으로 규정하고 그리스도인들에게 시민 불복종을 촉구했으며, 심지어 무력으로 정부에 저항하는 개념까지 거론했다."[8] 그의 마지막 저서 중 하나인 1981년의 「기독교 선언」(*A Christian Manifesto*)을 그는 이런 말로 마무리했다. "시민 불복종이 들어설 최후의 자리가 없다면 이 정부는 독자 노선을 취하여 살아 계신 하나님의 자리에 앉아 있는 것이다."[9]

미국 정권의 적법성 논의

역시 쉐퍼의 경고가 실현되어, 최근 들어 미국의 현 정권이 위법적일 수도 있다는 충격적인 공개 논의가 이루어지고 있다. 1996년과 1997년에 윌리엄 베넷(William Bennett), 로버트 보크(Robert Bork), 찰스 콜슨(Charles Colson), 제임스 답슨(James Dobson), 리처드 존 노이하우스(Richard John Neuhaus) 등이 참여한 심포지엄에서 이 문제를 다루었다. "이번에 탐색한 문제는 양심적 시민들이 더 이상 기존 정권에 도덕적으로 동의할 수 없는 지점에 우리가 이미 이르렀거나 이르고 있는가 하는 것이다. 아울러 이 문제가 미칠 광범위한 영향에 대해서도 충분한 인식이 있었다."[10]

그렇다고 낙태 시술자들을 죽여도 된다는 의미는 결코 아니다. 다만 "비밀리에 집행되는 사형이 문명에 용납될 수 없듯이 원치 않는 인간을 합법적으로 죽이는 문명은 오래갈 수 없다"라는 냉정한 판단이 존재한다.[11] 결국 얼마나 오래갈 것인지의 문제다. 노이하우스는 이렇게 말했다. "법이 헌법의 원문, 도덕적 논증, 민주적 과정 등과 분리된 결과로 이미 아노미 현상과 분노의 악영향이 나타나고 있다. 전쟁학자 카를 폰 클라우제비츠(Carl von Clausewitz)의 말처럼 정치가 수단을 가리지 않는 전쟁이 되면, 문명의 가냘픈 결속들이 풀어지고 만다. 위법적인 법은 결국 무법 상태를 초래한다."[12]

낙태가 가르쳐 주는 교훈

한편 합법화된 낙태는 소중한 것들을 하나씩 야금야금 갉아먹는다. 제일 먼저 태아들이 죽고 그 다음은 여자들이다. 여자들은 죄책감, 아픈 마음, 상한 몸, 낙태후 증후군 등에 시달린다.[13] 다음은 아버지들이다. 그들은 후회와 분노를 느끼면서도 지독한 "무책임과 남자의 강압적 성행동"으로 치닫는다. 원치 않게 임신이 되어도 간단한 해결책이 있다는 사실이 그들의 성행동을 더욱 부추긴다. 그리하여 점점 사회의 도덕 전체가 붕괴된다. 하지만 도덕의 근간이 되는 각종 덕목과 가치관과 책임을 개인의 독자적 자유보다 더 우위에 두어야 한다.

1995년 2월, 테레사 수녀는 전국 조찬기도회에서 낙태의 악영향에 대해 미국 대통령 앞에서 용감하게 직언했다.

> 제가 믿기로 오늘날 평화를 망치는 가장 큰 적은 낙태입니다. 낙태는 아기를 상대로 한 전쟁이고, 무죄한 아기를 직접 죽이는 일이며, 어머니 자신이 저지르는 살인이기 때문입니다. 어머니가 자식을 죽여도 괜찮다면 어떻게 우리가 사람들에게 서로 죽이지 말라고 말할 수 있겠습니까?
>
> 낙태할 때 어머니는 사랑을 배우는 게 아니라 문제를 해결하기 위해 자식마저 죽이는 법을 배웁니다. 낙태할 때 아버지는 자기가 잉태시킨 아기에 대해 자기는 아무런 책임도 없다고 배웁니다. 그 아버지는 다른 여자들에게 똑같은 문제를 안겨 주기 쉽습니다. 그래서 낙태는 더 많은 낙태를 부릅니다. 낙태를 받아들이는 나라는 국민에게 사랑을 가르치는 게 아니라 어떤 폭력을 써서라도 자기가 원하는 바를 얻는 법을 가르칩니다. 그래서 사랑과 평화를 망치는 가장 큰 적은 낙태입니다.[14]

프랜시스 쉐퍼도 같은 의미로 이렇게 말했다. "긍휼이…… 무너지고 있다. 아기들만 살해되고 있는 게 아니라 인본주의 세계관은 인간성 자체를 때려죽이고 있다."[15]

숲을 보지 못하는 오류

쉐퍼는 이 부분에서 최고의 기량을 발휘한다. 바로 세계관의 차원인데, 우주의 큰 싸움들은 분명히 그 차원에서 벌어지고 있다. 쉐퍼는 "지난 80여 년간 이 나라 그리스도인들의 근본 문제는······ 나무만 보고 숲을 보지 못했다는 것이다"라고 말했다.[16] 낙태 같은 나무의 배후에 깔린 세계관을 이해하고 거기에 맞서 싸워야 하는데 그렇게 하지 못했다는 뜻이다. 현대 서구와 낙태를 떠받치고 있는 이 세계관을 그는 "물질 에너지와 우연을 최종 실재로 보는 관점"이라 표현했다.

이것은 우연히 생겨난 물질 에너지를 최종 실재로 보는 총체적 세계관이다. 이 세계관의 결과들을 우리는 최대한 되돌려야 한다. 이 관점에 뒤따를 필연적 결과들이 항상 상대주의적이고 잘못된 것일 뿐 아니라 비인간적인 것임을 알아야 한다. 그것은 다른 사람들에게만 아니라 우리 자녀와 손자손녀 그리고 영적 자녀들에게도 언제나 비인간적인 결과들을 낳게 되어 있다. 총체적 실재를 보는 관점이 잘못되어 있어 인간 개개인의 독특성과 존엄성의 기초도 없을 뿐더러 인간이 무엇이며 어떤 존재인지에 대해 철저히 무지하기 때문이다.[17]

최종 실재는 물질 에너지가 아니라 하나님이며, 만물의 기원도 우연이 아니라 하나님이다. 이 기초―모든 것에 최고이신 하나님―를 회복하는 일이야말로 서구 세계의 가장 큰 과제다. 물질과 우연에 기초한 세계관은 "우주에 의미나 목적이나 가치의 여지를 남기지 않고 법의 기초를 허문다.…… 이런 세계관이 지난 40여 년간 압도적으로 여론을 지배하게 되었다."[18]

낙태에 관한 세계관 전쟁

이것이 우리가 낙태를 반대하는 전체 정황이다. 쉐퍼의 권면대로 우리는 기도하고 씨름하고 노력하는 방식에서 "나무"만 아니라 전체 세계관에 맞서 싸워야 한다. "분명히 모든 그리스도인은 가증한 낙태법을 폐지하기 위해 기도하고 노력해야 한다. 하지만 기도하고 노력하면서 마치 낙태라는 중대사가 따로 고립된 문제인 양 그것만 생각해서는 안 된다. 그보다 이 총체적 실재―물질 에너지와 우연의 세계관―와 그로 인한 모든 결과를 삶의 전 영역에서 되돌리기 위해 기도하고 씨름해야 한다."[19]

 오늘날 가장 설득력 있는 낙태반대 운동들은 바로 그것을 목표로 하고 있다. 한 예로 데이비드 리어던(David Reardon)의 시각은 쉐퍼의 세계관 접근과 명백히 통한다. 생의학 윤리학자인 리어던의 구체적 전략에는 쉐퍼의 관점이 그대로 묻어난다.

낙태를 불법화한다는 정치적 목적은 언제나 불완전한 시각이었다. 우리의 참된 갈망은 언제나 낙태가 불법일 뿐 아니라 낙태를 **생각조차** 할 수 없는 문화를 창출하는 것이다. 그런 문화에서는 낙태의 신체적·심리적·영적 위험이 상식이 될 것이다. 그런 문화에서는 어머니와 태아를 둘 다 돕고 보호하려는 헌신과 긍휼과 의무감이 보편적 현상이 될 것이다.[20]

핵심 단어는 "생각조차 할 수 없다"라는 말이다. "시대마다 '생각할 수 있는' 일이 있고 '생각조차 할 수 없는' 일이 있다"라고 이미 17년 전에 말한 사람은 바로 쉐퍼였다.[21] 생각할 수 있는 일과 생각조차 할 수 없는 일을 규정하는 것이 바로 배후의 세계관이다. 그러므로 쉐퍼와 리어던을 비롯하여 오늘날 대다수의 사상가들이 인식하고 있듯이, 낙태를 둘러싼 전투는 문화와 세계관을 두고 벌어지는 훨씬 깊은 차원의 전투다.[22]

기도와 금식의 자리

그렇다면 우리는 어떻게 저항하고 개혁할 것인가? 생애 말년에 쉐퍼는 점점 정치로 고개를 돌리면서 복음주의의 좁은 신앙에 갈수록 환멸을 느꼈다. 후자를 그는 "침묵하는 다수 중의 다수"로서 "개인의 평안과 부요라는 두 가지 파탄 난 가치관" 밖에 모른다고 표현했다.²³ 그는 예언적이고 시의적절한 사명을 강조했다.

하지만 나는 이런 의문이 든다. 쉐퍼의 감화를 받은 다수의 소장파(이미 40대와 50대가 된!) 학자와 활동가들이 기도와 금식의 위력을 알 필요가 있지 않을까? 그렇게 해야 균형을 이룰 수 있지 않을까? 기도와 금식은 사고와 행동을 몰아내는 대안이 아니라 "싸울 날을 위하여 마병(학문과 정치)을 예비하거니와 이김은 여호와께 있"음을 고백하는 든든한 기초다(잠 21:31). 많은 책들이 복음주의 지성의 쇄신과 개혁, 방법론을 대신할 진리의 회복, 교회가 무력한 정부로부터 되찾아야 할 이웃 사랑, 환경 문제에서 노넉석 고지를 점하는 일, 기타 여러 대의를 부르짖고 있다. 그 내용들을 잘 들어 보라. 각 주제마다 근본적인 논점들이 인간의 설득으로 해결하기에는 너무 어렵게 느껴지지 않는가? 그래서 금식과 기도의 사명이 적절할 뿐만 아니라 절실히 필요하지 않겠는가? 이것이 바로 내가 촉구하려는 사명이다.

세계관의 돌파구를 열기 위한 금식과 기도

이는 쉐퍼가 생애 말년에 제창한 주된 사명은 아니다. 오늘날 일각의 관점에도 이 부분―그들이 글쓰기와 혼신의 노력으로 추구하는 돌파구가 금식과 기도를 통해 열릴 수도 있다는 사실―은 들어 있지 않다. 물론 쉐퍼는 "분명히 모든 그리스도인은 가증한 낙태법을 폐지하기 위해 기도하고 노력해야 한다.…… 이 총체적 실재―물질 에너지와 우연의 세계관―를 되돌리기 위해 기도하고 씨름해야 한다"라고 말했다.[24] 하지만 학자와 활동가들이 이 말이라도 명심하고 있는지는 의문이다. 솔직히 나 자신도 세계관의 돌파구를 열기 위해 충분히 기도하고 있지 못하다. 세속적 사고방식, 부실한 신학, 구조적 타락, 철학적 오류, 만연한 문화적 편견 등에 관한 한 나는 얼마나 쉽게 체념과 운명론에 빠지는지 모른다.

하지만 지금은 체념과 운명론에 빠질 때가 아니다. 지금은 전력을 다해 기도하고 금식할 때다. 우리의 모든 사고와 설교와 글쓰기와 사회 참여와 선교가 하나님의 향기를 풍겨, 인간의 힘으로는 도저히 이루기 힘든 변화를 불러일으켜야 한다. 그러면 인간의 모든 기대와 가능성을 넘어 이런 일이 가능해질 것이다. "또 너희 다섯이 백을 쫓고 너희 백이 만을 쫓으리니 너희 대적들이 너희 앞에서 칼에 엎드러질 것이며"(레 26:8).

바빌론 포로의 정신 상태를 버리라

그렇다면 우리는 어디서 확신과 격려를 얻어 이런 광범위한 세계관 문제를 놓고 금식하고 기도할 것인가?

성경에서 에스라의 이야기, 특히 에스라 8:21-23을 생각해 보면 좋다. 우선 믿음을 더해 주는 이 본문의 배경부터 살펴보자. 그러면

에스라의 말이 아주 실감 나게 다가올 것이고, 세계관 문제와의 관련성도 확실히 보일 것이다.

이스라엘은 바빌론에 포로로 잡혀가 거기서 수십 년을 지냈다. 드디어 하나님의 때가 차 그들이 귀환할 날이 왔다. 하지만 이 일이 어떻게 가능한가? 막강한 바사(페르시아) 제국에서 그들은 무명의 소수민족에 불과했다. 답은 하나님이 제국을 다스리신다는 사실이다. 하나님의 백성이 움직일 때가 되면 그분은 제국을 움직이신다. 그것이 에스라 1-8장의 요지다. 이 말씀은 하나님의 사람들이 포로의 성신 상태로 뇌돌아갈 때마다 우리에게 불굴의 희망을 준다.

우선 에스라 1:1-2을 생각해 보라.

바사 왕 고레스 원년에 **여호와**께서 예레미야의 입을 통하여 하신 말씀을 이루게 하시려고 **바사 왕 고레스의 마음을 감동시키시매** 그가 온 나라에 공포도 하고 조서도 내려 이르되 바사 왕 고레스는 말하노니 하늘의 하나님 여호와께서 세상 모든 나라를 내게 주셨고 나에게 명령하사 유다 예루살렘에 성전을 건축하라 하셨나니.

여기서 놓치지 말아야 할 것이 있다. 세상 최고의 권력자인 고레스 왕의 생각과 뜻을 하나님이 주권적으로 다스리고 계시다는 사실이다. 일찍이 하나님은 이 백성이 고국으로 다시 돌아올 것을 예레미야를 통해 예언하셨다. "여호와께서 이와 같이 말씀하시니라. 바벨

론에서 칠십 년이 차면 내가 너희를 돌보고 나의 선한 말을 너희에게 성취하여 너희를 이곳으로 돌아오게 하리라"(렘 29:10). 하나님은 결코 자신의 예언을 불안하게 인간의 뜻에 맡기지 않으신다. 그분은 예언하실 뿐 아니라 친히 그 예언을 이루신다. 그래서 그분의 예언은 그분의 능력만큼이나 확실하다.

그래서 에스라 1:1에 "여호와께서…… 바사 왕 고레스의 마음을 감동시키시매"라고 했다. 예언은 불가사의하게 이루어진 것이 아니다. 고레스는 하나님이 친히 주권적으로 예언을 성취하시는 것을 경험했다. 그것이 답이다. 하나님은 때가 되면 능히 세상에서 큰일을 하신다. 페르시아 왕, 예언자, 학술서, 낙태를 반대하는 그리스도인 활동가 등 무엇을 통해서든 하신다. 하나님의 절대 주권은 세상의 제국들에 미치고, 왕들과 학자들과 정치가들과 대학 총장들의 생각과 뜻에까지 미친다. 그것이 핵심이다.

침체조차도 더 큰 유익을 위한 것이다

일이 이루어진 과정은 이렇다. 우선 4만2천 명이 넘는 포로들이 바빌론에서 이스라엘로 일차로 귀환했다. 그들은 성전 재건에 착수했다. 그런데 유다의 적들이 방해하며 새 황제 아닥사스다에게 서신을 보내 반역의 성읍이 건축되고 있다고 보고했다(스 4:12). 그러자 황제는 성전 건축을 중단시켰다. 이로써 하나님의 계획은 무산된 듯 보였다. 이것은 흔히 있는 일이다. 교회나 도시나 문화 전반에서 바른 방향으로 큰 운동이 일어나는가 싶으면 곧 침체가 찾아온다. 그러면 하나님관이 좁은 비관론자들은 한탄한다. 하지만 이 이야기는 우리의 희망을 지속시켜 주기 위한 것이다.

하나님은 방해와 침체에도 불구하고가 아니라 그것까지 포함하여 더 좋은 계획을 가지고 계셨다. 우리는 고난의 흉년이 하나님께서 복을 주시려는 준비 과정임을 배워야 한다! 조만간 그분은 모든 것을 합력하여 선을 이루신다. 그분은 하나님이시다. 이 경우에 하나님은 에스라 5:1에 보듯이 학개와 스가랴라는 두 예언자를 보내신다. 그들은 백성을 감화하여 건축 공사를 재개하게 한다.

> 그러나 여호와가 이르노라. 스룹바벨아, 스스로 굳세게 할지어다. 여호사닥의 아들 대제사장 여호수아야, 스스로 굳세게 할지어다. 여호와의 말이니라. 이 땅 모든 백성아, 스스로 굳세게 하여 일할지어다. 내가 너희와 함께하노라. 만군의 여호와의 말이니라.······ 은도 내 것이요 금도 내 것이니라. 만군의 여호와의 말이니라. 이 성전의 나중 영광이 이전 영광보다 크리라. 만군의 여호와의 말이니라(학 2:4, 8-9).

하지만 흔히 그렇듯이 기운이 살아나고 일이 진척되면 또다시 방해가 찾아온다. 적들은 예루살렘의 공사를 중단시킬 목적으로 전과 같은 술책을 썼다. 이번에는 서신의 수신자가 새 황제 다리오였다. 하지만 이번에는 역효과가 났다. 하나님이 처음에 잠시 건축이 중단되게 하셨던 이유가 여기서 밝혀진다.

다리오는 이스라엘의 적들에게 답변하기 전에 약간의 조사를 했다. 문서 창고를 뒤진 결과 고레스가 성전 건축을 승인했던 본래의 조서가 발견되었다. 결국 다리오가 보낸 충격적인 회신이 에스라 6:7-8에 나온다. 공사하느라 진흙투성이가 되어 있던 이스라엘 백성으로서는 감히 구하거나 생각할 수도 없던 내용이었다. 다리오가 유다의 적들에게 한 말은 이렇다.

> 하나님의 성전 공사를 막지 말고 유다 총독과 장로들이 하나님의 이 성전을 제자리에 건축하게 하라. 내가 또 조서를 내려서 하나님의 이 성전을 건축함에 대하여 너희가 유다 사람의 장로들에게 행할 것을 알리노니 **왕의 재산** 곧 유브라데 강 건너편에서 거둔 세금 중에서 그 **경비를 이 사람들에게 끊임없이** 주어 그들로 멈추지 않게 하라.

얼마나 놀라운 반전인가! 하나님은 얼마나 위대하신 분인가! 유대인들은 적들이 이긴 줄로 알았다. 그런데 하나님은 역사(歷史)를 움직여 적들이 성전 건축을 **용인**할 뿐 아니라 **비용까지 모두 대게** 하셨다! 에스라 6:22에 이 놀라운 사실이 똑똑히 적혀 있다. "여호와께서…… **앗수르 왕의 마음을 그들에게로 돌려** 이스라엘의 하나님이신 하나님의 성전 건축하는 손을 힘 있게 하도록 하셨음이었더라." 하나님은 왕들과 황제들과 대통령들과 과학자들과 학자들과 판사들과 도지사들과 시장들의 마음을 지배하신다. 이 사실이 우리가 세계관 문제를 놓고 금식하고 기도하는 든든한 기초다. 하나님은 사람들을 회심시키실 수 있고, 회심하지 않은 사람들의 생각까지도 움직이실 수 있다. 교회와 문화에 진리를 실현하고자 씨름하는 우리는 바로 여기서 교훈을 얻을 수 있다.

> 참 슬기로운 그 솜씨
> 다 측량 못하네.
> 주님 계획한 그 뜻은
> 다 이뤄지도다.[25]

이 교훈을 놓치지 말라! 당신을 낙심시키는 개인적·정치적·학문적·교회적·문화적·세계적 침체를 꼽아 보라. 바로 그것을 통해 하나님은 그분 백성의 유익과 그분 이름의 영광을 이루실 것이다. 감히 그렇지 않다고 말할 그리스도인이 있는가? 우리 하나님이 에스라의 하나님이라면 아무도 그럴 수 없다! 이런 침체에는 우리가 상상할 수 없는 크고 놀랍고 의로운 목적이 있다.

왕의 마음은 여호와의 손에 있다

이제부터 에스라가 등장하여 아닥사스다가 왕위에 있던 때를 회상한다. 왕은 에스라를 일단의 무리와 함께 예루살렘으로 돌려보냈다. 에스라 7:6에 보면 왕은 길을 떠나는 에스라에게 그가 원하는 것을 다 주었다. 성전 재건을 중단시킨 왕이 왜 그렇게 했을까? 7:27의 에스라의 기도에 답이 나온다. "우리 조상들의 하나님 여호와를 송축할지로다. 그가 왕의 마음에 예루살렘 여호와의 성전을 아름답게 할 뜻을 두시고." 하나님이 하신 일이다. 하나님이 왕의 마음을 그렇게 움직이셨다.

그분은 고레스(1:1), 다리오(6:22), 아닥사스다(7:27)에게 그렇게 하셨다. "왕의 마음이 여호와의 손에 있음이 마치 봇물과 같아서 그가 임의로 인도하시느니라"(잠 21:1). 하나님은 세상과 역사를 통치하신다. "깊도다, 하나님의 지혜와 지식의 풍성함이여. 그의 판단은 헤아리지 못할 것이며 그의 길은 찾지 못할 것이로다"(롬 11:33). 지혜가 무한하신 그분의 길을 우리는 이해할 수 없다. 우리가 할 일은 신뢰하고 순종하고 기도하는 것, 그리고 곧 살펴보겠지만 금식하는 것이다.

세상의 주권자이신 하나님 앞에서 하는 금식

포로로 살던 에스라가 예루살렘으로 떠날 때 한 일이 바로 그것이다. 그는 군대의 호위를 거부했다. 자기 일행을 보호해 주시는 하나님의 능력과 신실하심을 아닥사스다에게 증언하기 위해서였다. 그는 왕의 도움 대신 하나님의 도움을 구하되 **금식하며** 구했다. 에스라 8:21-23에 이렇게 기록되어 있다.

> 그때에 내가 아하와 강가에서 **금식**을 선포하고 우리 하나님 앞에서 **스스로 겸비하여** 우리와 **우리 어린아이**(어린 생명들을 낙태로부터 구하는 일과 통한다)와 모든 소유를 위하여 평탄한 길을 그에게 간구하였으니 이는 우리가 전에 왕에게 아뢰기를 우리 하나님의 손은 자기를 찾는 모든 자에게 선을 베푸시고 자기를 배반하는 모든 자에게는 권능과 진노를 내리신다 하였으므로 길에서 적군을 막고 우리를 도울 보병과 마병을 왕에게 구하기를 부끄러워하였음이라. 그러므로 우리가 이를 위하여 **금식하며** 우리 하나님께 간구하였더니 그의 응낙하심을 입었느니라.

21절에 보듯이 금식은 겸손의 표현이다. 금식은 매사에 절박하고 철저하게 하나님을 의존하는 마음이다. "내가 아하와 강가에서 금식을 선포하고 우리 하나님 앞에서 **스스로 겸비하여**." 프랜시스 쉐퍼가 분석한 낙태의 기초에서 명백히 드러났듯이, 미국 문화에 만연한 인본주의 세계관은 여간해서 고쳐지기 힘들다. 그래서 우리의 저항과 개혁은 철저히 하나님을 의존할 수밖에 없다. 충실한 논리, 설득력 있는 글쓰기, 사회 활동, 정치 참여도 모두 필요하다. 하지만 주권자이신 하나님께서 (고레스와 다리오와 아닥사스다에게 하신 것처럼) 인간의 어두워진 사고를 움직이지 않으시는 한, 세상 최고의 논리와 행동도 무력하게 쓰러지고 말 것이다.

하지만 에스라에게 금식은 겸손과 절박함의 표현만이 아니라 생사를 걸고 진지하게 하나님을 갈망한다는 표현이었다. "그러므로 우리가 이를 위하여 금식하며 우리 하나님께 간구하였더니." 금식 기도는 하나님께 굶주린 마음이며 다음과 같은 고백이다. "우리 힘으로는 이 싸움에 이길 수 없습니다. 우리는 사람들의 마음이나 생각을 바꿀 수 없습니다. 세계관을 바꾸거나 문화를 변혁하거나 160만 아기의 목숨을 구할 수 없습니다. 사법부를 개혁하거나 입법부를 지지하거나 잠자는 대중을 깨울 수 없습니다. 불경한 이념들과 그로 인한 살인 행위의 끝없는 상처를 치유할 수 없습니다. 하지만 하나님, 하나님은 하실 수 있습니다! 그래서 우리는 자신을 의존하지 않고 하나님을 의존합니다. 하나님께 부르짖고 간구합니다. 하나님의 이름과 영광을 위해, 하나님의 목적대로 세상에 구원이 진척되기를 위해, 모든 것 위에 뛰어난 하나님의 지혜와 능력과 권위가 드러나기를 위해, 하나님의 진리가 통치하고 가난한 자들과 무력한 자들이 해방되기를 위해, 오 하나님, 행동하소서. 우리는 하나님의 권능을 보고자 이만큼 굶주려 있습니다. 우리의 모든 사고와 글쓰기와 행동과 더불어 우리는 기도하고 금식합니다. 하나님의 영광을 나타내소서."

금식과 기도에 대한 자비로운 결과가 에스라 8:23 끝에 언급된다. "그의 응낙하심을 입었느니라." 자녀들이 목숨을 건졌다. 왕의 마음이 바뀌었다. 적들이 물러났다. 왕들의 생각을 녹이시는 하나님이 연약한 자들에게 마음이 녹아 주권적 능력을 베푸시다니, 그분이 정하신 원리는 얼마나 놀라운가.

그분이 오실 때까지 "장사" 하라

어두워진 사고가 현대 세계를 삼키고 있다. 여기에 돌파구를 내려면 금식과 기도가 필요하다. 낙태를 비롯한 수많은 죄악과 관련하여 금식과 기도의 자리가 있다. 우리 함께 주님을 구하자. 나쁜 사람들에게 "내 나라를 도로 내놓으라"고 악을 쓰며 단체로 성질을 부리자는 말이 아니다. 이 땅의 거류민과 나그네로서 하늘에 시민권을 두고 왕의 나타나심을 사모하는 우리가 그분이 오실 때까지 "장사"의 사명을 다하자는 말이다(눅 19:13). 그리스도인의 큰 장사란 "무엇을 하든지 다 하나님의 영광을 위하여" 하는 것이며(고전 10:31), 하나님의 이름이 거룩히 여김을 받으시고 그분의 나라가 임하고 그분의 뜻이 땅에 이루어지기를 위해 기도하는 것이다(마 6:9-10). 또한 열망하고 노력하고 기도하고 금식하되 주님의 재림을 위해서만 아니라 그때까지 성령의 능력이 나타나 모든 민족에게 복음이 전파되고, 멸망하는 자들이 구원받고, 교회가 거룩하게 되고, 하나님이 허락하시는 한 최대한 많은 악이 바로잡히기 위해 그리하는 것이다.

물론 이런 큰일을 위해 수고하면서 성경적 균형을 이루기란 쉽지 않다. 하지만 그것도 충실한 금식의 열매가 될 수 있다. 사명이 크다 하여 갈망이 제풀에 꺾이지 않도록 주께서 우리를 도우시기를 기도한다. 오히려 우리의 굶주림이 금식과 기도와 모든 선한 일을 통해 채워지기를 기도한다. 우리의 굶주림은 위대하신 하나님의 영광이 사적으로, 공적으로 드러나기를 갈망하는 마음이다.

지금 주린 자는 복이 있나니 너희가 배부름을 얻을 것임이요(눅 6:21).

누가 주께 먼저 드려서 갚으심을 받겠느냐. 이는 만물이 주에게서 나오고 주로 말미암고 주에게로 돌아감이라. 그에게 영광이 세세에 있을지어다. 아멘(롬11:35-36).

하나님은 자비를 베푸시기 전에 먼저 기도하게 하신다. 하나님은 마치 기도에 설복되신 것처럼 기도의 결과로 자비를 베푸시기를 기뻐하신다. 하나님의 사람들에게 기도할 마음이 동하면 그것은 그분이 자비를 베푸시려고 주신 마음이다. 그래서 그분은 은혜와 간구의 영을 부어 주신다.
_조나단 에드워즈, 「기도를 들으시는 지존하신 하나님」,[1]

맺는 말
하나님은 왜 금식에 갚아 주시는가

한 가지 중요한 질문이 남아 있다. 하나님은 왜 금식에 응답하시는가? 왜 그분은 우리가 금식할 때 갚아 주시는가? 그분이 갚아 주신 예가 성경과 역사에 즐비하다. 예수님도 그렇게 약속하셨다. "은밀한 중에 [네 금식을] 보시는 네 아버지께서 갚으시리라"(마 6:18). 이것은 긴박한 질문이다. 대답을 잘못하면 하나님께 욕이 되고 우리에게 큰 해가 되기 때문이다.

하나님을 욕되게 하고 우리에게 해가 되는 대답

예컨대 이렇게 말한다고 하자. 하나님이 금식에 갚아 주시는 이유는 우리가 금식으로 공을 쌓아 상을 얻어 내기 때문이다. 이것은 하나님께 욕이 된다. 그분의 값없는 은혜를 거래로 변질시키기 때문이다. 그러면 결국 금식은 우리 자신의 의지에서 비롯된 일이 된다. 우리 스스로 지어낸 훈련을 하나님께 드려 보상을 얻어 내는 것이다. 이것은 하나님을 크게 욕되게 하는 일이다. 기도와 금식의 궁극적 주도권은 오직 하나님께 있는데 그것을 우리 것이라 주장하기 때문이다. 이는 우리 스스로 하나님의 자리에 올라 그분이 은혜로 주신 자유를 무효로 만드는 일이다.

이것은 우리에게도 큰 해가 된다. 하나님을 그런 식으로 대하면 결국 우리는 은혜의 수혜자가 아니라 공의와 형벌의 수혜자가 된다. 하나님으로부터 영생의 "은사"(롬 6:23)가 아니라 마땅한 결과를 받는 것이다. 금식에 대한 하나님의 응답을 그런 식으로 보면 금식은 사도 바울의 말대로 "일"이 되고 만다. 로마서 4:4에 그 사실이 나와 있다. "일하는 자에게는 그 삯이 은혜로 여겨지지 아니하고 보수로 여겨지거니와." 일하고 받는 보수는 정당한 대가이지 은혜가 아니다. 하나님이 "삯"을 치르거나 "빚"을 갚으려고 금식에 상을 주신다면, 우리가 금식으로 공을 쌓거나 상을 얻어 내는 것이다. 마치 그분의 상이 은혜가 아닌 것처럼 행동하는 것이다. 하나님을 그렇게 대하는 것은 매우 위험한 일이다. 값없는 은혜의 유일한 반대는 정죄이기 때문이다.

하나님은 우리를 구원하실 때는 "은혜에 의하여 믿음으로 말미암아"(엡 2:8) 하셨다가, 금식에 상을 주실 때는 "공의에 의하여 행위로 말미암아" 하시는 분이 아니다. 칭의의 상처럼 이후의 모든 상도 동일한 근거 위에서 동일한 통로를 통해 주신다. 근거는 예수님의 대속의 죽임이다(롬 3:24). 이것은 하나님이 그리스도를 통해 하신 일이다. 통로는 삶을 변화시키는 우리의 믿음이다(엡 2:8, 갈 5:6). 이것은 하나님이 우리 안에서 하시는 일이다. 하나님께 공을 쌓아 대가를 얻어 내려는 시도는 회심 전에든 후에든 악하고 위험한 일이다. 은혜를 무효로 만드는 행위도 언제나 악하고 위험한 일이다.

이렇듯 하나님이 왜 금식에 갚아 주시는가라는 질문에 대답을 잘못하면 그분께 욕이 되고 우리에게 큰 해가 된다. 이 질문에 바르게 답하는 것이 굉장히 중요하다. 하나님의 영광과 우리의 유익이 걸린 문제다.

금식도 "주에게서 나오고 주로 말미암고 주에게로 돌아" 간다

하나님이 금식에 응답하시는 이유는 금식을 통해 우리의 믿음이나 헌신에 대해 새로운 사실을 알게 되셔서가 아니다. 그분은 우리의 마음을 우리 자신보다 더 잘 아신다. 사실 믿음으로 새로 태어난 우리의 마음은 하나님이 직접 만드신 작품이다. 직접 만드셨으니 우리를 아실 수밖에 없다. "우리는 그가 만드신 바라. 그리스도 예수 안에서 선한 일을 위하여 지으심을 받은 자니"(엡 2:10). 그분은 우리를 믿음의 새로운 피조물로 지으셨을 뿐 아니라 지금도 "그 앞에 즐거운 것을…… 우리 가운데서 이루시"는 중이다(히 13:21). 시시각각 순종을 선택하는 것은 우리의 의무이자 기쁨이다. 하지만 "우리 안에서 행하시는 이는 하나님이시니 그분의 기쁘신 뜻을 위하여 우리에게 소원을 두고 행하게 하신다"는 사실을 결코 잊어서는 안 된다(빌 2:13).

금식을 통해 하나님으로부터 아무것도 "얻어 낼" 수 없는 가장 근본적인 이유는 금식이 그분의 선물이기 때문이다. 금식은 하나님이 "우리 가운데서 이루시"는 일이다. 이미 그분의 것인데 어떻게 갚으심을 바랄 수 있는가? 바울이 로마서 11:35-36에 한 말이 바로 그런 의미다. "누가 주께 먼저 드려서 갚으심을 받겠느냐. 이는 만물이 주에게서 나오고 주로 말미암고 주에게로 돌아감이라. 그에게 영광이 세세에 있을지어다. 아멘." 금식도 거기에 포함된다. 금식도 주에게서 나오고 주로 말미암고 주에게로 돌아간다. 우리 쪽에서 먼저 하나님께 드려서 갚으심을 받는 것이 아니다. 하나님이 먼저 우리의 유익과 그분의 영광을 위해 주신 것이다.

희생의 궁극적 근원

우리가 음식을 희생하고 금식하는 것과 비슷하게 다윗의 백성도 성전 건축을 위해 재물을 희생했다. 그런데 다윗은 이를 그 백성이 쌓은 덕으로 보고 교만해진 것이 아니라 오히려 그렇게 후히 드릴 수 있는 은혜를 주신 하나님 앞에 겸손해졌다. 그는 "나와 내 백성이 무엇이기에 이처럼 즐거운 마음으로 드릴 힘이 있었나이까. 모든 것이 주께로 말미암았사오니 우리가 주의 손에서 받은 것으로 주께 드렸을 뿐이니이다"라고 고백했다(대상 29:14). 우리도 금식에 대해 똑같이 말해야 한다. 금식을 자랑할 근거가 전혀 없다. "제가 누구이기에 금식할 힘이 있나이까. 저는 아무것도 아닙니다. 주께서 은혜로 저를 변화시켜 주지 않으신다면 제 안에는 주의 영광을 위해 금식을 선택할 만한 구석이 전혀 없습니다." 나아가 다윗은 미래를 내다보며 이런 희생정신이 계속 이어질지 생각해 보았다. 그러자 이런 기도가 절로 나왔다. "여호와여, 주께서 이것을 주의 백성의 심중에 영원히 두어 생각하게 하시고 그 마음을 준비하여 주께로 돌아오게 하시오며"(대상 29:18). 우리도 자신의 금식과 기독교 교회의 금식에 대해 그렇게 기도해야 한다. "오 주여, 주께서 금식을 우리의 심중에 두셨으니 이것이 늘 살아 있게 하소서. 또 주의 백성의 마음이 모든 기쁨의 근원이신 주께로 늘 돌아오게 하소서."

무력한 모습으로 하나님만 바라는 마음에 상을 주신다

하나님이 금식에 갚아 주시는 이유는 **우리가** 보상을 바라고 금식을 지어내서 바치기 때문이 아니다. 그렇다면 왜 갚아 주시는가? 금식을 지으시고 지속시키시는 분이 하나님 자신이라면 왜 이 행위에 상을 주시는가? 답은 인간이 진심으로 자신의 무력함을 내보이며 하나님만 바랄 때 그분이 반드시 상을 주시는 분이기 때문이다. 성경에서 누누이 보듯이, 하나님은 자아를 의존하지 않고 하나님을 구하며 그분을 보배와 도움으로 삼는 자들에게 반드시 도움을 베푸신다.

"오호라 너희 모든 목마른 자들아, 물로 나아오라. 돈 없는 자도 오라. 너희는 와서 사 먹되 돈 없이 값없이 와서 포도주와 젖을 사라.……내게 듣고 들을지어다. 그리하면 너희가 좋은 것을 먹을 것이며 너희 자신들이 기름진 것으로 즐거움을 얻으리라. 너희는 귀를 기울이고 내게로 나아와 들으라. 그리하면 너희의 영혼이 살리라"(사 55:1-3). 하나님이 돈으로 사지 못할 물과 포도주와 젖과 생명을 약속하시는 대상은 바로 돈 없이 목마름만 있는 사람들이다. 우리는 돈으로 살 수 있는 것들에서 돌이켜 그분께 가기만 하면 된다. "내가 생명수 샘물을 목마른 자에게 값없이 주리니……목마른 자도 올 것이요 또 원하는 자는 값없이 생명수를 받으라"(계 21:6, 22:17). 생명을 상으로 받는 사람은 그것을 살 수 있거나 일해서 얻을 수 있는 사람이 아니다. 그분은 "값없이" 거저 주신다. "값"은 목마름이다. 세상의 터진 웅덩이에서 돌이켜 하나님의 마르지 않는 샘으로 나아오는 목마름이다.

"심령이 가난한 자"가 천국을 상으로 얻는다(마 5:3). 주님은 "자기를 앙망하는" 자를 위해 일하신다(사 64:4). 말이나 병거가 아니라 "하나님께 의뢰"하는 자들이 그분의 능력으로 승리를 얻는다(대상 5:20, 대하 13:18, 시 20:7). "여호와를 기뻐"하고 신뢰하는 자라야 마음의 소원을 이룬다(시 37:4-5). 하나님이 받으시는 제사는 상한 심령과 통회하는 마음이며, 그분은 그런 빈 마음에 갚아 주신다(시 51:17). 하나님을 섬기되 자기 힘이 아니라 "하나님이 공급하시는 힘으로" 하는 사람이 주께 상을 받는다(벧전 4:11).

하나님의 궁극적 목표는 그분의 영광이다

인간이 진심으로 자신의 무력함을 내보이며 하나님만 바랄 때 그분은 상을 주신다. 그 이유는 이런 행위가 하나님의 영광을 드러내기 때문이다. 베드로전서 4:11에 그것이 분명히 나와 있다. "누가 봉사하려면 하나님이 공급하시는 힘으로 하는 것같이 하라. 이는 범사에 예수 그리스도로 말미암아 하나님이 영광을 받으시게 하려 함이니 그에게 영광과 권능이 세세에 무궁하도록 있느니라. 아멘." 이 구절의 논리를 잘 보라. 내 힘이 아니라 하나님이 공급하시는 힘으로 섬기면 하나님이 영광을 얻으신다. 주신 분에게 영광이 돌아간다.

하나님은 모든 일을 철저히 그분의 영광을 위해 하신다. 이 또한 성경 전체에 나타나 있다. 조나단 에드워즈도 「조나단 에드워즈가 본 천지 창조의 목적」(*Dissertation Concerning the End for which God Created the World*)이라는 글에 그것을 역설했다. "성경 어디를 보아도 하나님이 일하시는 궁극적 목표는 '하나님의 영광'이라는 이 한마디에 들어 있다."[2] 하나님이 창세 전부터 사람들을 택하신 이유도 그분의 영광을 위해서다(엡 1:4). 인류를 창조하신 것도 그분의 영광을 위해서다(사 43:7). 이스라엘을 선택하신 것도 그분의 영광을 위해서다(사 49:3). 그들을 이집트에서 구해 내신 것도 그분의 영광을 위해서다(시 106:7-8). 그들을 포로 생활에서 회복시키신 것도 그분의 영광을 위해서다(사 48:9-11). 아들을 보내시어 그분의 진실하심을 확증하신 것도 이방인들이 그 긍휼하심으로 말미암아 하나님께 영광을 돌리게 하려 하심이다(롬 15:8-9). 그 아들을 죽게 하신 것도 그분의 의로우심을 입증하여 영광을 나타내시기 위해서다(롬 3:25-26). 성령을 보내심도 자기 아들을 영화롭게 하시기 위해서다(요 16:14). 그분은 우리에게도 무엇을 하든지 다 그분의 영광을 위해 하라고 명하신다(고전 10:31). 또 장차 아들을 다시 보내 합당한 영광을 얻게 하신다(살후 1:9-10). 그리고 마침내 종말이 오면 그분의 영광을 인정하는 것이 세상에 가득하게 하신다(합 2:14).

무슨 일을 하시든 하나님의 궁극적 목표는 그분의 영광을 나타내시는 것이다. 그것을 받아들이는 사람들은 찬송할 것이요 그렇지 않은 사람들은 피폐해질 것이다. 그래서 그분은 인간이 무력함을 고백하고 하나님만 바랄 때 갚아 주신다. 그런 행위가 그분의 영광을 드러내기 때문이다.

빈 마음을 드리면 충만함을 주신다

기도를 주신 목적도 분명히 그것이다. "너희가 내 이름으로 무엇을 구하든지 내가 행하리니 이는 아버지로 하여금 아들로 말미암아 영광을 받으시게 하려 함이라"(요 14:13). 하나님이 기도에 응답하시는 이유는 이것이다. 우리가 자아를 바라보지 않고 그리스도를 유일한 희망으로 삼으면, 아버지께서 아들의 사역을 통해 모든 것을 은혜로 공급하신다. 그리고 그분 자신의 영광을 마음껏 드러내신다.

비슷하게 금식도 그런 면에서 하나님을 영화롭게 하기에 안성맞춤이다. 기본적으로 금식은 희망을 품고 하나님께 빈 마음을 드리는 것이다. 금식은 그분이 꼭 필요함을 아뢰는 굶주림의 제사이며, 본질상 이런 고백과 같다. "아버지, 저는 비어 있지만 주님은 충만하십니다. 저는 배고프지만 주님은 하늘의 빵이십니다. 저는 목마르지만 주님은 생명의 샘이십니다. 저는 연약하지만 주님은 강하십니다. 저는 가난하지만 주님은 풍성하십니다. 저는 어리석지만 주님은 지혜로우십니다. 저는 깨어졌지만 주님은 온전하십니다. 저는 죽어 가지만 주님의 인자하심이 생명보다 낫습니다(시 63:3)."

이렇게 그분이 꼭 필요하다는 고백과 그분을 신뢰하는 표현을 보실 때 하나님은 행동하신다. 은혜가 충만하신 그분의 영광이 걸려 있기 때문이다. 그러므로 궁극적인 답은 이것이다. 하나님이 금식에 갚아 주시는 이유는, 금식이 하나님 외에는 세상 무엇도 우리 영혼을 채워 줄 수 없다는 심령의 부르짖음이기 때문이다. 하나님은 이런 부르짖음에 상을 주지 않으실 수 없다. 우리가 하나님 안에서 가장 만족할 때 그분은 우리 안에서 가장 영광을 얻으시기 때문이다.

하나님의 말씀을 너희에게 일러 주고 너희를 인도하던 사들을 생각하며 그들의 행실의 결말을 주의하여 보고 그들의 믿음을 본받으라(히 13:7).

어떤 사람들은 성령의 가르침을 받는다는 구실 하에 책이나 생존 인물을 통해서는 배우려 들지 않는다. 이는 성령을 높이는 게 아니라 오히려 욕되게 하는 일이다. 성령께서 일부 종들에게 깨달음을 더 많이 주신다면—분명히 그렇게 하신다—그들은 그 깨달음을 다른 사람들에게 전하고 교회의 유익을 위해 활용할 책임이 있다. 그런데 교회의 다른 사람들이 그 깨달음을 받지 않으려 한다면 성령께서 그것을 주신 목적은 어떻게 되는가? 성령께서 관리하시는 하나님의 은사와 은혜의 경륜에 무슨 착오라도 있다는 말인가? _찰스 스펄전,「기독교 사역자들에게 주는 조언」[1]

부록

금식에 관한 인용문과 체험들

이 인용문과 체험들은 이 책을 준비하면서 읽은 자료에서 발췌한 것이다. 영감과 교훈을 나눌 목적으로 여기에 싣지만 내가 모든 내용에 동의하는 것은 아니다. 독자들이 문맥을 살펴볼 수 있도록 원전을 밝혔다. 때로는 스쳐 지나가는 한마디 말이 책 한 권이나 한 장 못지않은 영향을 미칠 수 있다. 하나님이 이 짤막한 말들을 통해 누군가의 마음속에 "하나님을 향한 굶주림"을 깨워 주시기를 기도한다.

이그나티우스(Ignatius, 1세기 말 안디옥의 주교)

금식과 기도에 힘쓰되 몸이 상할 만큼 무리하지는 말라. 포도주와 고기는 혐오할 것이 아니니 완전히 끊지 말라. 성경에 "땅의 아름다운 소산을 먹을 것이요"라고 했고, 또 "모든 산 동물은 너희의 먹을 것이 될지라. 채소 같이 내가 이것을 다 너희에게 주노라"고 했고,

또 "사람의 마음을 기쁘게 하는 포도주와 사람의 얼굴을 윤택하게 하는 기름과 사람의 마음을 힘 있게 하는 양식을 주셨도다"라고 했다. 다만 이 모두가 하나님의 선물이니 적당히 절제해야 한다. "사람이 하나님께서 그에게 주신 바 그 일평생에 먹고 마시며 해 아래에서 하는 모든 수고 중에서 낙을 보는 것이 선하고 아름다움을 내가 보았나니 그것이 그의 몫이로다."[2]

어거스틴(Augustine, 354-430, 히포의 주교)

주께서 배와 음식을 다 멸하실 그날까지 우리는 날마다 쇠해 가는 몸을 음식으로 보양합니다. 그날이 오면 주께서 텅 빈 저를 충만하게 채우시고 이 썩지 않을 영혼에 썩지 않을 영원한 옷을 입히실 것입니다. 하지만 지금은 식욕이 감미로워 그 노예가 되지 않고자 날마다 싸웁니다. 금식으로 매일 전투를 수행합니다. 수시로 제 몸을 쳐 복종하게 하면 고통이 사라지고 기쁨이 찾아옵니다.…… 식욕이 몸을 돌보고 유지하는 데 꼭 필요한 것인지 아니면 방탕한 탐욕이 우리를 돕겠다고 속이는 것인지 애매할 때가 많습니다. 불행한 영혼은 그 애매함을 즐기며 방종의 구실로 삼습니다. 건강의 기준이 분명치 않음을 오히려 다행으로 여기며 건강을 빌미로 욕심을 채웁니다. 저는 날마다 이런 유혹을 물리치고자 애씁니다. 주의 오른손을 구하며 제 어지러운 마음을 주께 올려 드립니다. 이 부분에

아직 정해진 지침이 없기 때문입니다.³

이 문제에 대한 나의 의견을 묻는다면 질문을 숙고한 뒤에 이렇게 답하겠다. 복음서와 서신서 등 우리를 교훈하고자 주신 신약성경 전체가 금식을 명하고 있다. 다만 금식을 하거나 하지 말아야 할 날들에 대해서는 주님이나 사도들이 주체적으로 제시한 규정이 없다. 나는 일요일에는 금식하지 않는 것이 좋다고 본다. 일요일은 장차 실현될 영원한 안식은 아니지만 참된 안식의 예표다. 영원한 안식은 칭의의 영광을 누리는 왕의 자녀들이 믿음으로만 받는 것이다.⁴

예루살렘의 치릴로(Cyril of Jerusalem, 315-386, 예루살렘의 주교)

네가 전에는 독사의 자식이었으나 이제는 독사가 되지 말라. 주님은 죄악에 빠져 살던 이전의 허물을 벗으라 하신다. 뱀은 구덩이 속에 기어 들어가 옛 허물을 문질러 벗고 다시 몸이 젊어진다. 이와 같이 너도 좁고 곧은 문으로 들어가 금식으로 옛 자아를 문질러 벗으라. 너를 망하게 하는 것을 털어 내라.⁵

마르틴 루터(Martin Luther, 1483-1546, 독일의 종교개혁자)

(마 4:1에 관한 1524년의 설교에서.) 금식에 대해서는 이렇게 말하겠습니다. 몸을 다스리고 절제하기 위해 자주 금식하는 것은 옳은

일입니다. 배부른 몸은 설교에도, 기도에도, 연구에도, 어떤 선행에도 도움이 되지 않습니다. 그 상태로는 하나님의 말씀이 우리 안에 거할 수 없습니다. 다만 다른 선행과 마찬가지로 금식도 공로를 쌓을 목적으로 해서는 안 됩니다.[6]

(베드로가 벧전 1:13에 권고한 근신하는 마음과 관련하여 루터는 다양한 사람들의 다양한 필요를 지적한다.) 금식 기간을 규정한 교황과 달리 베드로는 일정한 기간을 정하지 않고 각 개인에게 맡긴다. 각자 필요한 만큼 금식하면 식탐으로 몸이 부내끼지 않고 늘 근신하는 마음을 유지할 수 있다. 자신의 몸을 다스리는 데 금식이 얼마나 필요한지는 스스로 이성과 성찰을 바탕으로 정하면 된다. 금식의 문제에서 하나의 명령을 단체와 교회에 강요하는 것은 무익하다. 사람마다 서로 다르기 때문이다. 한 몸 안에도 강한 지체가 있고 약한 지체가 있다. 따라서 금식이 건전하고 유익하려면 사람마다 몸을 억제하는 정도가 달라야 한다.…… 금식은 좋은 일이지만 평소에도 건강 유지에 꼭 필요한 만큼만 먹어야 비로소 참된 금식이라 할 수 있다. 몸은 일해야 하고 삼가야 한다. 그렇지 않으면 고집쟁이 몸이 너무 까불며 얼음판에서 춤추다 뼈가 부러진다. 몸은 절제해야 하고 영을 따라야 한다. 금식하기 전에 한꺼번에 생선과 최상품 포도주를 배가 터지도록 먹어서는 안 된다.[7]

성경에는 두 가지 좋은 금식이 나온다. 하나는 영으로 몸을 다스리고자 기꺼이 받아들이는 금식이다. 이에 대해 바울은 "수고로움과 자지 못함과 먹지 못함"을 말한다(고후 6:5). 또 하나는 기꺼이 받아들이면서도 견뎌 내야만 하는 금식이다. 이에 대해 바울은 "바로 이 시각까지 우리가 주리고 목마르며"라고 말한다(고전 4:11). 그리스도께서도 이에 대해 "신랑을 빼앗길 날이 이르리니 그때에는 금식할 것이니라"고 말씀하신다(마 9:15).[8]

장 칼뱅(John Calvin, 1509-1564, 제네바의 종교개혁자)

요컨대 종교회의나 교회 법정에서 처리해야 할 신앙 논쟁이 발생할 때, 사역자 선정에 의문이 제기될 때, 아주 중요하고 난해한 문제를 최종 논의해야 할 때, 주의 진노로 역병이나 전쟁이나 기근 같은 심판이 임할 때, 이럴 때마다 모든 시대에 유익한 한 가지 거룩한 관습이 있다. 목사들이 사람들에게 공적인 금식과 특별 기도를 촉구하는 것이다.[9]

거룩하고 적법한 금식에는 세 가지 목표가 있다. 하나는 육신이 제멋대로 굴지 않도록 육신을 다스리고 약화시키기 위해서다. 또 하나는 기도와 거룩한 묵상에 더 잘 준비되기 위해서다. 마지막으로 하나님께 죄를 자백할 때 그분 앞에서 자신을 낮추기 위해서다.[10]

(바울이 고전 7:5에 말한 섹스의 금식을 보면 금식이란 기도를 위한 것이지 그 자체가 목표가 아니다. 칼뱅은 눅 2:37의 안나와 느 1:4의 느헤미야를 언급한 뒤에 이렇게 말한다.) 그래서 바울은 신자들이 기도와 금식을 더 자유롭게 하기 위해 부부간의 잠자리를 당분간 끊는 것을 잘하는 일이라 했다. 그는 금식을 기도의 보조물로 보았고, 이 목적이 아니라면 금식 자체는 전혀 중요하지 않다고 경고했다(고전 7:5).[11]

경건한 삶에는 평생 검소함과 근신이 따라야 하며 그리하여 삶 자체가 최대한 금식에 가까워야 한다. 그러나 이에 더하여 다른 종류의 금식도 있다. 이것은 성격상 더 한시적이다. 하루나 일정 기간 동안 평소의 식단에서 일부를 제하는 것이고, 평상시보다 더 엄격하고 빡빡한 절제를 다짐하는 것이다.[12]

매튜 헨리(Matthew Henry, 1662-1714, 영국의 장로교 목사, 성경 주석가)

금식이 아무리 엄숙하고 엄격하며 횟수가 잦고 기간이 길어도 그 덕분에 신앙심이 더 간절해지고 기도가 깨어나고 경건한 슬픔이 깊어지고 기질과 삶의 방향이 좋은 쪽으로 바뀌지 않는다면, 이는 본연의 취지에 전혀 어긋난 금식이며 하나님도 자신을 위한 것으로 받지 않으신다.[13]

윌리엄 로(William Law, 1668-1761, 영국의 영성 작가)

신앙은 때로 우리에게 본능적 욕구를 부인하는 금식을 요구한다. 이는 본성의 투쟁과 저항을 줄이기 위해서다. 우리 몸을 더 합당한 순결의 도구로 만들어 은혜의 선한 역사에 더 순종하게 하기 위해서다. 영혼을 거슬러 싸우는 정욕의 샘을 마르게 하고, 정염의 피를 식히고, 거룩한 묵상에 더 능한 사고를 기르기 위해서다. 금식하면 몸에 고통은 따르지만 몸의 욕구와 정욕은 점점 힘을 잃고 영적 기쁨은 더욱 무르익는다. 이런 엄격한 신앙도 신중하게 잘하면 우리 삶에 쾌적한 즐거움을 더해 준다.[14]

조나단 에드워즈
(Jonathan Edwards, 1703-1758, 뉴잉글랜드의 목사, 신학자)

우리는 하나님이 성령을 부으셔서 이 나라의 신앙에 개혁과 부흥을 이루시고, 우리를 무절제하고 불경하고 부정하고 세속적인 삶과 기타 많은 죄에서 돌이켜 주시기를 위해 기도한다. 일주일 내내 그렇게 기도하지 않는 사역자는 거의 없을 것이다. 해마다 우리는 날을 정하여 하나님께 공적인 금식과 기도를 드렸다. 우리의 죄와 타락을 인정하고 스스로 낮아져 하나님의 용서와 개혁을 구했다. 그런데 이토록 크고 광범위한 개혁이 이토록 갑작스럽고 놀랍게 이루어

진 지금, 이를 인정하지 않을 것인가? 여태껏 우리가 하나님께 구한 것이 바로 이것인데 말이다.[15]

시대 상황이 사역자들의 성령 충만을 간절히 요구하고 있다. 우리는 그것을 얻기까지 쉬지 말아야 한다. 그렇게 하려면 누구보다도 사역자들이 은밀한 금식 기도는 물론 함께 금식 기도를 자주 해야 한다. 내가 보기에 오늘의 상황이 그렇게 되어 가고 있다. 같은 지역의 사역자들이 자주 함께 모여 며칠씩 간절히 금식 기도를 하면서 하늘에서 공급하실 하나님의 특별한 은혜를 간구해야 한다. 오늘 우리에게 그것이 필요하다.[16]

금식과 기도에 대해 한 가지 더 언급할 점이 있는데, 사역자들이 이 부분을 경시하고 있는 것 같다. 그들은 설교할 때 은밀한 기도의 의무는 수시로 권하고 강조하지만, 은밀한 금식에 대한 말은 거의 하지 않는다. 은밀한 기도와 마찬가지로 은밀한 금식도 우리 구주께서 제자들에게 권하신 의무다. 마태복음 6:5-6과 16-18을 비교해 보면 알 수 있다. 은밀한 금식은 은밀한 기도처럼 일정한 방식과 꾸준한 과정을 따라야 하는 것은 아니겠지만, 그래도 내 생각에 그리스도인이라면 누구나 자주 행해야 할 의무다. 영적인 문제는 물론 당장의 문제 때문에라도 마땅히 금식해야 할 때가 많이 있다. 또한 자신이나 친구들을 위해 하나님께 바라는 특별한 긍휼을 마땅히 금

식으로 구해야 할 때도 많이 있다.[17]

존 웨슬리(John Wesley, 1703-1791, 대각성 시기의 영국의 전도자)

금식을 한 번도 하지 않는 사람은 기도를 한 번도 하지 않는 사람만큼이나 천국 길과 거리가 멀다.[18]

금식은 기도를 돕는다. 특히 장기간에 걸친 개인 기도에 좋다. 하나님은 금식중인 종들의 영혼을 즐거이 세상만사 위로 들어 올리실 때가 많다. 어떤 때는 이른바 셋째 하늘로 데려가기도 하신다. 기도를 돕는 금식은 하나님의 손에 들려 주로 우리를 더 견고하고 깊어지게 하는 도구로 쓰인다. 순결의 덕목만 길러 주는 것이 아니라(이는 성경이나 이성이나 경험에 기초하지 않은 일부 사람들의 근거 없는 생각이다) 영혼을 진지하게 하고, 열성을 품게 하고, 양심을 민감하고 여리게 하고, 세상을 대하여 죽게 하고, 따라서 하나님을 사랑하게 하고, 거룩한 천국을 사모하게 한다.[19]

금식과 하나님이 주시는 복 사이에 당연하거나 필연적인 연관성은 없다. 다만 그분은 베풀 만한 긍휼을 베푸신다. 무엇이든 선히 여기시는 것을 친히 정하신 수단을 통해 주신다. 시대를 막론하고 금식은 하나님의 진노를 피하고 수시로 필요한 복을 얻도록 하나님이

정하신 수단이다.[20]

이 상을 바란다면 조심해야 한다.…… 금식으로 공을 쌓아 하나님으로부터 무엇인가 얻어 낸다고 생각해서는 안 된다. 이것은 아무리 경고해도 지나치지 않다. "나의 의를 세우려는" 욕심, 은혜가 아니라 행위로 구원을 얻으려는 욕심이 우리 모두의 마음속에 깊이 뿌리박혀 있기 때문이다. 금식은 하나님이 정하신 것이며 우리는 아무 자격도 없이 그분의 자비를 기다릴 뿐이다. 아무 공로도 없는 우리에게 그분이 거저 복을 주시기로 약속하셨다.[21]

앤드류 풀러(Andrew Fuller, 1754-1815, 영국의 침례교 목사, 작가)

금식은 경건한 사람들의 일상 행위가 되어야 한다. 예수님은 금식을 가볍게 여기지 않으신다. 금식을 오용하지 않도록 경고하실 뿐이다.…… 금식이 더해지면 기도가 더욱 절박해진다. 금식은 하나님 앞에서 자신을 낮추고 어떤 의미에서 벌하는 일이다. 금식의 정신은 이런 말씀들 속에 표현되어 있다. "만일 내가 해 지기 전에 떡이나 다른 모든 것을 맛보면 하나님이 내게 벌 위에 벌을 내리심이 마땅하니라"(삼하 3:35). "내가 내 장막 집에 들어가지 아니하며 내 침상에 오르지 아니하고 내 눈으로 잠들게 하지 아니하며 내 눈꺼풀로 졸게 하지 아니하기를 여호와의 처소 곧 야곱의 전능자의 성

막을 발견하기까지 하리라"(시 132:3). 금식의 의무를 언제, 얼마나 자주 수행해야 하는지는 나와 있지 않다.······ 금식은 **수단**일 뿐이며 그 자체를 목표로 삼으면 하나님 앞에 가증해진다.[22]

에이브러햄 링컨(Abraham Lincoln, 1861-1865년의 미국 대통령)

미국 상원은 개인과 국가의 제반사에서 전능자 하나님의 지존하신 권위와 의로우신 통치를 경건히 인정하며 대통령인 나에게 전국 기도와 겸손의 날을 지정해 줄 것을 단호히 요청해 왔다.

최고 통치자이신 하나님의 능력을 의지하는 일, 진정한 회개에 긍휼과 용서가 따름을 확실히 믿고 겸손히 슬퍼하며 죄와 허물을 자백하는 일, 성경에 밝혀져 있고 모든 역사를 통해 검증된 숭고한 진리를 인정하는 일, 이것이 개인과 국가의 본분이다. 여호와를 자기 하나님으로 삼은 나라만이 복이 있다.

주지하다시피 국가도 개인처럼 벌과 징계를 받을 수 있다. 그것이 하나님의 법이다. 그렇다면 우리도 두려워함이 옳지 않은가? 나라를 폐허로 만든 남북전쟁의 끔찍한 재앙도 우리의 교만한 죄 때문에 내려진 벌일 수 있다. 온 국민에게 필요한 전국적 개혁을 주시기 위함일 수 있다. 지난 세월 우리는 하늘에서 온 최고의 복을 누렸고 평화와 번영 속에 보존되었다. 일찍이 인구와 부와 권력이 이렇게 성장한 나라는 역사에 없었다. 그런데 우리는 하나님을 망각했다. 우리를 평화롭게 지키시고 인구와 부와 권력을 더하신 은혜의 손길을 망각했다. 마음이 거짓된 우리는 우리가 착하고 똑똑해서 이 모든 복이 임했다는 허황한 생각에 빠졌다. 끝없는 성공에 취한 우리는 너무 자만심에 젖어 우리를 구하시고 지키시는 은혜의 필요성을 느끼지 못하게 되었다. 너무 교만해져 우리를 지으신 하나님께 기도하지 않게 되었다! 그러므로 우리는 당연히 우리가 노엽게 한 하나님 앞에 스스로 낮아져 국가의 죄를 고백하고 자비와 용서를 구해야 한다.

이에 나는 상원의 의견에 십분 동의하여 이번 요청에 따라 1863년 4월 30일 목요일 하루를 전국 기도와 겸손과 금식의 날로 지정하여 선포한다. 아울러 온 국민에게 그날만은 평소의 낙을 삼가고, 예배 처소와 가정별로 하루를 하나님께 거룩하게 지키며, 엄숙한 취지에 맞게 겸손히 신앙의 본분을 다할 것을 요청하는 바다.

성심껏 진실하게 하루를 보낸 뒤에는 겸손히 희망을 품고 안식하면 된다. 나라가 연합하여 부르짖었으니 성경의 약속대로 하늘에서 들으시고 복으로 응답하실 것이다. 나라의 죄를 용서하시고, 분열되어 신음하는 이 나라에 다시 이전의 복된 연합과 평화를 회복시켜 주실 것이다.

이에 나 에이브러햄 링컨은 미국 독립 제87년인 서기 1863년 3월 30일에 워싱턴 시에서 직접 국장을 날인하는 바다.[23]

J. C. 라일(Ryle, 1816-1900, 리버풀의 복음주의 주교)

금식에 대한 주님의 가르침에서 배워야 할 점이 있다. 우리의 신앙에서 즐거움이 굉장히 중요하다는 사실이다. "머리에 기름을 바르고 얼굴을 씻으라"는 말씀에는 깊은 의미가 가득하다. 이 가르침대로 우리는 기독교가 우리를 행복하게 한다는 사실을 사람들에게 보여야 한다. 우울하고 침통한 모습 속에는 신앙이 없음을 잊지 말라. 우리는 그리스도를 섬기는 일과 그분이 주시는 보수에 만족하지 못하는가? 물론 아니다! 그렇다면 만족하지 못하는 듯 보여서는 안 된다.[24]

필립스 브룩스(Phillips Brooks, 1835-1893, 미국의 목사, "오 베들레헴 작은 골" 작사자)

금식의 철학은 이것이다. 금식은 회개의 표현이며 우리의 삶을 하나님 앞에 들추어낸다. "나는 악한 존재다. 내 교만은 내려오라. 내 정욕도 물러서라. 이제 나는 하나님의 복을 기다린다."[25]

시 목사(Pastor Hsi, 19세기 중국의 목사)

(그는 아편에 중독된 중국인들에게 약을 만들어 주는 사역을 했다.) 새

물량을 만들어야 할 때마다 그는 기도와 금식으로 시작했다. 그 일을 하는 날이면 으레 24시간 내내 곡기를 끊었다. 저녁 무렵이면 너무 기진하여 잘 일어서지 못할 때도 있었다. 그러면 그는 잠시 한적한 곳에 가서 하나님을 앙망하며 "주여, 주의 일이오니 주의 힘을 주소서" 하고 간구했다. 그때마다 마치 음식을 먹고 쉰 사람처럼 새 힘을 얻어 기운찬 모습으로 돌아왔다.[26]

기도하는 존 하이드

(Praying John Hyde, 20세기 초 인도에서 사역한 미국의 선교사)

(19세기 말 인도 시알코트에서 열린 선교사 총회에서 하이드는 총회 기간 내내 기도실에서 살았다.) 식사와 잠은 어떻게 했을까? 당시에는 총회가 열흘씩 계속되었는데 "사환"—열여섯 살쯤 된 남자 아이로 하이드가 집에 데리고 살며 매우 아껴 주었다—이 침구를 가져다 잘 펴 놓아도 하이드는 총회중에 한 번도 침대에서 자지 않았다. 기도실에 사람이 가득하면 그는 한쪽 구석으로 가 바닥에 누워 잤다. 나도 그 모습을 몇 번 보았다. 그러나 기도실에 사람이 줄어 기도가 약해지면 그는 용케 알고 즉시 일어나 다시 중보기도자들 틈에 끼었다. 식사는 했을까? 그가 식탁에 함께 앉는 것을 나는 한두 번밖에 보지 못했다. 어떤 때는 사환이나 청소부나 친구가 접시에 카레라이스 같은 음식을 담아 기도실로 가져다주기도 했는데 상황

이 괜찮으면 그는 구석에서 먹곤 했다. 그가 제대로 먹지도 않고 침대에서 자지도 않는 통에 사환이 속상해 눈물을 짓곤 했다.[27]

앤드류 머레이(Andrew Murray, 1828-1916,
남아프리카공화국의 목사, 선교사, 정치가)

기도가 장성하려면 **금식이 필요하다**. 기도가 보이지 않는 것을 잡는 오른손이라면, 금식은 보이는 것을 버리는 왼손이다. 인간이 감각의 세계에 가장 밀착되어 있는 고리는 식욕과 식도락이다. 첫 인간이 낙원에서 유혹받아 쓰러진 것도 과일 때문이었다. 예수님도 광야에서 빵의 시험을 받으셨다. 그러나 그분은 금식으로 승리하셨다.······ 우리 몸은 구속(救贖)되어 성령의 전이 되었다. 성경은 우리가 영으로만 아니라 먹고 마시는 몸으로도 하나님을 영화롭게 해야 한다고 말씀한다. 그런데 하나님의 영광을 위한 식생활을 실천에 옮기지 못하는 그리스도인들이 많이 있다. 금식과 기도에 관한 예수님의 말씀에 일차로 암시된 개념은 이것이다. 기도를 많이 하려면 충분한 열의와 힘이 필요한데 그것은 절제와 자기부인의 삶으로만 얻을 수 있다는 것이다.······ 우리는 하나님 나라를 얻기 위해 무엇이든, 자기 자신까지도 희생할 각오가 되어 있어야 한다. 금식은 그런 각오를 표현하고 심화시키고 확증하는 데 도움이 된다. 예수님도 친히 금식하시고 희생하셨다. 이렇게 하나님과 그분의 나라를 위해 모든 것을 버릴 각오가 되어 있는 영혼을 그분은 귀히 여기시고, 받아 주시며, 신령한 능력으로 갚아 주신다.[28]

디트리히 본회퍼(Dietrich Bonhoeffer, 20세기 독일의 신학자, 순교자)

예수님은 제자들이 금식이라는 경건한 관습을 지킬 것을 당연시하신다. 절제의 엄격한 실천은 그리스도인의 삶의 필수 요소다. 이런 관습의 목적은 오직 하나다. 하나님의 일을 더 즐겁게 하도록 제자들을 더 잘 준비시키는 것이다.[29]

육신의 배가 부르면 즐겁게 기도하기도 힘들고 섬김의 삶에 헌신하기도 힘들다. 섬김의 삶은 많은 자기부인을 요한다.[30]

우리는 날마다 가장 엄격한 훈련을 실천해야 한다. 그렇게 해야 육신이 아무런 권리도 없다는 뼈아픈 교훈을 배울 수 있다.[31]

C. S. 루이스(Lewis, 1898-1963, 영국의 문학 교수, 기독교 작가)

안락을 얻으려고 기독교를 받아들인다는 것은 불가능한 일이다. 그리스도인은 하나님의 뜻에 자신을 맡기고 그분이 원하시는 대로 살아가려는 사람이다. 하나님이 맡기실 일이 힘들거나 괴로운 일일지 마음에 쏙 드는 일일지 우리는 미리 알 수 없다. 어떤 용감한 사람들은 자신에게 맡겨진 일이 너무 편해서 오히려 실망한다. 어쨌든 우리는 불쾌하고 불편한 일에도 준비되어 있어야 한다. 금식 같은 것에 대한 말이 아니다. 그것은 다른 문제다. 군인들이 기동훈련을 할 때는 실제로 공포탄을 넣어 연습한다. 진짜 적과 마주치기 전에 연습이 필요하기 때문이다. 마찬가지로 우리도 쾌락을 끊는 연습을 해야 한다. 쾌락 자체가 악한 것은 아니지만 쾌락을 끊지 못하면 실전에 무능해진다. 이것은 순전히 연습의 문제다.[32]

마틴 로이드 존스(Martyn Lloyd-Jones, 20세기 영국의 설교자)

잘 생각해 보면…… 금식을 음식과 음료의 문제로 국한해서는 안 된다. 무엇이든 그 자체로 정당한 것을 특별한 영적 목적을 위해 끊는다면 이 또한 금식에 해당된다. 몸의 많은 기능이 선하고 건전하며 지극히 정당하지만 특정한 상황에서 특정한 목적을 위해 그것을 절제할 필요가 있다. 그것이 금식이다.[33]

데이비드 R. 스미스(David R. Smith, 20세기의 작가)

이기적인 사람은 복음을 누릴 수 없다. 그리스도인은 이미 자기를 부인하기 시작했고 계속 자기를 부인하는 과정에 있다. 예수님은

"아무든지 나를 따라오려거든 자기를 부인하고 날마다 제 십자가를 지고 나를 따를 것이니라"고 말씀하셨다(눅 9:23). 자기부인은 어떤 특정한 희생에 국한되지 않고 모든 훈련을 망라한다. 금식은 여러 훈련 중 하나일 뿐이지만 그래도 일종의 자기부인이다. 금식한다 해서 율법주의를 받아들이는 것은 아니다. 우리에게 자기를 부인할 마음이 들게 하는 것은 복음의 자유다.[34]

몸 상태가 따라가지 않는 한 아무도 자기가 원하는 마음 상태를 유지할 수 없다. 영적인 일에 헌신하려는 사람은 한동안 몸도 비슷한 상태로 두어야 한다. 그렇지 않으면 낭패를 면할 수 없다. 사람은 몸이 불경한 채로는 경건해질 수 없다. 금식은 진지하게 애통하는 마음에 꼭 맞는 상태다. 4세기의 아스테리우스(Asterius)는 배가 몸을 냄비처럼 끓게 해 영을 방해한다며, 그것을 막는 것이 금식의 역할이라고 말했다.[35]

금식한다고 믿음이 생기는 것은 아니다. 믿음은 하나님의 말씀을 듣고 읽고 묵상할 때 싹튼다. 하나님의 사람들에게 믿음을 주시는 것은 성령의 일이다. 그러나 금식 훈련은 믿음을 자라게 한다. 하나님이 거듭난 신자들의 마음속에 심어 주신 믿음은 자기를 부인할 때 더 자란다. 그렇다고 적게 먹는 사람일수록 믿음이 좋다는 말은 아니다. 다만 수시로 자기를 부인하면 많은 유익이 있으며, 그중 하나

가 믿음의 성장이다.[36]

키스 메인(Keith Main, 20세기의 작가)

유대교에서는 금식이 내적 상태의 **외**적 표시였으나 예수께는 금식이 내적 상태의 **내**적 표시였다. 외적 표시를 오용하면 "아주 흥한 종교적 연극"이 되지만 내적 표시는 "골방" 신앙이 된다.[37]

신약성경의 기도생활의 특징은 기쁨과 감사이며, 이는 하나님 나라가 침투해 들어왔다는 표시다. 교제의 특징인 기뻐하고 감사하는 태도에 금식은 더 이상 어울리지 않는다. 하지만 아직 완전히 그런 것은 아니다.…… 위기와 비극이 엄연한 현실로 존재한다. 하나님 나라는 아직 완전히 실현되지 않았다. 물론 신랑이 계시므로 지금은 슬퍼할 때가 아니다. 하지만 완전히 그런 것은 아니다. 우리는 아직 육신 안에 있으며 믿음이 약하다.…… 신앙생활의 "처절한 씨름" 속에서 신자는 때에 따라 금식할 수도 있다. 이것은 그리스도인의 삶을 구성하는 많은 요소들 중 하나일 뿐이다. 고린도후서 6:3-10과 11:23-29을 보면 그리스도를 위한 고난과 "처절한 씨름"이 얼마나 다양한지 엿볼 수 있다. 이런 배경에서 보아야 비로소 6:5과 11:27에 말한 "먹지 못함"과 "주〔림〕"이 본연의 의미를 얻는다.[38]

리처드 J. 포스터(Richard J. Foster, 20세기의 영성 작가)

장기간 금식할 때는 몸의 변화 과정을 알고 있으면 도움이 된다. 몸이 불편해지고 공복통이 심하다는 점에서 첫 사흘이 대개 가장 힘들다. 오랜 세월 나쁜 식습관으로 쌓인 해로운 독소가 몸에서 빠져나가기 시작한다. 편안한 과정은 아니다. 설태가 끼고 구취가 나는 것도 그래서다. 이런 증세가 나타나면 걱정할 것 없이 오히려 감사하면 된다. 그만큼 건강이 좋아지고 있다는 신호다. 이 시기에 두통이 올 수 있는데 평소에 커피나 차를 많이 마시는 사람은 특히 더하다. 당장은 몹시 불편할 수 있지만 이것은 지나가는 가벼운 금단증상이다.

나흘째부터 공복통이 점차 가라앉으면서 기력이 떨어지고 가끔 현기증이 난다. 현기증은 갑자기 자세를 바꿀 때 잠깐 생겼다 사라지는 정도다. 동작을 더 느리게 하면 별 문제가 없다. 기력이 심하게 떨어지면 아주 간단한 일에도 큰 힘이 들 수 있다. 그럴 때는 쉬는 것이 제일 좋다. 많은 사람들이 금식의 이 시기를 가장 힘들어 한다.

6일이나 7일째가 되면 오히려 기운이 나면서 머릿속이 맑아진다. 공복통도 점차 줄어 9일이나 10일째가 되면 약간 거슬리는 정도로 그친다. 몸에서 이미 다량의 해로운 독소가 빠져나간 상태라 기분이 좋아진다. 집중력이 예리해지고 금식을 무한히 계속할 수 있을 것 같은 기분이 든다. 몸으로만 보면 이때가 금식의 가장 즐거운 시기다.

사람마다 다르지만 21일에서 40일 사이나 그 후에 다시 공복통이 살아난다. 이는 기아의 초기 단계로 몸이 잉여 양분을 다 써서 이제부터 신체 조직에 의존한다는 신호다. 여기서 금식을 중단해야 한다.[39]

달라스 윌라드(Dallas Willard, 20세기의 영성 훈련 작가)

금식 훈련을 하면서 마음이 거기에 쏠리지 않기란 어렵다. 그러나 기도나 봉사에 금식을 병행할 때 금식에만 정신이 팔려서는 안 된다. 금식을 영성 훈련으로 삼는 사람은 금식을 충분히 자주 하고 잘 연습하여 거기에 숙달되어야 한다. 체계적 금식 훈련에 익숙해진 사람만이 특정한 기도나 봉사의 때는 물론 하나님을 예배할 때도 금식을 효과적으로 활용할 수 있다.[40]

조셉 F. 위머(Joseph F. Wimmer, 20세기의 작가)

(막 2:18-22에서 신랑이 있을 때와 없을 때에 대해.) 제자들이 금식하지 않은 것은 예수님을 통해 종말의 시대가 도래했음을 알리기 위해서다.…… 따라서 그분을 "빼앗긴" 후에 한 금식도 예수님과 연결된다. 금식은 운명의 금요일에 벌어진 일에 대한 비통한 기억이다. 금식은 그분의 재림과 최후의 완성에 대한 내면의 확신이자 겸손한 신뢰다. 그래서 기독교의 금식은 유대교와 구별된다. 금식하는 요일만 아니라 더 중요하게 금식의 내적 동기가 새로워졌다.

금식은 하나님께 드리는 겸손한 예배의 표현이지만 이제는 그것까지도 예수님과 연결된다. 우리의 구원이 예수님을 통해 왔다. 훗날 하나님 나라의 완성을 마음껏 즐거워할 때도 우리는 예수님의 임재 안에 있을 것이다.[41]

죽음을 부르는 연약한 굶주림이 생명을 주시는 하나님의 선하심과 능력을 불러낸다. 이것은 억지도 아니고 하나님의 뜻을 조종하려는 이상한 시도도 아니다. 우리는 단지 하늘 아버지를 담대히 바라보며 금식을 통해 마음으로 이렇게 속삭이는 것이다. "아버지, 아버지가 없이는 저는 죽습니다. 오셔서 저를 도우소서. 속히 도우소서."[42]

아달베르 드 보궤
(Adalbert de Vogüé, 20세기 프랑스의 라 피에르-키-비르 수도원 신부)

금식의 유익한 결과는 우선 성적인 영역에서 느껴진다. 옛 사람들은 2대 "주요 악"인 식탐과 색욕을 서로 연결시키면서 그에 상응하는 훈련인 금식과 순결도 서로 연결시켰다. 그것은 나의 삶 속에서도 쉽게 확인되고 있다. 순결을 서약한 종교인에게 금식은 가장 확실한 도움이 된다. 생리적 자유를 누리는 행복한 시간에도 더 이상 공상이 일어나지 않고, 나머지 시간에도 공상을 쉽게 통제하고 버릴 수 있다.[43]

당연한 이야기이겠지만 솔직히 나는 불안, 짜증, 슬픔, 긴장에 곧잘 빠진다. 허영, 과민, 질투는 말할 것도 없다.…… 금식하는 습관은 이 모든 본능적 반응을 지긋이 가라앉혀 주는 효과가 있다. 나는 그 이유를 이렇게 본다. 원초적 욕구인 식욕을 어느 정도 제어하면 다른 욕망들과 공격성의 표출도 더 잘 제어할 수 있다. 금식하는 사람은 자신의 참 정체를 알아 더 자기다워지는 것 같다. 외부의 대상과 그것이 불러일으키는 충동에 덜 의존하게 된다.…… 그 밖에도 작은 유익들이 많이 있다. 예컨대 세 번 앉을 식탁에 한 번만 앉음으로써 절약되는 시간을 생각해 보라.[44]

금식을 사랑하는 일은 가능한 정도가 아니다. 모든 사실에 비추어 볼 때 오히려 그 반대가 불가능해 보인다고 할 수 있다. 참된 금식을 얼마나 경험했든 관계없다. 금식을 경험해 보라. 그러면 금식을 사랑하게 될 것이다.[45]

아더 월리스(Arthur Wallis, 20세기 영성 작가)

성령께서 반드시 교회에 충만히 임하셔야 한다. 요엘에게 주신 약속은 우리의 상황과는 무관한 것인가?…… 요엘서의 예언은 오순절의 사건들로 끝난 것인가? 그렇지 않다. 이후로도 계속 성령을 부으신 예들을 보면 알 수 있다.…… 이 놀라운 약속이 우리를 위한

것이라고—정말 현재의 필요에 대한 하나님의 응답이라고—믿는
다면, 우리는 약속만 주장할 게 아니라 필히 그 조건도 갖추어야 한
다. 요엘은 임박한 여호와의 날을 말하면서 세 번이나 금식을 통해
하나님께 돌아올 것을 촉구했다(욜 1:14, 2:12, 15). 그러자 환상
중에 하나님의 응답이 보였다. "그때에 여호와께서 자기의 땅을 극
진히 사랑하시어 그의 백성을 불쌍히 여기실 것이라"(욜 2:18).[46]

웨슬리 듀웰(Wesley Duewel, 20세기의 기도 작가)

우리는 딱히 감정이 동하지 않는다 해서 기도, 성경 읽기, 신자들의
모임을 빼먹을 권리가 없다. 마찬가지로 딱히 감정이 동하지 않는다
해서 금식을 빼먹을 권리도 없다. 하나님께 순종하는 신앙 여정에서
금식도 다른 활동들 못지않게 성경적이고 정상적인 한 부분이다.[47]

십자가를 진다는 것은 무엇인가? 남이 지워 주는 십자가는 십자가
가 아니다. 질병, 박해, 외부의 방해는 진짜 십자가가 아니다. 십자
가란 자발적으로 원해서 지는 것이다. 우리는 일부러 자신을 낮추
고 몸을 굽혀 예수님을 위해 십자가를 메야 한다. 금식은 십자가를
지는 가장 성경적인 방법 중 하나다.[48]

금식은 하나님의 역사하심을 바라는 굶주림을 더욱 심화시킨다. 영

적 굶주림과 금식은 서로 상승작용을 일으켜 서로 깊이와 강도와 효력을 더해 준다. 영적 굶주림이 아주 깊으면 식욕마저 잃을 수 있다. 가장 간절한 기도, 모든 응답받는 기도는 금식을 통해 깊어지고 명료해지고 큰 능력을 입을 수 있다.

짐이 무거워 능력 있고 응답받는 기도를 하고자 씨름할 때, 사탄과 그 어두운 세력에 맞서 육박전을 벌일 때, 금식은 자연스러운 일이다. 굶주림이 하나님께로 집중되면 금식이 복되고도 달콤해진다. 금식 기도를 하면 당신의 굶주림이 막강한 힘을 얻는다. 특히 시간을 떼어 금식 기도에만 전념하면 그렇다. 금식은 영적 기쁨이 될 수 있다.[49]

금식은 믿음을 북돋워 준다.……당신의 확신이 깊어지고 희망이 솟아난다. 주께서 기뻐하시는 일임을 알기 때문이다. 기꺼이 자기를 부인하고 자진해서 금식의 십자가를 지면 내면에 기쁨이 솟아오른다. 믿음으로 당신은 더 단순하고 견고하게 하나님의 약속을 붙들게 된다.[50]

J. 오스왈드 샌더스(Oswald Sanders, 20세기의 선교사, 정치가)

금식은 율법적 의무가 아니라 특별한 상황에 대한 자발적 반응이다.…… 기도하는 경건한 사람들 중에도 금식이 도움보다 방해가 되는 사람들이 있다. 신체 구조상 음식을 조금이라도 먹지 않으면 기도에 집중할 수 없는 사람들도 있다.…… 그런 사람들은 굳이 부담을 느낄 필요가 없다. 자신에게 가장 도움이 되는 방식으로 기도하면 된다.[51]

이디스 쉐퍼(Edith Schaeffer, 20세기의 작가)

금식은 우리의 간구에 하나님의 관심을 더 끌기 위한 뇌물인가? 천만의 말이다. 우주의 창조주요 영원하신 하나님께 도움을 청한다는 것은 놀라운 특권이다. 금식은 우리가 그 특권을 지극히 황송해 한다는 표현이다. 그래서 우리는 만사를 제쳐 두고 예배에 집중하고 용서를 구하고 청을 아뢴다. 우리 힘과 우리 생각으로 할 수 있는 어떤 일보다도 그분의 도움이 더 중요함을 알기 때문이다.[52]

제리 폴웰(Jerry Falwell, 20세기의 침례교 목사)

옛 성인의 말에 금식은 사치품이 필수품이 되지 않도록 막아 준다고 했다. 금식은 육이 영을 잠식하지 않도록 보호해 준다. 금식하는 사람은 자신의 몸을 잘 제어하고 있으므로 능히 주님의 일을 할 수 있다.[53]

빌 브라이트(Bill Bright, 20세기의 전도자, CCC 설립자)

이 땅을 삼키는 심판의 물결을 막으려면 초자연적 능력이 아니고는 안 된다. 금식 기도를 통해 임하는 초자연적 능력에 비할 것은 내가 믿기로 아무것도 없다. 우리가 히브리서 11:6과 각자의 경험을 통해 확실히 알고 있듯이 하나님은 자기를 간절히 찾는 자들에게 상 주시는 분이다.[54]

코넬리우스 플랜팅가(Cornelius Plantinga, Jr., 20세기의 신학자)

방종은 감사의 적이고 절제는 감사의 친구다. 절제할수록 더 감사하게 된다. 그래서 식탐은 중죄다. 옛날 사막의 교부들은 육의 욕구와 영의 욕구가 서로 맞물려 있다고 믿었다. 입이 바쁘고 배가 부르면 의에 주리고 목마른 마음이 무디어진다. 하나님을 향한 욕구가 시들해진다.[55]

추천 도서

독자들이 더 공부할 수 있도록 여기에 자료를 골라서 소개한다. 이것이 전부는 아니며 모두 똑같이 추천하는 것도 아니다. "범사에 헤아려 좋은 것을 취하"라 (살전 5:21).

Allan Cott, *Fasting as a Way of Life*. New York: Bantam Books, 1977.

Andy Anderson, *Fasting Changed My Life*. Nashville, TN: Broadman Press, 1977.

Arthur Wallis, *God's Chosen Fast*. Fort Washington, PA: Christian Literature Crusade, 1968. (「하나님이 기뻐하시는 금식 기도」 기독교문서선교회)

Bill Bright, *The Coming Revival: America's Call to Fast, Pray, and "Seek God's Face."* Orlando, FL: New Life Publications, 1995.

Bob Benson and Michael W. Benson, "Fasting," *Disciplines for the Inner Life*. Waco, TX: Word Books, 1985.

Dallas Willard, *The Spirit of the Disciplines: Understanding How God Changes Lives*. San Francisco: Harper and Row, 1988. (「영적 훈련」 은성)

David R. Smith, *Fasting: A Neglected Discipline*. Fort Washington, PA: Christian Literature Crusade, 1954.

Derek Prince, *Shaping History Through Prayer and Fasting*. Old Tappan, NJ: Fleming H. Revell Company, 1973. (「역사를 움직이는 기도와 금식」 복의 근원)

Don DeWelt and John E. Baird, *What the Bible Says About Fasting*. Joplin, MO: College Press Publishing Co., 1984.

Donald Whitney, "Fasting," *Spiritual Disciplines for the Christian Life*. Colorado Springs, CO: NavPress, 1991, pp. 151-172. (「영적 훈련」 네비게이토)

Eric N. Rogers, *Fasting: The Phenomenon of Self-denial*. Nashville, TN: Thomas Nelson Publishers, 1976.

Frederick W. Smith, *Journal of a Fast*. New York: Schocken Books, 1976.

George A. Maloney, *A Return to Fasting* Pecos, NM: Dove Publications, 1974.

Gordon Lindsay, *Prayer and Fasting*. Dallas: Christ for the Nations, 1972.

James Earl Massey, *Spiritual Disciplines: Growth through the Practice of Prayer, Fasting, Dialogue and Worship*. Grand Rapids: Zondervan Publishing House, 1985.

James Lee Beall, *The Adventure of Fasting*. Old Tappan, NJ: Fleming H. Revell Company, 1974.

James Miller, *Systematic Fasting*. Indianapolis: James Miller, 연도 미상.

Jerry Charles, *God's Guide to Fasting: A Complete and Exhaustive Biblical Encyclopedia*. Madison, NC: Power Press, 1977.

Jerry Falwell, *Fasting: What the Bible Teaches*. Wheaton, IL: Tyndale House Publishers, Inc., 1981.

John Wesley, "Sermon XXVII, On Our Lord's Sermon on the Mount," *The Works of John Wesley, Vol. 5*. Albany, OR: Sage Software, 1995.

Joseph Wimmer, *Fasting in the New Testament: A Biblical Theology*. New York: Paulist Press, 1982.

Keith Main, *Prayer and Fasting: A Study in the Devotional Life of the Early Church*. New York: Carlton Press, Inc., 1971.

Martyn Lloyd-Jones, "Fasting," *Studies in the Sermon on the Mount, Vol. 2*, Grand Rapids: Wm. B. Eerdmans Publishing Co., 1960, pp. 33-44. (「산상설교집(하)」 정경사)

Paul C. Bragg, *The Miracle of Fasting: Proven Throughout History*. Desert Hot Springs, CA: Health Science, 1976.

Phillips Brooks, "Fasting" (A sermon for Lent), *The Candle of the Lord and Other Sermons*. New York: E. P. Dutton and Company, 1881.

R. D. Chatham, *Fasting: A Biblical-Historical Study*. South Plainfield, NJ: Bridge Publishing, Inc., 1987.

Richard Foster, "Fasting," *The Celebration of Discipline*. New York: Harper and Row Publishers, 1978, pp 41-53. (「영적 훈련과 성장」 생명의 말씀사)

Thomas A. Carruth, *Forty Days of Fasting and Prayer*. Wilmore, KY: Asbury Seminary, 1974.

Thomas Ryan, *Fasting Rediscovered*. New York: Paulist Press, 1981.

Wesley L. Duewel, "Jesus Said They Would Fast" and "Fasting Strengthens Prayer," *Mighty Prevailing Prayer*. Grand Rapids: Zondervan/Francis Asbury Press, 1990. (「능력 있고 응답받는 기도」 생명의 말씀사)

Wesley L. Duewel, "You Can Deepen Your Prayer by Fasting," *Touch the World Through Prayer*. Grand Rapids: Zondervan/Francis Asbury Press, 1986. (「기도로 세계를 움직이라」 생명의 말씀사)

주

서문

1. J. I. Packer, *A Quest for Godliness: The Puritan Vision of the Christian Life* (repr., Wheaton, IL: Crossway, 2010), p. 215.

들어가는 말_ 하나님을 그리워하는 향수

1. 다음 책에 인용된 말이다. Thomas Ryan, *Fasting Rediscovered*(New York: Paulist Press, 1981), p. 44.
2. Martyn Lloyd-Jones, *Studies in the Sermon on the Mount, Vol. 2*(Grand Rapids: Wm. B. Eerdmans Publishing Co., 1960), p. 38. (「산상설교집(하)」 정경사)
3. 내가 "작별하다"로 번역한 단어는 신약성경에 다섯 번 더 쓰였는데 매번 "벗어나다, 작별하다"라는 뜻이다(막 6:46, 눅 9:61, 행 18:18, 21, 고후 2:13). 요컨대 재물을 바로 사용할 수 있으려면 먼저 거기서 해방되어야 한다는 것이다. 그래야만 하나님 안에서 자족을 누릴 수 있다.
4. C. S. Lewis, *The Problem of Pain*(New York: The Macmillan Co., 1962), pp. 101-102. (「고통의 문제」 홍성사)
5. St. Augustine, *The City of God*, Book XVI, Section 32(New York: Random House Inc., 1950), p. 554. (「하나님의 도성」 크리스챤다이제스트)
6. Richard Foster, *The Celebration of Discipline*(New York: Harper and Row Publishers, 1978), p. 48. (「영적 훈련과 성장」 생명의 말씀사)
7. 같은 책, p. 48.
8. C. S. Lewis, *Letters of C. S. Lewis*, W. H. Lewis 편집(New York: Harcourt Brace

주 283

and World, Inc., 1966), p. 289.
9. 비슷하게 필립스 브룩스는 이렇게 말했다. "사람들의 삶을 더 관찰할수록 알게 되는 것이 있다. 사람들이 위대한 생각과 관심사에 열중하지 않는 이유는 삶이 시시한 것들로 가득 넘쳐 나기 때문이다." Phillips Brooks, "Fasting"(사순절 설교), *The Candle of the Lord and Other Sermons*(New York: E. P. Dutton and Company, 1881), p. 207.

1장 금식은 기독교적인가

1. *Didache*, VIII. (「디다케: 열두 사도들의 가르침」 분도출판사) 다음 책에 인용된 말이다. *The Apostolic Fathers*(Loeb Classical Library), Kirsopp Lake 번역(London: William Heinemann, Ltd., 1970), p. 321.
2. 리처드 포스터도 거의 그렇게 말했으나 거기까지 가지는 않았다. 마태복음 9:14-17과 관련하여 그는 이렇게 말했다. "오늘날 그리스도인들이 금식을 해야 하는가에 대해 아마 이것이 신약성경에서 가장 중요한 진술일 것이다." *The Celebration of Discipline*(New York: Harper and Row Publishers, 1978), p. 46 (「영적 훈련과 성장」 생명의 말씀사). 마가복음 2:18-22, 누가복음 5:33-39에도 같은 말씀이 나온다.
3. Richard T. Foster, "Fasting" 항목, *New Dictionary of Christian Ethics and Pastoral Theology*, David J. Atkinson, David F. Field, Arthur Holmes, Oliver O'Donovan 편집(Downers Grove, IL: InterVarsity Press, 1995), p. 376.
4. "금식 행위의 기원으로 단 하나의 원인을 내세울 수는 없을 것이다." A. J. Maclean, "Fasting" 항목, *Encyclopedia of Religion and Ethics*, James Hastings 편집(New York: Charles Scribner's Sons, 1912), p. 759.
5. 유대인들은 레위기에 나오는 "영혼을 겸비하게(또는 괴롭게) 하라"는 히브리어 관용어구를 취하여 금식을 선포했고, 그래서 이날은 유대교 역사에서 중심적인 금식일이 되었다. 시편 35:13에 보면 "영혼을 괴롭게 함"과 금식이 이렇게 연결되어 있다. "금식하여 내 영혼을 괴롭게(또는 겸비하게) 하였더니." 아마 이것이 누가가 사도행전 27:9에 언급한 "금식"일 것이다.
6. 다음 책에 이들 각 종교의 금식이 장별로 다루어져 있다. Eric N. Rogers, *The Phenomenon of Self-denial*(Nashville: Thomas Nelson Inc. Publishers, 1976), 2부 4, 6, 7장.
7. *Encyclopedia of Religion and Ethics*, pp. 760-761.
8. 다음 책에 인용된 글이다. *The Phenomenon of Self-denial*, pp. 77-78. (옮긴이 주 만 제외하고 한길사에서 나온 「간디 자서전」에서 가져왔다.)
9. 같은 책, pp. 79-80.

10. 이 비참한 증세를 한 젊은 여인의 증언에서 볼 수 있다. "나는 자꾸 더 날씬해지고 싶은 생각밖에 없다. 그러면서도 계속 그 생각만 하고 있기는 싫고 음식을 놓치고 싶지도 않다. 한편으로 날씬해지고 싶고 한편으로 먹기를 포기하고 싶지 않은 이 영원한 긴장이 사람의 피를 말린다. 다른 모든 부분에서는 상식적인 사람인 내가 이 부분에서만은 제정신이 아니다." 같은 책, p. 135에 인용된 말이다.
11. George Ladd, *The Presence of the Future*(Grand Rapids: Wm. B. Eerdmans Publishing Co., 1974), p. 225(강조 원문).
12. Keith Main, *Prayer and Fasting: A Study in the Devotional Life of the Early Church*(New York: Carlton Press, Inc., 1971), p. 84(강조 추가).
13. 복음서 이외에 금식이 언급된 곳은 사도행전 13:2-3, 14:23, 고린도후서 6:5, 11:27이다. 흠정역(KJV)에는 고린도전서 7:5, 사도행전 10:30에도 언급되어 있으나 가장 오래되고 확실한 그리스어 사본들에는 아마 그 말이 없을 것이다.
14. *Prayer and Fasting: A Study in the Devotional Life of the Early Church*, pp. 54, 60-61.
15. C. S. Lewis, *The Problem of Pain*(New York: The Macmillan Co., 1962), p. 112.
16. Robert H. Gundry, *Matthew: A Commentary on His Literary and Theological Art*(Grand Rapids: Wm. B. Eerdmans Publishing Co., 1982), p. 169.
17. Arthur Wallis, *God's Chosen Fast*(Fort Washington, PA: Christian Literature Crusade, 1968), pp. 28-32. (「하나님이 기뻐하시는 금식 기도」 기독교문서선교회)
18. 주11을 참조하라.
19. 주11을 참조하라.
20. 하나님의 장래의 은혜가 하나님의 과거의 은혜에 의존하고 있다는 기독교 고유의 특성을 나의 다음 책에 상술했다. *The Purifying Power of Living by Faith in Future Grace*(Sisters, OR: Multnomah Press, 1995), 7-9장. (「장래의 은혜」 좋은씨앗)
21. 믿음에 대한 이러한 이해를 「장래의 은혜」 14-16장에 성경적으로 전개하고 변호했다.
22. *Prayer and Fasting: A Study in the Devotional Life of the Early Church*, p. 83.
23. 같은 책, p. 84.
24. 이 문구는 *ethelothrēskia*라는 보기 드문 그리스어 단어에서 왔다. 하나님의 은혜가 아닌 인간의 의지에 대한 "숭배" 내지 "신앙"의 기원과 지속이 이 단어에 함축되어 있는 것 같다. 이런 현상은 만물의 근원이신 그리스도 곧 "머리를 붙들지"(골 2:19, 옮긴이) 않는 데서 비롯된다.
25. 이 단어는 주로 성적인 "금욕"을 뜻한다. 그러나 고린도전서 9:25에는 이 단어가 넓은 의미로 쓰여 삶의 모든 부분의 훈련을 가리킨다. "이기기를 다투는 자마다 모든 일

에 절제하나니."
26. *Prayer and Fasting: A Study in the Devotional Life of the Early Church*, p. 60.
27. NASB를 비롯한 여러 역본에 "여러 번 굶고"라고 번역되어 마치 본의 아닌 배고픔을 말하는 듯 보인다. 그러나 이 단어 바로 앞에 바울이 "주리며 목마르고"라고 말한 점으로 보아 이것은 일반적인 배고픔이 아니라고 볼 수 있다. 게다가 여기에 쓰인 *nēsteiais*라는 그리스어 단어는 신약에서 항상 종교적 금식을 가리키는 말로 쓰였고, 구약의 그리스어 역본(약 30회)에서도 통상적으로 같은 의미로 쓰였다.

2장 사람이 떡으로만 살 것이 아니요

1. Joseph F. Wimmer, *Fasting in the New Testament: A Biblical Theology*(New York: Paulist Press, 1982), p. 119.
2. 다음 책에 인용된 말이다. Richard Foster, *The Celebration of Discipline*(New York: Harper and Row Publishers, 1978), p. 48. (「영적 훈련과 성장」생명의 말씀사)
3. 같은 책, p. 48.
4. Joseph F. Wimmer, *Fasting in the New Testament: A Biblical Theology*(New York: Paulist Press, 1982), p. 119.
5. Dietrich Bonhoeffer, *The Cost of Discipleship*(New York: Collier Books/Macmillan Publishing Co., 1949), pp. 189-190. (「나를 따르라」대한기독교서회)

3장 아버지께서 갚아 주시는 금식

1. St. Augustine, *The Confessions of St. Augustine*, 수록 Documents of the Christian Church, Henry Bettenson 편집(London: Oxford University Press, 1967), p. 54. (「참회록」예찬사)
2. J. C. Ryle, *Ryle's Expository Thoughts on the Gospels, Matthew-Mark*(Grand Rapids: Zondervan Publishing House, 연대 미상), p. 57. (「존 라일 사복음서 강해 1 마태복음」「존 라일 사복음서 강해2 마가복음」기독교문서선교회)
3. Dietrich Bonhoeffer, *The Cost of Discipleship*(New York: Collier Books/Macmillan Publishing Co., 1949), p. 188.
4. Keith Main, *Prayer and Fasting: A Study in the Devotional Life of the Early Church*(New York: Carlton Press, Inc., 1971), p. 37.
5. John Piper, *Desiring God: Meditations of a Christian Hedonist*(Sisters, OR: Multnomah Press, 1996, 개정판). (「하나님을 기뻐하라」생명의 말씀사) *The*

Pleasures of God: Meditations on God's Delight in Being God(Sisters, OR: Multnomah Press, 1991). (「하나님의 기쁨」 은성) The Purifying Power of Living by Faith in Future Grace(Sisters, OR: Multnomah Press, 1995). (「장래의 은혜」 좋은씨앗)
6. C. S. Lewis, The Problem of Pain(New York: The Macmillan Co., 1962), p. 145.

4장 왕이 오시기를 사모하는 금식

1. George Ladd, "A Motive for Mission," Pray for Tibet, Vol. 2, No. 2, 1991년 여름, pp. 4-6. 이 인용문은 그의 다음 책에서 따온 것이다. The Gospel of the Kingdom: Popular Exposition on the Kingdom of God(Grand Rapids: Wm. B. Eerdmans Publishing Co., 1959). (「하나님 나라의 복음」 서로사랑)
2. John Wesley, "Sermon XXVII, On Our Lord's Sermon on the Mount," The Works of John Wesley, Vol. 5(Albany, OR: Sage Software, 1995), pp. 440-441.
3. 다음 책을 참조하라. John Piper, Let the Nations Be Glad: The Supremacy of God in Missions(Grand Rapids: Baker Book House, 1993), 5장 "모든 열방 가운데 주 재가 되신 하나님." (「열방을 향해 가라」 좋은씨앗)
4. Anthony Hoekema, The Bible and the Future(Grand Rapids: Wm. B. Eerdmans Publishing Co., 1979), p. 139. (「개혁주의 종말론」 기독교문서선교회)
5. George Ladd, "A Motive for Mission," pp. 4-6.

5장 금식과 역사의 노선

1. Jonathan Edwards, Some Thoughts Concerning the Reviva, The Works of Jonathan Edwards, Vol. 4(New Haven: Yale University Press, 1972), p. 507. (「균형 잡힌 부흥론」 부흥과 개혁사)
2. Charles Finney, Power from on High(Albany, OR: Sage Software, 1995), pp. 9-10(강조 추가). (「높은 곳으로부터 오는 능력」 필그림)
3. 아사헬 네틀턴의 사역과 그와 피니의 비교에 대해서는 다음 두 책을 참조하라. J. F. Thornbury, God Sent Revival: The Story of Asahel Nettleton and the Second Great Awakening(Grand Rapids: Evangelical Press, 1977). Bennet Tyler & Andrew Bonar, The Life and Labors of Asahel Nettleton(Edinburgh: The Banner of Truth Trust, 1975, 원판 1854).
4. 피니의 사역과 신학에 대한 예리한 평가는 다음 책을 참조하라. John MacArthur Jr.,

Ashamed of the Gospel(Wheaton, IL: Crossway Books, 1993), pp. 227-235.(「복음을 부끄러워하는 교회」생명의 말씀사) "종종 나를 통해 그리스도인들은 죄에 깊이 찔려 당분간 회개와 믿음의 상태에 들어갔다.······ 그러나 그리스도 안에 거할 정도로 그분을 깊이 알게 하지 않은 탓에 그들은 당연히 곧 이전의 상태로 돌아가곤 했다"(p. 235). 인간의 의지와 관련하여 하나님의 주권을 보는 피니의 관점에 대해서는 그가 다음 책에 조나단 에드워즈를 비판한 내용을 참조하라. Charles Finney, *Finney's Systematic Theology*(Minneapolis: Bethany Fellowship, Inc., 1976, 원판 1846), pp. 256-299. 피니의 관점들이 미친 장기적 영향에 대해서는 나도 다음과 같은 견해에 동의하는 편이다. 피니는 많은 사람들을 그리스도께 인도했지만 "그가 남긴 진짜 유산은 미국 복음주의 신학과 전도 방법에 미친 악영향이다. 우리 세대의 교회는 피니가 들여놓은 누룩으로 지금도 끓고 있으며, 현대 복음주의의 실용주의가 그 증거다" (MacArthur, p. 235).

5. Wesley Duewel, *Mighty Prevailing Prayer*(Grand Rapids: Zondervan/Francis Asbury Press, 1990), p. 192. (「능력 있고 응답받는 기도」생명의 말씀사)
6. John Wesley, *The Journal of Rev. John Wesley*(London: The Epworth Press, 1938), p. 147. (「존 웨슬리의 일기」크리스챤다이제스트)
7. David Bryant, *The Hope at Hand: National and World Revival for the Twenty-First Century*(Grand Rapids: Baker Book House, 1995), p. 127. 아울러 pp. 127-142와 231-244 부분을 참조하라.
8. Jonathan Edwards, *Some Thoughts Concerning the Revival*, *The Works of Jonathan Edwards, Vol. 4*(New Haven: Yale University Press, 1972), p. 507.
9. 같은 책, p. 521.
10. 같은 책, p. 516. 흥미로운 곁가지로, 조나단 에드워즈는 그 당시 사람들이 요즘 우리가 말하는 "소그룹"으로 모이는 것을 보고 그런 그룹에서도 금식과 기도를 할 것을 장려했다. "많은 읍의 주민들이 이미 각 기도 모임별로 나뉘어 있다. 노소를 막론하고 대다수 사람들은 특정한 그룹에 자진하여 속해 공예배에서나 각 가정별로 서로 도움을 주고받고 있다. 따라서 기도의 날의 일부를 각 기도 그룹에서 보내는 게 좋다고 본다. 이런 방식의 금식은 이미 수차례 시험된 바 있다. 즉 오전에 개인 일과 집안일이 끝나면 남자들, 여자들, 청년 남자들, 청년 여자들, 읍내 전체의 아이들 등이 그룹별로 모였다. 함께 종교 활동을 할 수만 있으면 최대한 많은 그룹이 모였고 남자 아이들과 여자 아이들도 각기 따로 모였다.······ 정오쯤에도 정한 시간에 모두가 하나님의 집에 모여 단체로 기도하고 상황에 맞는 설교를 들었다. 하나님의 집을 나서면 다시 그룹별로 모여, 각자 개인의 일과 집안일에 꼭 필요한 시간을 제외하고는 그날의 남은 시간을 함께 기도하며 보냈다." 같은 책 p. 519.
11. 같은 책, p. 353.

12. Jonathan Edwards, *The Distinguishing Marks of a Work of the Spirit of God*, *The Works of Jonathan Edwards*, Vol. 4(New Haven: Yale University Press, 1972), p. 282. (「성령의 역사 분별 방법」 부흥과 개혁사)
13. *Some Thoughts Concerning the Revival*, p. 345.
14. Jonathan Edwards, *The Life of David Brainerd*, Norman Pettit 편집, *The Works of Jonathan Edwards*, Vol. 7(New Haven: Yale University Press, 1985), p. 162(강조 추가). (「데이비드 브레이너드의 생애와 일기」 복 있는 사람, The Banner of Truth Trust, 2007)
15. 같은 책, p. 531.
16. Cotton Mather, T*he Great Works of Christ in America*, Vol. 2(Edinburgh: The Banner of Truth Trust, 1979, 원판 1702), p. 148(강조 추가).
17. Richard Lovelace, "Cotton Mather," *Eerdmans' Handbook to Christianity in America*, Mark Noll 외 편집(Grand Rapids: Wm. B. Eerdmans Publishing Co., 1983), p. 100.
18. 같은 책.

6장 고통의 현장에서 만나는 하나님

1. Larry Libby, *The Cry of the Poor*(Bothell, WA: Action International Ministries, 1986), pp. 7-8.
2. 다음 책에 인용된 말이다. Cotton Mather, *The Great Works of Christ in America*, Vol. 2(Edinburgh: The Banner of Truth Trust, 1979, 원판 1702), p. 148.
3. 예컨대 다음 두 책을 참조하라. Arthur Wallis, *God's Chosen Fast*(For Washington, PA: Christian Literature Crusade, 1968), pp. 94-129, 142-146. (「하나님이 기뻐하시는 금식 기도」 기독교문서선교회) Bill Bright, *The Coming Revival*(Orlando, FL: New Life Publications, 1995), 9-10장.
4. Rodney Clapp, "Why the Devil Takes Visa," *Christianity Today*, 1996년 10월 7일, Vol. 40, No. 2, Part 3, Christianity Online.
5. Amy Sherman, "Hope Dreams," *Books and Culture*, 1996년 5-6월, pp. 3-4. 다음 책에 대한 서평으로 인용 부분은 그 책에서 온 것이다. Greg Donaldson, *The Ville: Cops and Kids in Urban America*(1993).
6. 같은 책, p. 4.
7. "Why the Devil Takes Visa," (Part 3, Christianity Online).
8. Larry Libby, *The Cry of the Poor*(Bothell, WA: Action International Ministries,

1986), pp. 7-8.
9. Janet Ditto, "Hope on the Dump," *Target Earth*, Frank Kaleb Jansen 편집 (Kailua-Kona, HI: University of the Nations, 1989), p. 156.
10. 다음 책에 소개된 실제 부부의 이야기다. *The Cry of the Poor*, pp. 11-12.

7장 어린 생명들을 위한 금식

1. William Cowper, "God Moves in a Mysterious Way," *Trinity Hymnal* (Philadalphia: Great Commission Publications, 1990), p. 128. (우리말 찬송가 80장 2절)
2. Michael Hamilton, "The Dissatisfaction of Francis Schaeffer," *Christianity Today*, Vol. 41, No. 3, 1997년 3월 3일, p. 22.
3. 같은 기사, p. 30.
4. Francis Schaeffer & C. Everett Koop, *Whatever Happened to the Human Race?* (「낙태·영아살해·안락사에 대한 그리스도인의 자세」 생명의 말씀사) *The Complete Works of Francis Schaeffer: A Christian Worldview*, Vol. 5, A Christian View of the West(Wheaton, IL: Crossway Books, 1982, 원판 1979), pp. 405-406. (「프란시스 쉐퍼 전집5 기독교 서구관」 크리스챤다이제스트)
5. "The Dissatisfaction of Francis Schaeffer," p. 30.
6. Richard John Neuhaus, "Abortion and a Nation at War," *First Things*, No. 26, 1992년 10월, p. 12.
7. 같은 기사, p. 12.
8. "The Dissatisfaction of Francis Schaeffer," p. 29.
9. Francis Schaeffer, *A Christian Manifesto*(「기독교 선언」 생명의 말씀사), *The Complete Works of Francis Schaeffer: A Christian Worldview*, Vol. 5, A Christian View of the West(Wheaton, IL: Crossway Books, 1982, 원판 1981), p. 491.
10. "The End of Democracy: The Judicial Usurpation of Politics," *First Things*, No. 67, 1996년 11월, p. 18. 심포지엄은 1997년 1월호, "The End of Democracy? A Discussion Continued," pp. 19-32에 계속된다. 대법원이 정치를 강탈한다는 이 전체 논의는 놀랍게도 15년 전에 프랜시스 쉐퍼가 처음 시작한 것이다. 그는 질서가 붕괴되면 미국 정부를 누가 장악할 것인가의 문제를 제기했다. "개인적으로 나는 법원 특히 대법원이 그 엘리트 집단이 될 가능성을 배제해서는 안 된다고 본다. 그 이유는 다음과 같다. 1)법원은 이미 사회학적, 자의적 법에 기초하여 판결하고 있다. 2)법원은 법을 집행할 뿐 아니라 많은 법을 제정하고 있다. 3)법원은 정부의 다른 두 부서인 입법부와 행정부를 지배하고 있다." *A Christian Manifesto*, p. 462.

11. Richard John Neuhaus, "Poor Times, Poor Country," *First Things*, No. 34, 1993년 6-7월, p. 61.
12. "Abortion and a Nation at War," p. 13.
13. 다음 두 책을 참조하라. David Reardon, *Aborted Women, Silent No More*(Chicago: Loyola University Press, 1987). 이 책 pp. 201-202에 이 주제에 대한 광범위한 참고 도서가 실려 있다. David Reardon, *Abortion Malpractice* (Denton, TX: Life Dynamics, 1993).
14. 다음 기사에서 인용한 글이다. "Mother Teresa Speaks on Abortion," www.castletown.com/teresa2.htm.
15. *A Christian Manifesto*, p. 455.
16. 같은 책, p. 423.
17. 같은 책, p. 494.
18. 같은 책, p. 495.
19. 같은 책, p. 457.
20. David Reardon, *Making Abortion Rare: A Healing Strategy for a Divided Nation*(Springfield, IL: Acorn Books, 1996), p. XV.
21. *Whatever Happened to the Human Race?*, p. 282.
22. 리처드 노이하우스는 "문화 전쟁"의 전선(戰線)을 이렇게 기술했다. "지금 우리는 두 나라다. 하나는 권리와 법에 집중하고, 또 하나는 옳고 그름에 집중한다. 하나는 철저히 개인주의적이며 자아실현을 추구하고, 또 하나는 공동체적이며 공동선을 추구한다. 하나는 법을 권력과 방종을 얻는 수단으로 보고, 또 하나는 우리가 지켜야 할 헌법에 담긴 객관적 윤리 질서를 인정한다. 하나는 개인의 만족을 중시하고, 또 하나는 가정의 책임을 중시한다. 하나는 대체로 세속적이고, 또 하나는 대체로 종교적이다. 하나는 엘리트 중심이고, 또 하나는 대중 중심이다." "Abortion and a Nation at War," p. 9.
23. *A Christian Manifesto*, p. 459.
24. 같은 책, p. 457.
25. "God Moves in a Mysterious Way."

맺는 말_ 하나님은 왜 금식에 갚아 주시는가

1. Jonathan Edwards, "The Most High a Prayer-Hearing God," *The Works of Jonathan Edwards, Vol. 2*(Edinburgh: Banner of Truth Trust, 1974), p. 116.
2. Jonathan Edwards, *Dissertation Concerning the End for which God Created the*

World, *The Works of Jonathan Edwards*, Vol. 8, Paul Ramsey 편집(New Haven: Yale University Press, 1989), p. 526. (「조나단 에드워즈가 본 천지 창조의 목적」솔로몬)

부록_ 금식에 관한 인용문과 체험들

1. Charles Spurgeon, *Words of Counsel for Christian Workers*(Pasadena, TX: Pilgrim Publications, 1985), pp. 112-113.
2. *The Epistle to Hero*, 1장(Albany, OR: Sage Software, 1995), p. 223.
3. *The Confession*(New York: Washington Square Press, 1962), pp. 198-199. (「참회록」예찬사)
4. *Letter XXXVI*, 11장. Electronic Bible Society CD Rom, Vol. 1.에서 인용
5. *The Catechetical Lectures of Our Holy Father, Cyril, Archbishop of Jerusalem*, 3장, "세례에 관하여," 7단락. Electronic Bible Society CD Rom, Vol. 1.에서 인용
6. *What Luther Says, Vol. 1*, 편집 Ewald M. Plass(St. Louis: Concordia Publishing House, 1959), p. 506.
7. 같은 책, p. 507.
8. 같은 책, p. 508.
9. *Institutes of the Christian Religion, Vol. 2*(Philadelphia: The Westminster Press, 1960), p. 1241(IV, xii, 14). (「기독교 강요」기독교문사)
10. 같은 책, p. 1241(IV, xii, 15).
11. 같은 책, p. 1241(IV, xii, 17).
12. 같은 책, p. 1241(IV, xii, 18).
13. *A Commentary on the Whole Bible, Vol. 4*(New York: Funk and Wagnalls, 연도 미상), p. 1478. (「매튜 헨리 주석 전집」크리스챤다이제스트)
14. *A Serious Call to a Devout and Holy Life*(Grand Rapids: Wm. B. Eerdmans Publishing Co., 1966, 원판 1728), p. 112. (「경건한 삶을 위하여」크리스챤다이제스트)
15. *Some Thoughts Concerning the Revival, The Works of Jonathan Edwards, Vol. 4*(New Haven: Yale University Press, 1972), p. 331. (「균형 잡힌 부흥론」부흥과 개혁사)
16. 같은 책, p. 507.
17. 같은 책, p. 521.
18. "Causes of Inefficacy of Christianity," *Sermons on Several Occasions*, Thomas

Jackson 편집, Vol. 2(New York: T. Mason and G. Lane, 1840), p. 440.(「웨슬리 설교 선집」대한기독교서회)
19. John Wesley, "Sermon XXVII, On Our Lord's Sermon on the Mount," *The Works of John Wesley*, Vol. 5(Albany, OR: Sage Software, 1995), p. 441.
20. 같은 책, p. 441.
21. 같은 책, p. 449.
22. *The Complete Works of the Rev. Andrew Fuller*, Vol. 1(Harrisonburg, VA: Sprinkle Publications, 1988, 원판 1844), p. 583.
23. *The United States at Large, Library of Congress, Appendix No. 19, Vol. 12*. Derek Princes, *Shaping History through Prayer and Fasting*(Old Tappan, NJ: Fleming H. Revell Company, 1973), pp. 5-8에서 인용. 조지 워싱턴과 존 애덤스와 제임스 매디슨의 선언은 138-147쪽을 참조하라. (「역사를 움직이는 기도와 금식」복의 근원)
24. *Ryle's Expository Thoughts on the Gospels, Matthew-Mark*(Grand Rapids: Zondervan Publishing House, 연대 미상), p. 57 (「존 라일 사복음서 강해1 마태복음」「존 라일 사복음서 강해2 마가복음」기독교문서선교회)
25. *The Candle of the Lord and Other Sermons*(New York: E. P. Dutton and Company, 1881), p. 207.
26. Mrs. Howard M. Taylor, *Pastor Hsi*(Singapore: Overseas Missionary Fellowship, 1989, 원판 1900), p. 131.
27. E. G. Carre, *Praying Hyde: A Challenge to Prayer*(South Plainfield, NJ: Bridge Publishing, Inc., 연도 미상), p. 92. (「잠들지 않는 기도의 사도: 기도하는 하이드」생명의 말씀사)
28. *With Christ in the School of Prayer*(Springfield, PA: Whitaker House, 1981), pp. 100-101. (「무릎 학교」규장)
29. *The Cost of Discipleship*(New York: Collier Books/ Macmillan Publishing Co., 1949), p. 188. (「나를 따르라」대한기독교서회)
30. 같은 책, p. 189.
31. 같은 책, p. 189.
32. *God in the Dock*(Grand Rapids: Wm. B. Eerdmans Publishing Co., 1970), pp. 53-54. (「피고석의 하나님」홍성사)
33. *Studies in the Sermon on the Mount*, Vol. 2(Grand Rapids: Wm. B. Eerdmans Publishing Co., 1960), p. 38. (「산상설교집(하)」정경사)
34. *Fasting: A Neglected Discipline*(Fort Washington, PA: Christian Literature Crusade, 1954), p. 17.

35. 같은 책, pp. 38-39.
36. 같은 책, pp. 47-48.
37. *Prayer and Fasting: A Study in the Devotional Life of the Early Church*(New York: Carlton Press, Inc., 1971), p. 37.
38. 같은 책, pp. 83-84.
39. *The Celebration of Discipline*(New York: Harper and Row Publishers, 1978), pp. 51-52. (「영적 훈련과 성장」 생명의 말씀사)
40. *The Spirit of the Disciplines: Understanding How God Changes Lives*(San Francisco: Harper and Row, 1988), p. 168. (「영성 훈련」 은성)
41. *Fasting in the New Testament: A Biblical Theology*(New York: Paulist Press, 1982), p. 101.
42. 같은 책, p. 119.
43. *To Love Fasting: The Monastic Experience*(Petersham, MA: Saint Bede's Publications, 1989), p. 10.
44. 같은 책, p. 10.
45. 같은 책, p. 104.
46. *God's Chosen Fast: A Spiritual and Practical Guide to Fasting*(Fort Washington, PA: Christian Literature Crusade, 1968), pp. 131-132. (「하나님이 기뻐하시는 금식」 기독교문서선교회)
47. *Mighty Prevailing Prayer*(Grand Rapids: Zondervan/Francis Asbury Press, 1990), p. 184. (「능력 있고 응답받는 기도」 생명의 말씀사)
48. 같은 책, p. 184
49. 같은 책, p. 188.
50. 같은 책, p. 189.
51. *Prayer Power Unlimited*(Chicago: Moody Press, 1977), p. 67. (「무한한 기도의 능력」 요단)
52. *The Life of Prayer*(Wheaton: Crossway Books, 1992), pp. 75-76. (「살아 있는 기도생활」 예영커뮤니케이션)
53. *Fasting: What the Bible Teaches*(Wheaton, IL: Tyndale House Publishers, Inc., 1981), p. 11.
54. *The Coming Revival*(Orlando, FL: New Life Publications, 1995), pp. 108.
55. *The Reformed Journal*, 1988년 11월. Donald S. Whitney. *Spiritual Disciplines for the Christian Life*(Colorado Springs: NavPress, 1991), p. 151에서 인용. (「영적 훈련」 네비게이토)

찾아보기

ㄱ

갈망의 근육(muscle of desire) 213, 214
감화(impressions)
    감화를 시험하는 법 156-158
거룩한 일을 수평적 차원에 가둠(horizontalizing holy things) 107-109
건강의 차원(health dimensions) 44-45
고통(pain)
    즐거운 고통 17
교리의 중요성(Doctrine matters) 141
굶주림(hunger)
    배고픔을 지으신 이유 32-33
    하나님을 향한 굶주림을 부추기는 금식 126-127
    하나님의 모든 충만하신 것을 향한 굶주림 76
금식(fasting)
    건강을 위한 식이요법 44-45
    광야의 향연 75-94
    그리스도의 재림을 사모하는 금식 117-135
    금식 일기 270
    금식과 성(性) 272

금식에 관한 가장 중요한 말씀 40, 51-52
금식은 기독교적인가 39-72
금식은 뇌물인가 276
금식은 하나님 나라에 속한 것인가 45-46, 64
금식을 사랑함 273
금식을 통한 인도 145-148, 163-164, 206-207
금식의 기쁨 263
금식의 목적은 하나님이지 빵이 아니다 86-89
금식의 위선 101-103
금식의 위험 49, 101-103, 170
금식의 정치적 힘 42-43
기도와 설교에 힘을 실어 주는 금식 133
기독교의 금식의 본질 71
낡은 가죽 부대 57-59
늘 하나님을 바라봄 91-94
단체 금식 104-106, 146-147
도시의 고통 171-174
마음을 드러내는 박탈 84-88
믿음의 시녀 31, 90-91
믿음의 잔치 63

바울은 금식을 폐기하는가 46-47, 66
반전주의인가 131-133
방종 183
보편적 행위 41-42
부흥의 비결인가 140, 160
불만족한 자족 65
빈 마음을 드림 247
상을 구하는가 109-115, 239-248
새 포도주와 새로운 금식 59-61
새로운 금식은 무엇이 새로운가 62-63
선물을 주시는 분이 선물 자체보다
　낫다 66
성만찬 117-119
세계 복음화를 위한 금식 133
세상의 주권자이신 하나님 앞에서
　하는 금식 233-236
신랑이 없을 때 54-57
아버지께 보이려는 금식 107
악을 은폐하는 금식 179
안디옥의 금식 143-144
어떻게 금식하지 말아야 하는가
　101-102
역사의 노선을 바꾸는 금식 137-167
영혼을 육욕에 빠지지 않게 하는
　금식 126-127
예수께서 광야에서 하신 금식 97-115
웨슬리가 말하는 기도를 돕는 금식
　259
음식이 선한 것임을 인정함 65-66
의사의 처방전 190-202
의지력의 신앙 66-67
전국적 금식 149
정치적 무기 42-43
제자들이 금식하지 않은 이유 52-54

조나단 에드워즈의 경고 154-156
죄를 굶겨 죽이는 금식 185
칼뱅이 말하는 금식의 목표 255-256
하나님을 그리워하는 향수 21-36
하나님을 부정한 아내의 남편으로
　만듦 112-113
하나님을 향한 굶주림이 이긴다 89-90
하나님의 공적인 영광을 위한 금식
　215
하나님의 선물 23, 252
하나님이 갚아 주시는 이유 239-248
한국의 경험 142-143
금식에서 구해야 할 상(reward seeking
　in fasting) 109-115, 239-248
금식으로 바뀐 역사(history changed
　by fasting) 137-167
금식을 통한 인도(guidance by fasting)
　145-148, 163-164, 206-207
금식의 낡은 가죽 부대(old wineskins
　of fasting) 57-59
금욕(asceticism)
　금욕의 나약성 48-50
　루터의 금욕 253-254
　"몸을 침" 68-70
　어거스틴의 금욕 252
김준곤(Kim Joon Gon) 97-98

ㄴ

낙(pleasures)
　영혼을 둔하게 하는 낙 24-26
낙태(abortion)
　낙태가 가르쳐 주는 교훈 221-222
　낙태에 관한 세계관 전쟁 224-225

낙태와 금식 기도 225-227
노숙(homelessness) 176-178
노엘 파이퍼(Noel Piper) 17

ㄷ

달라스 윌라드(Dallas Willard) 271
대각성운동(Great Awakening) 152-153
더그 니콜스(Doug Nichols) 176, 178
데이비드 R. 스미스(David R. Smith) 267
데이비드 리어던(David Reardon) 224
데이비드 브라이언트(David Bryant) 151
데이비드 브레이너드(David Brainerd) 162-165
도시의 고통(suffering of the city) 171-174
도심의 아이들(inner-city kids)
    마스터워크스(Masterworks) 199
    노숙 아동들 176
디트리히 본회퍼(Dietrich Bonhoeffer) 92-93, 266

ㄹ

래리 리비(Larry Libby) 168
로드니 클랩(Rodney Clapp) 187
로버트 건드리(Robert Gundry) 56
로버트 보크(Robert Bork) 220
리처드 J. 포스터(Richard J. Foster) 29, 270
리처드 러블레이스(Richard Lovelace) 167
리처드 존 노이하우스(Richard John Neuhaus) 220, 291 주22

ㅁ

마라나타(maranatha) 121, 130
마르틴 루터(Martin Luther) 253-254
마스터워크스(Masterworks) 199
마이클 해밀턴(Michael Hamilton) 216-218
마틴 로이드-존스(Martyn Lloyd-Jones) 25, 267
마하트마 간디(Mahatma Gandhi) 42-44
매튜 헨리(Matthew Henry) 256
메리 앤 글렌던(Mary Ann Glendon) 219
"몸을 침"(buffeting body) 68-70
믿음(faith)
    믿음의 시녀(handmaid of faith) 31, 90-91
    믿음의 잔치(feasting of faith) 63
    믿음의 싸움(fight of faith) 16

ㅂ

방종(self-indulgence)
    금식과 방종 183
벤저민 프랭클린(Benjamin Franklin) 163
부흥(revival)
    금식이 확실한 비결은 아니다 140, 160
    부흥의 예측 156
불만족한 자족(dissatisfied content-

ment) 65
불타는 심령 복음주의 수련원(Evangelical Order of Burning Heart) 97-98
빌 레슬리(Bill Leslie) 174-175, 208
빌 브라이트(Bill Bright) 277
빌리 그레이엄(Billy Graham) 216

ㅅ

새 포도주와 새로운 금식(new wine and new fasting) 59-61
설교와 금식(preaching and fasting) 133-134
성경에 답이 없는 질문들(questions Bible doesn't answer) 145-148
성과 금식(sexuality and fasting) 272
성만찬과 금식(Lord's Supper and fasting) 117-119
세계관의 돌파구(worldview breakthroughs) 226-227
소비지상주의(consumerism) 186-189
스틀라틀룸(릴루엣) 족(Stlatlumh (Lillooet)) 42
시 목사(Pastor Hsi) 263
C. 에버렛 쿠프(Everett Koop) 217
C. S. 루이스(Lewis) 27, 35, 49, 110, 266

ㅇ

아달베르드 보궤(Adalbert de Vogüé) 272
아더 월리스(Arthur Wallis) 56, 273
아르카디우스(Arcadius) 169
아사헬 네틀턴(Asahel Nettleton) 141, 287 주3
안다만 제도의 주민들(Andaman Islanders) 41-42
알미니안주의(Arminianism)와 칼빈주의(Calvinism) 141
액션 인터내셔널(Action International) 176
앤드류 머레이(Andrew Murray) 265
앤드류 풀러(Andrew Fuller) 260
어거스틴(Augustine) 28, 252
에드워드 파렐(Edward Farrell) 20
에릭 N. 로저스(Eric N. Rogers) 44
에이브러햄 링컨(Abraham Lincoln) 261-262
예루살렘의 치릴로(Cyril of Jerusalem) 253
예배의 위험: 하나님을 사랑함을 사랑함(worship danger: loving loving God) 180
예수님(Jesus)
  금식으로 시험받으심 79-84
  이스라엘의 시험을 재현하심 81-83
예수님의 재림을 위한 기도(prayer for Jesus' coming)
  밤낮 부르짖음 119-120
  우리 시대의 기도 운동 151, 154-156
  힘을 실어 주는 금식 133
예수전도단(YWAM) 196
오늘날의 예언적 경험(prophetic experiences today)
  예언적 경험을 시험함 156-161
요루바 족(Yoruba) 42
웨슬리 L. 듀웰(Wesley L. Duewel) 274

윌리엄 로(William Law) 257
윌리엄 베넷(William Bennett) 220
윌리엄 카우퍼(William Cowper) 212
유독시아(Eudoxia) 169
음식(food)
  가하나 유익하지 않음 67-68
  음식은 선한 것 48, 65-66
  음식을 지으신 이유 32-33
  의사의 처방전: 금식(Doctor's prescription: fasting) 190-202
이그나티우스(Ignatius) 251
이디스 쉐퍼(Edith Schaeffer) 276

ㅈ

자기부인(self-denial)
  자기부인의 위험 16-17
자유(freedom) 15
자유(liberty) 15
장 칼뱅(John Calvin) 255
재림(second coming)
  재림을 사모하는 금식 117-135
잭 케보키언(Jack Kevorkian) 218
전국적 금식(national fasting) 149
전천년설(premillennialism) 166
제리 폴웰(Jerry Falwell) 276
제임스 답슨(James Dobson) 220
조나단 에드워즈(Jonathan Edwards) 136, 152-156, 162-166, 257
조나단 에드워즈의 경고(cautions from Jonathan Edwards) 154-156
조셉 F. 위머(Joseph F. Wimmer) 74, 271
조지 래드(George Ladd) 61, 116, 132
조지 윗필드(George Whitefield) 141, 163
존 웨슬리(John Wesley) 127, 141, 150, 259
존 크리소스톰(John Chrysostom) 169-170
존 하이드(John Hyde) 264
종말론(eschatology) 166
주관적 경험(subjective experience)
  주관적 경험을 시험함 156-161
지상명령과 재림(Great Commission and second coming) 132-133
J. C. 라일(Ryle) 96, 263
J. 오스왈드 샌더스(Oswald Sanders) 275

ㅊ

찰스 스펄전(Charles Spurgeon) 76, 250
찰스 콜슨(Charles Colson) 220
찰스 피니(Charles Finney) 139-142, 288 주4
체로키 족(Cherokees) 42
침체 중의 하나님의 주권(sovereignty of God in setbacks) 229-235

ㅋ

카를 폰 클라우제비츠(Carl Von Clausewitz) 221
칼 런드퀴스트(Carl Lundquist) 97-99
칼빈주의(Calvinism)와 알미니안주의(Arminianism) 141

코넬리우스 플랜팅가(Cornelius Plantinga Jr.) 277
코이타 족(Koita) 42
코튼 매더(Cotton Mather) 165-167
키스 메인(Keith Main) 46-47, 64, 269

ㅌ

테드 번디(Ted Bundy) 218
테레사 수녀(Mother Teresa) 221-222
텔레비전(television)
   마음을 무디어지게 함 23
   텔레비전을 끊는 금식 24-25
토머스 셰퍼드(Thomas Shepard) 165
투치족(Tutsis) 177
팀 글레이더(Tim Glader) 199

ㅍ

포로의 정신 상태(siege mentality)
   포로의 정신 상태를 버림 227-229
프란시스 쉐퍼(Francis Schaeffer) 216-227, 290 주10
필립스 브룩스(Phillips Brooks) 263, 284 주9

ㅎ

하나님 나라(Kingdom of God)
   하나님 나라의 신비 45-46
「하나님께 굶주린 삶」(A Hunger for God)
   구성 33
   집필 목적 34

하나님을 그리워하는 향수(homesickness for God) 21-36
하나님을 바라봄(vision of God)
   늘 지속함 91-94
하나님을 부정한 아내의 남편으로 만듦(making cuckold of God) 112-113
하나님을 사랑함을 입증하는 희생(sacrificing to prove love to God) 29-30
하나님의 약속들(promises of God) 202-210
하나님의 영광(glory of God)
   하나님의 궁극적 목표 245-246
   하나님의 영광을 위한 금식 215
한국의 경험(Korean experience) 142-143
후천년설(postmillennialism) 166
후투족(Hutus) 177